Wenn wir
vom Fußball
träumen

# Christoph Biermann

# Wenn wir vom Fußball träumen

Eine Heimreise

Kiepenheuer & Witsch

MIX
Papier aus verantwor-
tungsvollen Quellen
FSC® C006701

Verlag Kiepenheuer & Witsch, FSC® N001512

Umschlaggestaltung: Barbara Thoben, Köln
Umschlagmotiv: © Christoph Buckstegen/photocake.de
Autorenfoto: © Pablo Castagnola
Gesetzt aus der Minion und Frutiger
Satz: Buch-Werkstatt GmbH, Bad Aibling
Druck und Bindung: CPI books GmbH, Leck
ISBN 978-3-462-04627-4

*Für Birgit*

# Inhaltsverzeichnis

# Der lange Weg nach Hause

*Von Pjöngjang nach Herne (über Key West)*

Als die Beerdigung meines Vaters vorüber war, fuhr ich ins Stadion. Ich nahm dazu seinen Wagen, einen in die Jahre gekommenen BMW, und fragte mich, ob wir damit eigentlich noch einmal zusammen zum Fußball gefahren waren. Wahrscheinlich nicht, denn schon länger hatte er meine Angebote ausgeschlagen, gemeinsam mit mir ein Spiel anzuschauen. Oder vielleicht hatte er gemerkt, dass meine Einladungen nicht mehr so richtig entschlossen waren. Denn insgeheim hatte ich das Gefühl, dass für ihn mit über 80 Jahren die Freuden eines Stadionbesuchs und die dazu nötigen Anstrengungen in keinem guten Verhältnis mehr standen.

Ich nahm durch Herne genau den Weg, den wir früher zusammen genommen hatten. Vorbei am ehemaligen Mädchengymnasium, an der Hauptschule, der Tankstelle, die es nicht mehr gibt, und dem Autohaus, das leer steht. Hinter der Bahnunterführung ging es nach links, am Bahnhof vorbei und am Bunker, wo früher Punkkonzerte stattgefunden hatten. Ich fuhr unter der Autobahn durch, ließ den Tennisplatz links liegen und parkte dann direkt vor den Kassenhäuschen.

An einem verregneten Wintertag vor fast vier Jahrzehnten hatten wir sein Auto, damals noch einen Opel Commodore (ich kann mich sogar noch an das Nummernschild erinnern, HER-P 236), auf dem unbefestigten Parkplatz gegenüber vom Stadion am Schloss Strünkede abgestellt, um uns ein Spiel von Westfalia anzuschauen. Als wir nach Hause wollten, drehten die Räder durch und der Wagen blieb im Matsch stecken. Mein Vater gab ungeduldig Gas, und die Reifen gruben sich noch tiefer ein, bis wir schließlich eine Fußmatte unterlegten und ihn so freibekamen. Oder hatte uns jemand mit einem Abschleppseil herausziehen müssen?

Komisch, dass mir das jetzt einfiel, denn das Wetter war heute schön. Der Himmel lag an diesem Wintertag so blau über dem Stadion und die Luft war so knackend frisch, dass man eher hätte glauben können, in den Alpen zu sein als im Ruhrgebiet. Die Stadiontore standen offen, niemand war zu sehen, und ich ging an den alten Umkleidekabinen vorbei. Die heutigen Kabinen sind in einem Flachbau gegenüber untergebracht, der nach Westfalias ehemaligem Nationaltorwart Hans Tilkowski benannt ist. Ich schaute in das Stadion, das so groß ist, dass man hier Bundesligaspiele austragen könnte. Dass ich wieder berührt von dem Ort war, hatte nicht nur mit meinem persönlichen Sentiment zu tun, ich mag die Offenheit des Stadions und dass man überall Bäume sieht.

Ich musste an Joachim Król denken. Schon auf der Fahrt hatte ich an ihn gedacht. Viele Jahre zuvor hatte er mir erzählt, wie auch er nach der Beerdigung seines Vaters hierhin gefahren war. Joachim Król, heute ein beliebter und erfolgreicher Schauspieler, kommt auch aus Herne und ist zur selben Schule gegangen wie ich. Auch er besuchte zusammen mit seinem Vater Spiele von Westfalia Herne. Und er hatte mir erzählt, wie auch er an dem Ort, wo die beiden sich am nächsten gewesen waren, von ihm

Abschied genommen hatte. Es ging in seiner Geschichte um die schwierige Liebe zwischen Vätern und Söhnen, um die generellen Schwierigkeiten von Männern, über das zu sprechen, was sie bewegt. Es ging aber auch um den Niedergang des Ruhrgebiets und wie das alles im Fußball zusammenkommt.

Inzwischen war ich bei meinem Gang durch das Stadion auf der Haupttribüne angekommen, die im Frühjahr 1960 eilig fertiggestellt worden war, damit Westfalia die Endrundenspiele um die deutsche Meisterschaft nicht wieder in fremden Stadien austragen musste, wie im Jahr zuvor. Ich setzte mich dorthin, wo ich elf Jahre nach diesen größten Momenten der Vereinsgeschichte an der Seite meines Vaters zum ersten Mal in meinem Leben ein Fußballspiel im Stadion gesehen hatte. Nur dass es kein heroisches Spiel um die deutsche Meisterschaft mehr gewesen, sondern Westfalia schon damals tief gefallen war und wir einen tristen Kick in der Regionalliga West sahen, der zweithöchsten Spielklasse des Jahres 1971.

Ich fragte mich, ob wir schon an jenem Tag mit vertauschten Rollen ins Stadion gegangen waren. Dass nämlich nicht er mich zum Fußball mitnahm, sondern ich ihn. Dass nicht er mir den Zauber und die Tiefe des Spiels vermittelte, sondern unsere gemeinsamen Besuche ihn an etwas erinnerten, was er im Laufe der Jahre vor lauter Arbeit vergessen hatte. Mein Vater war in den Fünfzigerjahren mit Freunden oft zu Spielen der alten Oberliga West gegangen. Von Recklinghausen aus waren sie vor allem nach Erkenschwick und Marl-Hüls gefahren, zu Westfalia Herne oder zum SV Sodingen, den nächsten Vereinen also, aber auch nach Schalke, Dortmund oder Essen. Seine Freunde und er waren keine Fans eines Vereins, und mein Vater wurde das auch später nicht, als erst ich allein und bald auch mein drei Jahre jüngerer Bruder Claus ihn immer häufiger baten, mit uns ins Stadion zu gehen. Wir fragten ihn aus pragmatischen Gründen, weil er uns zu Auswärtsspielen fahren konnte und den Eintritt bezahlte. Er war durchaus zu begeistern, aber schnell verärgert, wenn das Spiel schlecht war. Sein Interesse war nicht besonders ernsthaft. Ich glaube, dass ihm am Fußball vor allem die Unvorhersehbarkeit gefiel und die verblüffenden Wendungen. Er wollte nicht unbedingt eine bestimmte Mannschaft siegen sehen, sondern rufen können: »Das gibt's doch nicht!« Er war kein Fußballfan, er war, um es mit einem altmodischen Begriff zu sagen, ein Fußballfreund. Mein Bruder und ich hingegen wurden Fans, und vermutlich fuhr er vor allem deshalb mit uns in der Gegend herum, weil er Zeit mit uns verbringen wollte. Und weil Fußball das war, was uns am meisten verband.

Ich schaute entlang der Tribüne über die Holzbänke, die sich bedrohlich wellten, weil irgendwo hunderte Meter unter dem Stadion einer der vielen Tausend Stollen, der Wurmgänge des Goldenen Zeitalters der Kohle in meiner Heimatstadt, nicht richtig verfüllt worden und daher abgesackt war. Bergschaden. Das Vereinsemblem an der Rückwand der Tribüne blätterte ab, auch sonst war vieles nur ausgeflickt und der Rasen sichtbar holprig. Hier waren die guten Zeiten vorbei, aber für mich war dieser Ort dennoch nicht trostlos. Im Gegenteil.

Als Joachim Król mir damals seine Vater-Sohn-Westfalia-Geschichte erzählte, hatte er sich versprochen. Statt »Heimspiel« hatte er »Heimatspiel« gesagt, dann hatte er gelacht und gemeint, das sei ein guter Versprecher.

Das stimmt.

Eigentlich war ich hier, weil der Tod meines Vaters bei mir ein Gefühl der Heimatlosigkeit geweckt hatte. Er war in all den Jahren, in denen ich mich von meiner Heimatstadt räumlich und vielleicht auch innerlich immer weiter entfernt hatte, in Herne geblieben. Ich war zunächst ein paar Kilometer die Straße hoch nach Bochum gezogen, bis ich dort an einem Freitagabend wieder einen Möbelwagen mit meinen Sachen bepackte, diesmal, um nach Köln zu ziehen, während die Flutlichter des Ruhrstadions hinüberstrahlten. Wie fast alle, die zu Westfalia Herne gingen, hatte ich einen Zweitverein, der schon längst zu meinem Erstverein geworden war. An jenem Tag war ich zum ersten Mal nach 15 Jahren *nicht* bei einem Heimspiel des VfL Bochum gewesen, weil Freunde als Umzugshelfer sogar aus Hamburg gekommen waren. Es hätte sich nicht gehört, aber ich fand es trotzdem schlimm. Es war der 20. März 1992, und der VfL Bochum spielte 1:1 gegen Wattenscheid 09.

Ich bin kein großer Freund von Ortswechseln, und so blieb ich fast zwei Jahrzehnte in Köln, bis ich nach Berlin zog. Ich fühlte mich in Köln wohl und tue es in Berlin, doch als ich nach dem Tod meines Vaters im Scherz sagte, dass ich nun Waise sei, erschien es mir, als könnte ich nur in meiner alten Heimat Trost finden.

Ich war nach meinem Wegzug in den folgenden Jahrzehnten lediglich aus zwei Gründen ins Ruhrgebiet zurückgekehrt: um meine Familie und meine Freunde zu besuchen oder um zum Fußball zu gehen. Das aber häufig und oft aus beruflichen Gründen. So war ich dabei, als Borussia Dortmund 1992 zum ersten Mal in der Bundesliga die deutsche Meisterschaft gewann und als Schalke sich an einem Tag im Mai 2001 für viereinhalb Minuten als Meister fühlen durfte. Ich war dabei, als es der VfL Bochum unter Klaus Toppmöller in den UEFA-Cup schaffte und als Peter Neururer nach Europa tanzte. Ich war dabei, als Michael Tönnies für den MSV Duisburg drei Tore innerhalb von fünf Minuten gegen Oliver Kahn im Tor des Karlsruher SC schoss. Ich sah Samy Sané für Wattenscheid in der Bundesliga treffen und ließ mich im Niederrheinstadion in Oberhausen nass regnen.

Doch im Laufe der Jahre begann sich meine Perspektive zu verschieben. Der Fußball im Ruhrgebiet blieb mir zwar selbstverständlich, weil ich mitunter mehrmals in der Woche zu Interviews mit Spielern, Trainern oder Managern und den Spielen selbst anreiste. Aber das Ruhrgebiet änderte sich, und langsam verstand ich diese Veränderungen nicht mehr mit der gleichen Sicherheit, als würde ich dort noch leben. Die Vertrautheit des Nach-Hause-Kommens wurde immer mehr zur Illusion.

In meiner Trauer war ich an einen besonders vertrauten Ort gegangen, der mich tatsächlich tröstete, einfach weil er mich auf besondere Weise an den Mann erinnerte, dessen Verlust ich beklagte. Aber zugleich wunderte ich mich über mich und dass ich nun hier im Stadion Abschied nahm. Obwohl Fußball schon seit fast 30 Jahren mein Beruf war und ich wusste, welch starke Gefühle das Spiel begleiten, hatte ich die Kraftströme des Fußballs in diesem Moment doch unterschätzt. Seltsam.

In den folgenden Wochen und Monaten der Trauer musste ich häufiger an diese Fahrt ins Stadion denken und dass ich aufgeräumter und ruhiger von dort weggefahren war. Und ich stellte mir die Frage, was die Kraft des Fußballs ausmacht. Oder anders gefragt: Wovon träumen wir heute noch, wenn wir vom Fußball träumen?

Einerseits ist das einfach zu beantworten, weil die Kinderträume bleiben, von aufregenden Spielen mit großen Spielern, die große Siege feiern. Und wir mit ihnen. Doch aus diesen einfachen Träumen sind andere, kompliziertere und schwerer zu verstehende erwachsen. Fußball ist in den letzten Jahrzehnten ein bedeutenderes öffentliches Ereignis geworden, als es je war, und das muss man wörtlich verstehen. Heute *bedeutet* es etwas, was auf dem Platz passiert und auf den Rängen und wie darüber gesprochen wird. Zugleich verschafft der Fußball auch Themen allergrößte Aufmerksamkeit, die sie sonst nicht hätten. Wenn sich etwa mit Thomas Hitzlsperger ein ehemaliger Nationalspieler als schwul outet oder Uli Hoeneß als Steuerbetrüger ins Gefängnis muss und damit zu einem veränderten Blick auf Steuerhinterziehung beiträgt.

Fußball ist ein Spiegel gesellschaftlicher Verhältnisse geworden und wird nun als solcher begriffen. Wir können etwas über ein Land erfahren oder eine Region oder eine Stadt, wenn wir schauen, welche Rolle der Fußball dort spielt. Wenn wir den Fußball irgendwo wirklich verstehen wollen, müssen wir sein soziales, politisches und wirtschaftliches Umfeld anschauen.

Im Jahr 2013 sah ich Fußballspiele nicht nur in Deutschland, sondern auch in Spanien, Italien, England und an einem grauen, aber noch warmen Herbstvormittag im Arbeiterstadion von Pjöngjang. In der ersten Liga Nordkoreas spielte die Mannschaft der Leichtindustrie gegen die des Jugendverbandes. Und schließlich lernte ich James kennen.

James ist Mitte 40 und lebt in Key West, dem südlichsten Ort der USA, am Ende einer langen Kette von kleinen Inseln, die sich über Brücken verbunden weit in den

Golf von Mexiko hinein erstrecken. Er besitzt ein kleines Bauunternehmen, das vor allem denkmalgeschützte Gebäude renoviert, hat eine schwedische Frau und drei Töchter. Zwei Jahre zuvor war er in Colorado im Skiurlaub gewesen, auf der Piste gestürzt und hatte sich den Daumen gebrochen. Wieder daheim, riet sein Arzt zu einer Operation, und anschließend erholte sich James eine Woche lang davon. Von Schmerzmitteln sediert, zappte er durchs Fernsehprogramm, stieß zufällig auf ein Fußballspiel und schaute es sich zum ersten Mal an. Inzwischen zeigen in den USA viele Kabelsender Fußballspiele, und am Ende der Woche hatte James alle Spiele angeschaut, die er finden konnte. Nach seiner Genesung schaute er weiter und suchte sich eine Mannschaft, um zum ersten Mal selbst Fußball zu spielen. Daheim las er am Computer Wikipedia-Einträge über die Geschichte des Fußballs, warum die Abseitsregel 1926 geändert wurde und welchen Einfluss Johan Cruyff auf die taktische Entwicklung des Spiels hatte. Er war auf eine für ihn neue Welt gestoßen und erschloss sie sich, wie andere eine neue Sprache mit einem Lehrbuch zu lernen versuchen.

Was ihn elektrisierte, war das, was die universelle Kraft des Spiels ausmacht: seine Unwägbarkeit und seine unkalkulierbare Dramaturgie, die spektakulären Momente großer Spieler, aber auch die unfassbaren Fehler, unglückliches Scheitern und der an sich verrückte Umstand, dass Menschen den Ball mit dem Fuß spielen, wo es doch mit der Hand viel einfacher wäre. Also all das, was uns als Kinder in den Bann zieht und was meinen Vater ein Leben lang zu einem Fußballfreund gemacht hatte.

Es war rührend, sich mit James zu unterhalten, weil dieser gestandene Mann, Familienvater und Unternehmer mit fast kindlicher Aufregung alles von mir wissen wollte. Er war ein Fußballfreund geworden, wie mein Vater es gewesen war. Doch da er mal Geschichte studiert hatte, interessierten ihn auch gleich die historischen und sozialen Zusammenhänge: Die Rolle des Fußballs im ehemaligen Ostblock, was die Rivalität zwischen Real Madrid und dem FC Barcelona mit der Francozeit zu tun hatte, oder was den FC Bayern von Borussia Dortmund unterschied.

Auch in Pjöngjang, wo sich niemand an den Computer setzen und durchs Internet surfen darf, bekam ich Fragen nach der Bedeutung des Fußballs gestellt. Ich war dorthin durch eine NGO aus Berlin geraten, der es gelungen war, einen Workshop mit nordkoreanischen Sportjournalisten zu organisieren. Diese mussten Fußballspiele kommentieren, mitunter ohne die Namen der Spieler zu kennen. Ein Angehöriger der deutschen Botschaft erzählte, dass deshalb oft zu hören war: »Guter Pass der Nummer sieben auf die Nummer neun.« Das passte zu diesem rätselhaften und unendlich traurigen Land.

Als sich am zweiten Tag unseres Workshops in Pjöngjang die Stimmung etwas entkrampfte, fragte einer der Journalisten, wie wir es in Deutschland denn organisierten, dass in unseren Stadien die Menschen sangen, Fahnen und Schals schwenkten. In Nordkorea, wo jede Lebensregung vom Staat vorgeschrieben und kontrolliert wird, konnte das nach ihrem Verständnis nur auf Beschluss höherer Kreise umgesetzt worden sein. Vielleicht war genau das der Moment, in dem sich ein kleiner Spalt öffnete und wir den Gedanken der Freiheit hinterlassen konnten. Ich erklärte ihnen, dass alles, was sie da bestaunten und wohl auch nachahmenswert fanden, das Ergebnis individueller Begeisterung war und der Anhänglichkeit an Klubs, die im

Leben ihrer Anhänger wichtig waren. Man konnte sehen, wie ungeheuerlich dieser Gedanke für sie war.

James und die Nordkoreaner mochten Borussia Dortmund. Sie hatten den Weg der Mannschaft ins Finale der Champions League 2013 in Key West und Pjöngjang verfolgt, und etwas hatte dabei zu ihnen gesprochen. Die Jugend, die Abenteuerlust, das Tempo und die Klasse dieser Mannschaft vermittelten sich über alle kulturellen Grenzen hinweg, ohne dass sie wirklich etwas über den Klub, seine Rolle im deutschen Fußball oder gar im Ruhrgebiet wussten.

Auch ich kann mich noch immer am Spiel einer Mannschaft begeistern, wenn sie eine besondere Ausstrahlung hat. Doch auch wenn das nicht so ist, kann ich etwas über ein Land oder eine Stadt lernen, wenn ich anderswo ins Stadion gehe und mir anschaue, wie gespielt wird, was den Zuschauern gefällt und zu welcher Art von Ereignis sie ein Spiel machen.

Um eine Ahnung davon zu bekommen, mit welcher unglaublichen Anhänglichkeit Neapel seinen SSC liebt, muss man sich nur mal drei Stunden vor Anpfiff die Warteschlangen vor dem Stadion San Paolo anschauen. Wo sonst findet man solche Vorfreude? Und wo eine derart heilige Konzentration beim Anschauen eines Fußballspiel wie an der Anfield Road, im Stadion des FC Liverpool? In Tokio hingegen staunte ich darüber, wie die Fans des FC Tokyo und der Kashima Antlers perfekt den Support argentinischer Barra Bravas bzw. italienischer Ultras kopierten. Japaner sind wunderbare Kopisten, die über das Nachmachen Dinge oft besser machen, und sie sind die besten Fans der Welt. Jede mittelbedeutende Popband der Welt wird ihre hingebungsvollsten Anhänger wahrscheinlich in Japan finden. So fremd das auch war, gefiel es mir, wie sie Fansein spielten, abgeschaut aus irgendwelchen Internetvideos. Dagegen war es in Nordkorea nicht vorgesehen, ein Fan zu sein – außer einer von Kim Jong-il, dem geliebten Führer. Also freuten sich die Zuschauer im Nationalstadion von Pjöngjang über gute Aktionen vor beiden Toren und beklatschten gute Schüsse beider Mannschaften.

Wir können die Welt im Fußball wiederfinden, und im Ruhrgebiet kann man das so gut wie an keinem anderen Ort in Deutschland. Fußball ist überall groß und überall bedeutsam geworden, aber nicht so groß und so bedeutsam wie hier.

Aber warum ist das so?

In den folgenden Wochen und Monaten begleitete mich diese Frage, und immer neue Fragen schlossen sich daran an. Wann hatte es angefangen, dass Fußball mehr als Fußball wurde? Was hat die Identität des Ruhrgebiets mit seinem Fußball zu tun? Warum gibt es hier – und anderswo – die Sehnsucht nach Malochern auf dem Platz? Warum lieben wir die Spieler aus unserer Nachwuchsmannschaft so? Wie kann uns ein Fußballklub zur Heimat werden, selbst wenn wir viele Hundert Kilometer entfernt leben? Warum debattieren wir aufgeregt über den Begriff »Traditionsverein«, und warum ist der Fußball so geschichtsbesessen geworden? Und wie in Gottes Namen konnte Fußball zur Religion werden?

Es wurde Zeit, dass ich mich auf den Weg machte. Nicht in die Welt hinaus, sondern nach Hause.

# Geraubtes Herz

*Mario Götze und das Drama*
*des modernen Fußballs*

Ich hatte mich gerade erst in der Wohnung eines Freundes in Duisburg eingerichtet, als ich morgens verschlafen zum Kiosk ging und beim Blick auf die Zeitungsauslage schlagartig wach wurde. *Bild* vermeldete rechts oben auf der Titelseite exklusiv, dass Mario Götze von Borussia Dortmund zum FC Bayern München wechseln würde. Die Überschrift war etwas kleiner als die Schlagzeile des Tages: »Börsenzockerei – Ist Hoeneß süchtig?«.

Im Grunde war das ein altmodischer Moment, denn eigentlich sind Zeitungen schon längst keine Überbringer von Neuigkeiten mehr. Aber nun stand ich an einem sonnigen Frühjahrsmorgen vor einem Kiosk im Duisburger Wasserviertel und war geschockt. Ich wollte die Neuigkeit nicht glauben und ging davon aus, dass es eine der üblichen Transferspekulationen sei. Aber die Headline kam nicht mit einem schamhaften Fragezeichen daher, die in der Welt der Boulevardmedien das Kann-sein-muss-aber-nicht-sein signalisiert. Als ich den Text las, blieb kein Zweifel: Mario Götze würde Borussia Dortmund am Ende der Saison verlassen. Im Vertrag des Spielers gab es eine Klausel, nach der er für eine festgeschriebene Ablösesumme gehen konnte. Bayern München war bereit gewesen, die 37 Millionen Euro wirklich zu bezahlen.

Obwohl, wie später deutlich wurde, bei diesem Transfer alles mit rechten Dingen zugegangen war, es also keine dunklen Winkelzüge hinter den Kulissen gegeben hatte, blieb die Sache hässlich. Fußball ist ein Geschäft, in dem es oft um viel Geld geht, aber wir möchten nicht daran erinnert werden. Dass der FC Bayern, der gerade zweimal hintereinander Borussia Dortmund als deutschem Meister hatte gratulieren müssen, dem ärgsten Rivalen seinen besten Spieler wegkaufen konnte, war allein schon ein beunruhigender Hinweis darauf, wie sehr der sportliche Wettkampf von der Wirtschaftskraft der Klubs bestimmt ist. Doch Mario Götze war nicht einfach irgendein Spieler, und das gab diesem Vereinswechsel eine symbolische Bedeutung. Er war nicht nur der beste Spieler seiner Mannschaft und trotz seiner erst 20 Jahre wahrscheinlich sogar der beste Fußballer, der jemals beim BVB gespielt hatte. Er war seit seinem neunten Lebensjahr bei der Borussia gewesen und verkörperte den Klub daher wie kein anderer Spieler. Hieß nicht der Slogan des BVB »Echte Liebe« – wie konnte Götze diese Liebe verraten?

Besonders bitter war der Zeitpunkt, an dem die Nachricht durchsickerte, am Tag vor dem Halbfinale in der Champions League. Das Spiel gegen Real Madrid, das größte für den BVB seit mehr als 15 Jahren, war dadurch fast kein Thema mehr, jede Vorfreude schien weggewischt. Die *Frankfurter Allgemeine Zeitung* überschrieb ihren Vorbericht: »Das Herz geraubt«. Aki Schmidt, der mit Borussia Dortmund den Europacup 1966 gewonnen hat und heute Stadionführungen für Fans macht, sagte noch drastischer: »Die haben uns das Herz rausgerissen.«

Ich konnte das Entsetzen und die Wut in Dortmund gut nachvollziehen. Dieser Transfer erinnerte daran, dass Fußball der Spiegel einer modernen Welt ist, wo das Primat des Ökonomischen gilt, der Große den Kleinen frisst und Loyalitäten flüchtig sind. Nun war es keineswegs so, dass sich im Frühjahr 2013 noch jemand ernsthaft darüber wunderte. Wie oft hatten Fans schon erlebt, dass Spieler, zu denen sie eine besondere Verbindung spürten, aus heiterem Himmel den Verein verließen. Wie oft hatten große Klubs den kleinen ihre besten Spieler weggekauft, und wie sehr war das ganze Spiel bestimmt von wirtschaftlichen Interessen, nicht nur bei den Transfers.

Es gibt keinen Fußballfan, der die Zusammenhänge der Kommerzialisierung nicht kennt, dafür sind sie zu offensichtlich. Deshalb könnte man sich fragen, ob es nicht ein Ausdruck von Naivität war, dass selbst jemand wie ich, der seit über einem Vierteljahrhundert über Fußball schreibt, darauf noch verdattert reagierte.

Dass im Fußball jedoch zugleich noch andere Kräfte wirken als die ökonomischen, konnte ich schon einen Tag später eindrucksvoll erleben. Als ich am Mittwoch in Dortmund zum Spiel gegen Real Madrid ins Stadion kam, war die Stimmung noch bestimmt von der Nachricht des Vortages. Etliche Fans hatten Götzes Namen auf ihren Trikots überklebt oder durchgestrichen, pfiffen ihn aber nicht aus, als er zum Warmmachen auf den Platz kam, weil die Verantwortlichen beim BVB inständig darum gebeten hatten. Wenige Minuten vor Anpfiff wurde auf der Videoleinwand sogar noch einmal das Statement von Jürgen Klopp aus der Pressekonferenz des Vortages gezeigt: eine Beschwörung des Publikums und der eigenen Mannschaft. Mit großem Ernst forderte der Trainer die Zuschauer auf, ihren Frust und Ärger über den Wechsel zu ignorieren und alles für einen Sieg über Real zu geben.

Ich saß jenseits der Pressetribüne, und hier, mitten im Publikum, konnte man spüren, dass die Zuschauer das Spiel zu einem Fanal ihres Protestes gegen die Macht des Geldes verwandeln wollten. Real Madrid, das sich als Klub nicht zuletzt über immer neue Rekordtransfers definiert, war da genau der richtige Gegner. Um mich herum begannen die Zuschauer sich also noch heftiger als sonst in das Spiel hineinzusteigern, und die Mannschaft tat es ihnen nach. Sie spielte sich in einen Rausch, und Real Madrid ging in diesem Strudel unter. Mittelstürmer Robert Lewandowski schoss vier Tore, was es in einem Halbfinalspiel der Champions League noch nie gegeben hatte. Das war insofern eine besondere Pointe, weil der Pole nie einen Zweifel daran gelassen hatte, dass er zu einem anderen Verein wechseln wollte. Dieser Klub sollte, wie ein dreiviertel Jahr später bestätigt wurde, ebenfalls der FC Bayern sein.

Am Ende hieß es 4:1, und das erste Finale in der Champions League seit dem Titelgewinn 1997 für Borussia Dortmund war ganz nah. Als die Menschen völlig überdreht jubelnd auf den Sitzen standen, nutzte ein älteres Ehepaar, beide weit in ihren Siebzigern, den Aufruhr und verließ das Stadion. Der Mann, einen schwarz-gelben Schal um den Hals und eine Plastiktüte in der Hand, nickte mir zum Abschied freundlich zu. »Das hätte ich nie gedacht«, sagte er. Vielleicht war stiller Ausdruck von Erstaunen die angemessenste Reaktion auf diesen Irrsinn.

Für James in Key West, die Nordkoreaner in Pjöngjang und Millionen Fußballfans rund um den Globus waren die 90 Minuten in Dortmund einfach nur ein großartiges Fußballspiel mit einem sensationellen Ausgang gewesen. Doch zugleich hatte ein klassisches Drama stattgefunden, in dem mehr verhandelt wurde als Borussia ge-

gen Real, Sieg und Niederlage. Mario Götzes angekündig-
ter Wechsel hatte auf den Rängen viele Gefühle geweckt,
denn fast alle in Schwarz-Gelb empfanden ihn als Verrat
an ihrem Traum vom Fußball. Sie wollten etwas verteidi-
gen, das man nicht als Illusion missverstehen sollte. Sie
verteidigten ihre Kinderträume, ihre Fangeschichten, die
meist auch Familiengeschichten sind, ihr Heimatgefühl sowie den Wunsch nach Zusammenhalt und Solidarität. Ihre
Enttäuschung über einen, der das durch seinen Vereinswechsel indirekt infrage stellte, verwandelten sie innerhalb
der 90 Minuten in etwas Kraftvolles, das auch ihre Mannschaft ergriff und forttrug. Am Ende des Spiels gingen aus
diesem Drama alle gereinigt hervor. Das Geld hatte nicht
gesiegt, zumindest diesmal nicht.

Ich sollte diese Kraft in den kommenden Wochen an
unterschiedlichen Orten im Ruhrgebiet immer wieder
spüren. In Duisburg quälte sich der MSV durch einen Abstiegskampf, den er zunächst erfolgreich bestritt, um dann
ins Nichts des Lizenzentzugs zu stürzen und gerade in
tiefster Not ein lange verlorenes Gefühl des Zusammenhalts zu finden. In Bochum erweckte Peter Neururer eine
tote Mannschaft, einen in Agonie liegenden Klub und eine
zutiefst depressive Stadt für einige Wochen wieder zum
Leben. Bei Rot-Weiss Essen hatten die Anhänger auf dem
Weg ins nagelneue Stadion Tränen in den Augen, weil sich
nebenan Bagger in die Tribünen des alten Georg-Melches-
Stadions fraßen. Die SG Wattenscheid 09 kehrte nach end-
losen Jahren des Niedergangs zumindest wieder in die
vierte Liga zurück, und Westfalia Herne rettete sich am
letzten Spieltag vor dem Absturz in die sechste Liga, als das
schon gar nicht mehr zu erwarten war. Nur bei Schalke 04
passierte erst was Herzergreifendes, als die Saison längst

vorbei war. Der Spanier Raúl kam zurück, wenn auch nur
für einen Tag, um sich für die schöne Zeit in Gelsenkirchen mit einem Abschiedsspiel zu bedanken. Und gemeinsam mit Julian Draxler, dem größten Talent des Klubs,
schoss er das schönste Tor des Jahres.

Als ich mich nach dem aufwühlenden Sieg von Borussia
Dortmund über Real Madrid schlafen legte, stellte ich fest:
Es war schön, wieder zu Hause zu sein.

# Proletarischer Stil

## *Die Erfindung des Ruhrgebietsfußballs*

Wenn ich Fritz Keller treffe, den Vereinspräsidenten des SC Freiburg, bringt er mit Sicherheit irgendwann die Rede auf den Ruhrgebietsfußball. »Und wie sieht's aus bei euch im Pott?«, fragt er dann, obwohl er weiß, dass ich dort schon lange nicht mehr lebe. Aber dieser Ruhrpott und sein Fußball machen großen Eindruck auf ihn. Dabei lebt Keller, der Fritz nach seinem Taufpaten Fritz Walter heißt, in einer der schönsten Landschaften Deutschlands, dem Kaiserstuhl. Er ist dort erfolgreicher Winzer und führt ein Restaurant, in dem man unglaublich gut essen kann. Der SC Freiburg ist ein Klub, auf den man als Präsident stolz sein kann, aber für Keller hat der »Pott« einen besonderen Reiz. Eine Passion für Fußball, die es in seiner Welt so nicht gibt, vielleicht. Seine Frage danach hat jedenfalls einen lustvollen Unterton, als würde er sich nach einer besonderen Sünde erkundigen.

Hamburger Fußball ist einfach nur Fußball in Hamburg oder bayerischer Fußball eben Fußball in Bayern, aber beim Begriff Ruhrgebietsfußball kommt etwas hinzu, nicht nur für den Badener Fritz Keller. Um Maloche in der alten Heimat von Kohle und Stahl geht es, um Zusammenhalt in schweren Zeiten, vielleicht um die größte Stehplatztribüne Europas, die »Die gelbe Wand« in Dortmund und die fast religiöse Anhänglichkeit der Schalker Fans. Kurzum: Fußball im Sehnsuchtsmodus.

Erfunden wurde der Ruhrgebietsfußball 1978 – in dem Jahr, als Borussia Dortmund mit 0:12 bei Borussia Mönchengladbach verlor. Rolf Lindner war damals ein junger Sozialwissenschaftler an der FU Berlin und ärgerte sich darüber, dass er in der Mensa die Fußballseiten der Zeitung nicht lesen konnte, ohne sich abschätzige Kommentare von Kollegen oder von Studenten anhören zu müssen. Man kann sich heute kaum noch vorstellen, wie wenig gesellschaftlich akzeptiert Fußball in den Siebzigerjahren war. Groß- und Bildungsbürger schauten mit vornehmer Verachtung auf das Vergnügen der Proleten und Kleinbürger hinab. Aber auch die Linken in Lindners Mensa lehnten Fußballfans ab, weil sich diese durch Fußball vom Klassenkampf ablenken ließen. Im klassischen Anti-Fußballbuch jener Jahre, »Fußballsport als Ideologie« des Sozialpsychologen Gerhard Vinnai, hieß es: »Die Tore auf dem Spielfeld sind die Eigentore der Beherrschten.« Dem wollte Lindner etwas entgegensetzen.

Als sein Buch »Sind doch nicht alles Beckenbauers« 1978 erschien, war er 33 Jahre alt, und es leistete etwas, was es in Deutschland zuvor noch nicht gegeben hatte: eine Kulturanalyse des Fußballs. Wenn vorher Bücher über Fußball veröffentlicht worden waren, hielten die Leser zumeist billig zusammengeschrubbte Spielerbiografien, umständliche Schriften zu Vereinsjubiläen oder Erinnerungsbücher zu Weltmeisterschaften in der Hand. Doch Lindner und sein Mitautor Heinrich Th. Breuer schrieben keine Fußballgeschichte der Siege und Niederlagen, keine Heldengeschichten großer Spieler, sondern sie untersuchten, wie sich Fußball und Leben im Alltag der Spieler und Anhänger miteinander verbanden.

Wenn für uns heute der Gedanke selbstverständlich ist,

dass wir die Welt durch Fußball wahrnehmen und verstehen können, war das vor dreieinhalb Jahrzehnten ein neuer, unerhörter Gedanke. Es gab die politische, wirtschaftliche und soziale Geschichte, und es gab die Geschichte des Fußballs – miteinander zu tun hatten sie nichts.

»Wir wollten zeigen, dass Fußball kein Verdummungsinstrument ist«, erzählte mir Lindner in seinem Büro an der Humboldt-Universität in Berlin, dem man in seiner Kargheit und Lagerhaftigkeit ansieht, dass er hier nur noch gelegentlich vorbeischaut. Inzwischen ist er emeritiert, auch über seinen Klassiker »Sind doch nicht alles Beckenbauers« hatte er schon länger nicht mehr gesprochen, im Laufe seines Berufslebens wurden andere Themen wichtiger. Lindner erforschte, inspiriert von englischen Wissenschaftlern, jugendliche Subkulturen und schrieb eines der ersten Bücher in Deutschland, die sich mit Fußballfans beschäftigten. Später ging es vor allem um Stadtentwicklung. Warum er sich damals dem Fußball zuwandte, weiß er allerdings auch dreieinhalb Jahrzehnte später noch genau: »Man kann den Fußball nicht isoliert oder als Ablenkung betrachten, sondern er ist im Ruhrgebiet Teil einer Industriegeschichte, einer Lebenswelt, einer Alltagskultur, die eingebettet ist in eine ganz spezifische Landschaft der Montanindustrie.«

Die Autoren mussten damals Grundlagenarbeit leisten. Also gibt es in ihrem Fußballbuch eine »Kurze Geschichte des Ruhrgebiets nebst einem Exkurs über die Verwandlung von Landarbeitern in Bergarbeiter und einer Betrachtung über die Herausbildung einer Arbeitersubkultur in den Zechenkolonien«. Darin rekapitulierten sie die chaotische Industrialisierung des Ruhrgebiets und das Entstehen einer Arbeitersubkultur in den Siedlungen, wo es einen besonders engen Zusammenhalt gab und die generelle Bereitschaft, sich gegenseitig zu helfen. Lindner und Breuer verschwiegen aber auch nicht die Gefahr einer lokalen Borniertheit gegenüber allem, was außerhalb dieser abgeschlossenen Welt existierte.

Lindner und Breuer stammen beide aus Bottrop. Lindner war als Kind in den Fünfzigerjahren zu den Spielen des VfB Bottrop gegangen, der es zwar nie aus der 2. Liga West in die Oberliga geschafft, aber an großen Tagen trotzdem vor über 20 000 Zuschauern gespielt hatte. Im Mittelpunkt ihres Buches aber stand der SV Sodingen, dem es in den Fünfzigerjahren innerhalb von fünf Jahren gelungen war, vier Mal aufzusteigen, und das fast ausschließlich mit Spielern, die aus dem besagten Stadtteil von Herne kamen. 1955 wurde der SV Sodingen sogar Zweiter der Oberliga West und qualifizierte sich für die Endrunde um die deutsche Meisterschaft. Im ersten Spiel hatten die Sodinger beim Hamburger SV knapp mit 0:1 verloren, im zweiten mit 5:1 gegen Viktoria 89 Berlin gewonnen. Am 22. Mai 1955 kam der 1. FC Kaiserslautern mit den Weltmeistern Fritz Walter, Horst Eckel, Werner Liebrich und Werner Kohlmeyer zum, wie sich zeigen sollte, größten Spiel der Fünfzigerjahre im Ruhrgebiet.

Meine Mutter war damals mit ihrem Bruder dort gewesen, das Spiel war der Grund, weshalb sie niemals mehr zum Fußball ging. Für sie wurde der Besuch nämlich ein traumatisches Erlebnis, und wenn man zeitgenössische Berichte liest, kann man verstehen, warum das so war. Nachdem im Vorverkauf nur gut 20 000 Karten abgesetzt worden waren, gab es weder eine Warnung, nicht mehr zur Glückauf-Kampfbahn in Gelsenkirchen zu kommen, noch wurden Vorkontrollen eingerichtet, um Zuschauer ohne Eintrittskarten rechtzeitig zurückzuschicken. So drängten immer noch Zehntausende auf das Stadion zu, als dessen 43 000 Plätze schon längst besetzt waren. Als angepfiffen werden sollte, befanden sich 80 000 im und um das Stadion, Tausende standen bis zu 20 Meter weit auf dem Platz. »Wellen von Zuschauermengen stürzen die Ränge hinab. Der Lautsprecher fleht immer häufiger: ›Sanitäter‹«, schrieb Fritz Wirth, der für den *Sport-Beobachter* aus dem Chaos berichtete. Die Kassen waren überrannt worden, Zäune niedergerissen, und viele Zuschauer mit Karten kamen gar nicht mehr hinein, nicht einmal der Vorsitzende des SV Sodingen. Beim Versuch des Reporters, sich in der Halbzeitpause zu einem Telefon durchzukämpfen, geriet Wirth ins Gedränge zwischen denen, die unbedingt raus-, und jenen, die unbedingt hineinwollten. »Ich bin endlich aus dem Stadion und ich lebe noch. Ich lebe«, berichtete er glücklich, obwohl sein Mantel total zerrissen war.

Dass an einem Mittwochnachmittag so viele Zuschauer ins Stadion von Schalke 04 gekommen waren (das Stadion des SV Sodingen entsprach nicht den Bedingungen für Endrundenspiele), hatte mit der Wiederauflage eines Mythos zu tun. Viele fühlten sich durch den SV Sodingen an den Schalker Aufstieg in den Dreißigerjahren erinnert, als der Klub mit Spielern fast ausschließlich aus Gelsenkirchen die beste Mannschaft Deutschlands gewesen war und sechs Meistertitel ins Revier geholt hatte. Sodingen erfüllte damals eine kollektive Sehnsucht des Publikums nach einer Wiederholung dieser Geschichte – allerdings nur einen Sommer lang. Denn anders als Schalke in den Dreißigerjahren war die Sodinger Mannschaft der Fünfzigerjahre nicht stark genug, um ernsthaft um die deutsche Meisterschaft mitzuspielen. Das unter größten Mühen zu Ende gebrachte Spiel gegen Kaiserslautern endete 2:2, letztlich wurden die Sodinger Dritter in einer Gruppe mit vier Mannschaften. Doch selbst zum letzten Endrundenspiel im fernen Köln kamen noch einmal über 50 000 Zuschauer. Danach sollte Sodingen keine Endrunde mehr um die Meisterschaft erreichen und stieg vier Jahre später erstmals ab.

Breuer und Lindner betätigten sich bei ihren Recherchen gut 20 Jahre später quasi als Feldforscher. Sie führten ausführliche Interviews mit den Protagonisten des Herner Stadtteilklubs, vor allem mit den ehemaligen Spielern, die immer noch in Sodingen lebten und Mitte der Siebzigerjahre teilweise sogar noch auf der Zeche Mont Cenis arbeiteten. Sie hatten zu ihrer aktiven Zeit als Spieler eine Doppelrolle, denn einerseits waren sie Arbeitskollegen und Nachbarn der Leute, die ihnen sonntags beim Fußballspielen zuschauten, andererseits waren sie Repräsentanten des Stadtteils, Stars aus der eigenen Mitte. Hännes Adamik, Bergmann und populärster Spieler der Mannschaft, erzählte Breuer und Lindner: »Man konnte in Sodingen manchmal kein Bier trinken gehen, ohne auf Fußball angesprochen zu werden. Am schlimmsten war das montags inne Kaue. Dann kamen die manchmal eher, um dich abzufangen. Dann musstest du erzählen, wie das Auswärtsspiel war, die Zuschauer, das Stadion und so. Als wenn es keine Zeitung gab montags.«

Sodingen und der SVS waren ein extremes Beispiel für die Identität von Arbeit, Leben und Fußball. Bei Klubs wie den Sportfreunden Katernberg, dem STV Horst-Emscher, der Spielvereinigung Erkenschwick oder Hamborn 07 war es ähnlich. Breuer und Lindner erklärten ihren Lesern die gemeinsame Herkunft dieser Klubs im Vergleich zu den bürgerlichen Klubs wie etwa dem Duisburger Spielverein oder dem ETB Schwarz-Weiß Essen, die es im Ruhrgebiet auch gab. Diese waren vom städtischen Bürgertum schon um die Wende zum 20. Jahrhundert gegründet worden, denn auch im Ruhrgebiet war Fußball zunächst ein bürgerlicher und kein proletarischer Sport.

Die »wilden« Klubs in den Arbeitersiedlungen dagegen gründeten sich erst später. Schalke 04 etwa war zunächst ein Zusammenschluss von jungen Arbeitern, die auf freien Wiesen kickten. Solche unorganisierten Freizeitkicker hatten anfänglich oft Schwierigkeiten, in den offiziellen Fußballverbänden Aufnahme zu finden. Lindner/Breuer schrieben: »›Wild‹ war so ein Verein, weil er ›unordentlich‹, im Amtsdeutsch ›nicht ordnungsgemäß‹ mit Vorstand, Satzung und Spielordnung versehen, kurz: nicht bürgerlich war.«

Die Verbindung von Fußball, Arbeit und Leben sorgte aus Sicht der Autoren auch für einen besonderen Stil, Fußball zu spielen: »Herausragendes Beispiel proletarischer Mannschaften ist neben der Härte die mannschaftliche Geschlossenheit, die Ausdruck der Zusammenfassung der Proletarier in der Produktion ist.« Anders gesagt: In der Spielweise der Mannschaften drückten sich die Lebensumstände aus. Weil man sich bei der gefährlichen Arbeit unter Tage auf den Kollegen unbedingt verlassen können musste, war auch auf dem Spielfeld für Einzelgänger und Egoisten kein Platz. Weil die Arbeit körperlich hart war, wollten die Zuschauer auch auf dem Rasen sehen, dass »malocht« wurde. Kraft und Robustheit, Härte und Hartnäckigkeit, Kondition und Ausdauer waren die wesentlichen Attribute dieses proletarischen Stils, neben körperlicher Gewandtheit und Geschicklichkeit oder List. So jedenfalls interpretierten Lindner/Breuer das.

Die Klubs aus dem Ruhrgebiet dominierten damals den deutschen Fußball. Vor Einführung der Bundesliga hatte es nach dem Zweiten Weltkrieg als höchste Spielklasse in der Bundesrepublik fünf Oberligen gegeben: im Norden, Süden, Südwesten, in Berlin und im Westen. In der Oberliga West kamen von den insgesamt 31 Klubs, die zwischen 1947 und dem Ende 1963 dort spielten, 17 aus dem Ruhrgebiet. In der ersten Saison 1947/48 waren es sogar acht von 13 Klubs gewesen, die ersten sechs Plätze der Abschlusstabelle wurden schließlich von Revier-Teams belegt. Elf von insgesamt 16 Meistern der Oberliga West kamen aus dem Ruhrgebiet, nur der 1. FC Köln mit fünf Westmeisterschaften konnte dagegenhalten. Selbst die Tabellenzweiten kamen nur fünfmal nicht von der Ruhr. Die Region stellte fast ein Drittel der deutschen Meister jener Epoche, fünfmal in 16 Oberligajahren ging der Titel ins Ruhrgebiet. An Schalke 04, Rot-Weiss Essen und dreimal an Borussia Dortmund. Beim Meisterschaftsendspiel 1957 gegen den Hamburger SV war Dortmunds Trainer Helmut Schneider so arrogant gewesen, dass er Nationalspieler Aki Schmidt draußen ließ, weil er mit der exakt gleichen Elf die Meisterschaft gewinnen wollte wie im Jahr zuvor. Es gelang ihm, der BVB siegte mit 4:1.

Der sportliche Erfolg korrespondierte mit dem wirtschaftlichen. Die Fünfzigerjahre waren die beste Zeit des Reviers, hier wurde der wirtschaftliche Motor des Wiederaufbaus nach dem Zweiten Weltkrieg in Gang gesetzt. Zu sonderlichem Selbstbewusstsein bei den Bewohnern führte das aber nicht, auch beim jungen Rolf Lindner nicht. »Wenn man in den Ferien woanders hinkam, hat man gemerkt, wie vorurteilsbehaftet viele Dinge waren. Unter Jugendlichen war die erste Frage meistens, woher man kam, und da habe ich schnell gemerkt, dass man Bottrop nicht sagen kann, weil man als Proll wahrgenommen wurde, wie man heute sagen würde.«

Groß war auch der Minderwertigkeitskomplex, kein ordentliches Deutsch sprechen zu können und in schmutzigen und grauen Städten zu leben. Nicht einmal ein Bewusstsein für das Ruhrgebiet als Region gab es, der Horizont ging kaum über die Zechenkolonie oder den eigenen Stadtteil hinaus. Fußball hingegen sorgte für Stolz und Selbstbewusstsein. Ab den Siebzigerjahren bekamen die Geschichten aus der alten Oberliga West eine neue, nostalgische Bedeutung. Der Bergbau taumelte seinem Ende entgegen, die Stahlkrise begann, und die Fußballklubs aus dem Revier hatten den Anschluss an die nationale Spitze verloren.

Eine der ersten Leserzuschriften auf »Sind doch nicht alles Beckenbauers« erhielt Lindner von einem Gewerkschaftssekretär namens Dieter Schmidt, der sich darüber beschwerte, dass in dem Buch nichts über seine Lieblingsmannschaft Spielvereinigung Erkenschwick gestanden hatte. Unter dem Pseudonym Hans Dieter Baroth sollte Schmidt zehn Jahre später »Jungens, Euch gehört der Himmel« veröffentlichen, eine Geschichte der Oberliga West von 1947 bis 1963.

Dort wurde in Anekdoten und Schnurren eine bessere Zeit des Fußballs beschrieben; eine dieser Anekdoten war Baroths eigenes Geständnis, einen Ziegelstein in den Mannschaftsbus von Preußen Münster geworfen zu haben, weil der Klub immer die besten Spieler aus Erkenschwick wegholte. Es war der Blick zurück in eine vermeintlich un-

34

schuldige, bessere Zeit. Oder wie Baroth den legendären Radioreporter Kurt Brumme zitierte: »Die Virtuosen auf dem Rasen sind rar geworden. In der Oberliga West tummelten sich eine Menge von ihnen. Ganze Kerle, mit denen man sich nach dem Spiel zusammensetzte! Gesungen wurde da noch und miteinander geklönt, in Erkenschwick, in Essen, in Schalke, in Aachen! Kinder, waren das Zeiten!«

Goldene Jahre wurden da beschworen, doch Lindner, dessen Analyse des Revierfußballs zwar auch liebevoll, aber nicht sentimental gewesen war, ist bis heute von solcher Nostalgie nicht sonderlich begeistert. »Es gibt keine Gegend, wo so viele Fußballbücher entstanden wie im Ruhrgebiet. Es wurde im Sinne der Mythologisierung immer mehr und auch immer dünner, sodass ich mich irgendwann gefragt habe, ›Junge, wat haste da eigentlich angestellt?‹«

Nun, er hatte den Gedanken verbreitet, dass Fußball nicht einfach nur Fußball ist, sondern viel über das Leben der Menschen erzählen kann. Er etablierte die Idee, dass Fußball nicht nur ein Sport, sondern der Ausdruck von Alltagskultur ist. Heute ist das selbstverständlich, doch damals war es neu und daher wichtig. Fortan sollte die Sozialgeschichte des Fußballs eine Rolle spielen und das Ringen darum, wie man sie auslegt. Denn es gab einige Möglichkeiten, sie zu interpretieren. Selbst die kritischen Geister Lindner und Breuer interessierten sich bei ihrer Annäherung an den Ruhrgebietsfußball vor allem für ein Modell davon, den proletarischen Stadtteilklub. Aber schon im Goldenen Zeitalter der Fünfzigerjahre gab es auch ganz andere.

# Rot-Weiss Essen im Kältestrom

*Dunkle Jahre an der Ruhr*

Das Georg-Melches-Stadion in Essen hatte ich immer besonders gemocht und konnte die verstehen, die darum trauerten. »FUER IMMER GMS« stand in weißen Buchstaben auf einem riesigen roten Stofftransparent, das von der Eisenbahnbrücke in Bergeborbeck auf die Reste des alten Stadions hinunterschaute. Die Rückwände etlicher Räume der Haupttribüne waren bereits herausgebrochen, und nun konnte man wie in ein Puppenhaus hineinschauen. An einer Innenwand war noch ein großes Vereinsemblem von Rot-Weiss Essen zu sehen, davor lag etwas, das wie ein umgestürzter Heizkörper aussah. Am Gitter um die Baustelle warnte ein Schild in Rot auf Weiß: »Achtung Abbrucharbeiten«.

Es ist traurig, ein Stadion verschwinden zu sehen, denn besondere Erinnerungen von Zehntausenden verlieren dabei ihren Ort. Hier sind sie vielleicht schon als Kind gewesen, auf den Tribünen aufgewachsen und in die Geschichte eines Klubs hineingezogen worden. Hier haben sie mit ihren Freunden ihre Mannschaft bejubelt und verflucht. Von hier sind sie beseelt vom Gefühl eines großen Sieges oder niedergeschlagen und wütend nach Hause gegangen. Abrissbirnen können die Erinnerungen daran nicht zerstören, aber wehtut es trotzdem.

Es gibt niemanden mehr, der sich noch an eine Zeit erinnern kann, in der Rot-Weiss Essen hier *nicht* gespielt hatte, in dieser rauen Gegend. Früher gab es Zechen in der Nachbarschaft, doch Carolus Magnus, Wolfsbank, Emil Emscher oder Fritz Heinrich sind längst geschlossen. Heute befinden sich hier Brachen, Schrottplätze und auf dem Gelände des Autokinos wechselnde Trödel- und Billigmärkte. Samstags findet hier der größte Automarkt im Revier statt, von dem aus viele Wagen nach Polen, Litauen oder in die Ukraine gehen. Die Berne fließt in der Nähe der Tribüne vorbei, ein kleines Flüsschen, das nicht renaturiert, sondern nach wie vor Abwasserrinne ist.

Rot-Weiss Essen gehört zu einer Sorte von Fußballvereinen, die man einerseits romantisch als »beautiful loser« oder nüchtern betrachtet als Klubs beschreiben kann, die beharrlich unter ihren Möglichkeiten bleiben. Bei solchen Vereinen kann selbst das größte Durcheinander in der Vereinsführung, sinnlose Überschuldung und eine ununterbrochene Serie von sportlichen Fehlschlägen die Zuneigung des Publikums nicht zerstören. Die Offenbacher Kickers gehören zu diesen Klubs, Waldhof Mannheim, nach der Wende der 1. FC Magdeburg und Dynamo Dresden, Lok Leipzig oder der BFC Dynamo Berlin. Auch Schalke 04 war in den Achtzigerjahren ein solcher Verein, Hannover 96 in den Neunzigern, Fortuna Düsseldorf im ersten Jahrzehnt der 21. Jahrhunderts und jahrzehntelang auch Eintracht Braunschweig. Was zeigt, dass man das nicht bleiben muss.

Doch Rot-Weiss Essen erwischte es schon früh besonders hart. 1961, nur sechs Jahre nach dem Gewinn der deutschen Meisterschaft 1955, stieg der Klub ab und kam nie mehr wirklich zurück. 1966 tauchte er für ein Jahr in der Bundesliga auf und später noch zweimal, zunächst für zwei, dann für vier Jahre. Am 14. Mai 1977 spielte Rot-Weiss Essen zum letzten Mal erstklassig, beim 5:3-Sieg über Fortuna Düsseldorf schoss Horst Hrubesch drei Tore, den bis heute letzten Bundesligatreffer erzielte Werner Lorant, der später ein beinharter Trainer werden sollte. Sieben Jahre danach fand sich RWE zum ersten Mal in seiner Geschichte in der dritten Liga wieder. Aber nicht zum letzten Mal. In den Neunzigerjahren wurden Spielzeiten in der Zweitklassigkeit bereits die Ausnahme, und 1999 ging es sogar hinunter in die viertklassige Oberliga Niederrhein, wo die Gegner plötzlich Germania Teveren, Wegberg-Beeck und SV Baesweiler hießen. Aber selbst das war noch nicht der Tiefpunkt, denn 2010 musste Rot-Weiss Essen Insolvenz anmelden und nun sogar in der fünftklassigen Oberliga antreten.

Geblieben war dem Verein da nur noch die Anhänglichkeit seines Publikums, das selbst in der fünften Liga in einer Zahl die Spiele besuchte, über die sich mancher Zweitligist freuen würde. Dazu kam ein mitunter partisanenhafter Fanatismus der Essener Fans, der es für Anhänger der Gästemannschaften besonders unangenehm machte, in den Essener Norden zu fahren, wo die früheren Gewaltrituale des Fußballs länger als anderswo überdauerten. In den finsteren Ecken um die Hafenstraße konnte man sich so unwohl fühlen wie ums Stadion The Den des FC Millwall in London, dessen Fans aus den Arbeiterquartieren der Docklands die Abscheu der anderen feierten: »No one likes us, we don't care.«

Doch nicht nur deshalb fühlte es sich bei RWE britisch an. Das Georg-Melches-Stadion kam in vielerlei Hinsicht in Deutschland den klassischen Grounds auf der Insel am nächsten. Es war schon immer ein reines Fußballstadion

gewesen und sah irgendwann auch genauso zusammenge-
stückelt wie viele Stadien in England aus, bei denen früher
neue Tribünen immer dann gebaut wurden, wenn gerade
Geld da war. Das machte die Orte weniger verwechselbar,
als es die meisten Stadien heute sind, bei denen man oft
nicht weiß, wo man sich gerade aufhält. Das Stadion an
der Hafenstraße war aber längst aus der Zeit gefallen, ein
Flickwerk und Kuriosum mit drei Tribünen.

Es war zugleich ein Museum für die goldenen Jahre des
Ruhrgebietsfußballs und eine Erinnerung daran, dass Rot-
Weiss Essen zu jener Zeit einer der modernsten Klubs in
Deutschland gewesen war. Nachdem RWE 1955 zum ersten
und einzigen Mal deutscher Meister geworden war, wurde
der Klub nicht zuletzt wegen seines Stadions der modernste
der Bundesrepublik. Im Jahr nach dem Titelgewinn bekam
es eine der ersten Flutlichtanlagen in Deutschland, zuvor
gab es so etwas nur im Rosenaustadion in Augsburg und auf
dem Bieberer Berg in Offenbach. 1957 wurde dann die neue
Haupttribüne eröffnet, deren 17 Meter hohes Dach 4500
Zuschauer erstmals in Deutschland freitragend vor Regen
schützte. So was hatte man hierzulande noch nicht gesehen, zumal unter den Zuschauerrängen auf drei Stockwer-
ken eine Gaststätte, die Geschäftsstelle und Spielerappar-
tements (wo später eine Zeit lang der legendäre Dribbler
Willi Lippens wohnen sollte) untergebracht waren. Dazu
kamen Umkleidekabinen, die medizinische Abteilung, eine
Sporthalle, eine Sauna und zwei Entmüdungsbecken. Hinter der Tribüne lag eine Gartenwirtschaft, die kleine Gruga.
Das Gegenstück zur großen Gruga, die 1929 am Südrand
der Innenstadt als Große Ruhrländische Gartenausstellung
eröffnet hatte, um etwas Grün in die graue Arbeiterstadt zu
bringen. In der kleinen Gruga hinterm Stadion stand zu-

nächst auch die fast lebensgroße Bronzefigur »Kurze Fuffzehn«, ein Bergmann mit freiem Oberkörper, der sich auf
seiner Spitzhacke abstützt und das hier symbolisierte Vier-
telstündchen Pause macht. Sie sollte eine Verbindung zwischen den vielen Bergleuten im Publikum und den Spielern
zum Ausdruck bringen, die sich zwischen den Halbzeiten
auch eine Viertelstunde lang ausruhen und Kraft schöpfen
konnten. Noch heute heißt die Stadionzeitung von RWE
*kurze fuffzehn.*

Als »deutsches Highbury« wurde das Stadion damals
bezeichnet, der Klub spielte auch sonst in einer Liga mit
Arsenal, dem vornehmen Verein aus den Norden Lon-
dons, denn Rot-Weiss Essen war mal ein Klub von Welt.
Schon 1950 kamen die Newell's Old Boys aus Argenti-
nien als erste südamerikanische Vereinsmannschaft nach
Deutschland – an die Hafenstraße. Vier Jahre später unter-
nahm RWE eine neunwöchige Gastspielreise durch Nord-
und Südamerika und empfing selbst ständig internationale
Topteams. Insgesamt trat RWE in den Fünfzigerjahren
gegen Mannschaften aus 20 Nationen zu Freundschafts-
spielen an, um den Spielbetrieb zu finanzieren. Auch das
erste Spiel einer deutschen Mannschaft im Europapokal
der Landesmeister fand an der Hafenstraße 97a statt, Rot-
Weiss empfing Hibernians Edinburgh.

Georg Melches hatte den Verein 1907 als 13-Jähriger
unter dem Namen SV Vogelheim gegründet, nachdem er
einen Fußball zu Weihnachten bekommen hatte und mit
seinen Freunden in einer Mannschaft spielen wollte. Erster Vorsitzender und Förderer des Klubs wurde sein Vater,
ein Bergwerksdirektor. In den folgenden Jahrzehnten verwandelte Georg Melches die Straßenmannschaft, die nach
mehreren Fusionen ab 1923 Rot-Weiss Essen hieß, in dem

Maße in einen veritablen Fußballklub, wie er selbst Karriere machte und an gesellschaftlichem Einfluss gewann. Er war erst Prokurist und wurde schließlich kaufmännischer Direktor sowie Vorstandsmitglied der Didier-Kogag-Hinselmann AG, eines weltweit tätigen Unternehmens, das Koksöfen und Kokereien baute. Als erfolgreicher Industriekapitän konnte er seine beruflichen Verbindungen für den Klub spielen lassen, dessen Vorsitzender er zwar nie war, aber ab 1950 dessen Ehrenvorsitzender.

Heute gilt RWE als großer Traditionsverein, dabei könnte man seine Geschichte ohne Weiteres mit dem Aufstieg der TSG Hoffenheim durch den Milliardär Dietmar Hopp vergleichen, der dort als Kind gespielt hatte und den Klub, nachdem er mit einem Unternehmen für Bürosoftware reich geworden war, in die Bundesliga führte. Melches war nicht annähernd so reich, aber das war unter den unklaren Bedingungen des Fußballs der Fünfzigerjahre auch nicht in dem Maße nötig. Wer gute Spieler haben wollte, musste gute Jobs besorgen und vielleicht noch etwas Handgeld bereithalten, um sie von einem Wechsel zu überzeugen.

Die Geschichte des deutschen Fußballs seit dem Ende des Zweiten Weltkrieges ist die einer ständigen Professionalisierung, Modernisierung und Kommerzialisierung, die zu unterschiedlichen Zeitpunkten unterschiedliche Anforderungen gestellt hat. Zu Zeiten der Oberliga z. B. gab es verkappten Profifußball. Wie der funktionierte, zeigt das Beispiel von Helmut Rahn.

Die WM-Legende von 1954 hatte in seiner Jugend zunächst im unterklassigen Amateurverein Altenessen 12 gespielt, wo er sich irgendwann sportlich unterfordert fühlte. Beim Essener Nachbarklub aus Stoppenberg machte er

1949 unerlaubterweise ein Freundschaftsspiel beim SC Oelde 09 mit. Wahrscheinlich eines der sogenannten »Kartoffelspiele«, die Klubs aus dem Ruhrgebiet damals gerne in Westfalen austrugen, um sich mit Lebensmitteln zu versorgen. Er hinterließ bei den Gastgebern einen so nachhaltigen Eindruck, dass die Vereinsvorsitzenden zu ihm nach Essen kamen und den 20-Jährigen verpflichteten. »In der Zentrifugenfabrik ›Westfalia Separator‹ besorgten sie mir einen angenehmen Job. In der Kontrollabteilung hatte ich Handzentrifugen, wie sie die Bauern zum Buttern brauchen, zu überprüfen und dann zum Verpacken weiterzugeben«, schreibt Rahn in seiner Biografie »Mein Hobby: Tore schießen«. In einer Saison in Oelde waren es 54 Tore, nur waren sie eben kein Hobby, sondern verhalfen ihm zum Lebensunterhalt. Zur Saison 1950/51 verpflichtete ihn der Essener Oberligaaufsteiger Sportfreunde Katernberg, ein klassischer Zechenklub, der mit attraktiven Jobs auf dem Pütt gute Spieler locken konnte. Ein Jahr später ging Rahn für eine Ablösesumme von 7000 Mark zu Rot-Weiss Essen, wo er fast schon als Profi tätig war. Er arbeitete in der Fahrbereitschaft der Didier-Kogag-Werke, durfte den Opel Kapitän aber auch privat nutzen. »Drei Räder fahren für mich, eins für die Firma«, gab Rahn damals zu.

Als RWE 1955 den Titel gewann, siegte keineswegs ein Team mit Jungs aus dem Essener Norden, sondern eine über mehrere Jahre sorgsam zusammengestellte Mannschaft. Es war ein ganz anderes Team als das des SV Sodingen, der im gleichen Jahr mit seiner Stadtteilmannschaft 80 000 Zuschauer in die Glückauf-Kampfbahn gelockt hatte. Willi Köchling kam aus Iserlohn nach Essen, der Holländer Johannes Röhrig vom französischen Profiklub FC Roubaix, Bernhard Termath aus Hameln und Nationaltorwart Fritz Herkenrath vom 1. FC Köln. Außenverteidiger Joachim Jänisch wechselte von Eintracht Frankfurt ins Ruhrgebiet. Der Außenläufer Frank Islacker war zwar in Essen geboren worden, kam aber vom Rheydter Spielverein zu RWE. Wie die WM-Legende Helmut Rahn stammte auch Willi Vordenbäumen aus Essen, war aber ebenfalls vom Lokalkonkurrenten Sportfreunde Katernberg abgeworben worden. Von den 21 Spielern im Kader des Meisters arbeiteten zehn in der Firma von Melches.

Das war typisch für die berufliche Existenz in einer Schattenwelt mit offiziellen Anstellungen, wo die Spieler mehr oder weniger arbeiten mussten, plus kleiner Summen aus ihren Spielerverträgen plus illegaler Handgelder, Prämien oder Sondervergünstigungen. In jener Zeit des Wiederaufbaus nach dem Zweiten Weltkrieg und der Prosperität des Wirtschaftswunders hatte das Ruhrgebiet für diese Art von Profifußball einen Standortvorteil. 1956 arbeiteten auf dem Höhepunkt der Kohleförderung 680 000 Bergleute auf den Zechen. 1957 wurde die höchste Tonnage nach dem Zweiten Weltkrieg erreicht. Es gab also genug Förderer und attraktive Jobs, nicht notwendigerweise nur auf Zechen oder in Stahlwerken. RWE-Torhüter Herkenrath etwa arbeitete zwischen 1956 und 1961 als Sportlehrer an einer Essener Grundschule. Dass Geld schon damals eine zersetzende Rolle spielte, erzählte er später in einem Interview: »Mitte der Fünfzigerjahre wurden Spieler von auswärts geholt, Ausländer auch, und prächtig honoriert. Wir haben hinter der hohlen Hand gehört, was ihnen unter dem Tisch gezahlt wurde. Da waren Harmonie und letzter Biss auf einen Schlag dahin. Es ging schon seit 1956 stetig bergab.«

Trainer der Essener Meistermannschaft war mit Fritz

Szepan einer der berühmtesten Spieler der Schalker Mannschaft, die in den Dreißiger- und frühen Vierzigerjahren den Fußball nicht nur im Ruhrgebiet fast erdrückend dominiert hatte. Doch es gab noch eine andere Parallele zwischen RWE und diesen legendären Schalkern – der Hintergrund ihrer Erfolge. Schalke hatte sich ab der Saison 1927/28 bis zur letzten Spielzeit vor dem Ende des Zweiten Weltkriegs ununterbrochen als Vertreter Westfalens für die Endrundenspiele um die deutsche Meisterschaft qualifiziert, sieht man von der Sperre wegen Berufsspielertums in der Spielzeit 1930/31 ab. In der Gauliga Westfalen, die 1933 eingeführt wurde, waren sie immer Erster. In der Saison 1935/36 schossen sie in 18 Spielen – die Gauliga umfasste nur zehn Teams – 94 Tore, und sie gaben nur einen Punkt ab. Im Jahr darauf schossen sie sogar 103 Tore und spielten erneut nur einmal unentschieden. Weit und breit gab es keine Gegner auf Augenhöhe, ob sie nun Westfalia Herne, Borussia Dortmund oder wie auch immer hießen.

In jener Zeit entstand durch die sechs deutschen Meistertitel der Mythos des Klubs, doch der sagenhafte Erfolg erklärt sich eben auch hier nicht allein durch eine wundersame Ansammlung von Talenten in Gelsenkirchen im Umkreis der Schwager Fritz Szepan und Ernst Kuzorra. Genauso wichtig war, dass der Klub in seiner Modernisierungsphase (erst ab 1924 hieß er endgültig Schalke 04 und wechselte von den Vereinsfarben Gelb-Rot zu Blau-Weiß) mit Fritz Unkel einen Vereinsvorsitzenden bekam, der ein Erfolgsmodell etablierte, an dem sich Rot-Weiss Essen und andere Klubs im Revier später orientierten.

Unkel war ursprünglich Kohlenhändler gewesen und arbeitete danach auf der Zeche Consolidation. »Seinen

Einflussmöglichkeiten als Materialverwalter – die Stellung eines Material- oder Magazinverwalters auf einem Bergwerk war eine Schlüsselposition, durch die man auch mit den führenden Leuten eines Unternehmens in Berührung kam – war es zum erheblichen Teil zu verdanken, dass die Unternehmensspitze seinen Verein großzügig förderte«, schreibt der Historiker Siegfried Gehrmann in seinem Buch »Fußball, Vereine, Politik. Zur Sportgeschichte des Reviers 1900 – 1940«. Besonders wichtig wurde das beim Bau der Glückauf-Kampfbahn, des ersten vereinseigenen Großstadions im Revier, für das die Zeche Consolidation das Gelände günstig verpachtete. Aufgrund der nun noch größeren Zuschauerzahlen war das Stadion bereits nach wenigen Jahren refinanziert, und Schalke verfügte über die Gelder, um die vielfältigen Abwerbungsversuche seiner Spieler abwehren zu können, die es schon damals gab. Ernst Kuzorra etwa sollte mit einem Job bei der Polizei nach Münster gelockt werden.

Unkel etablierte jenes Modell, das in den folgenden Jahrzehnten bis zur Einführung der Bundesliga überall im Revier in vielen Abwandlungen funktionieren sollte: Unternehmen wurden direkt oder indirekt zu Förderern der Fußballklubs in ihrer Nachbarschaft. Das hatte viel mit jener unklaren Situation zwischen Professionalismus und Amateurismus zu tun. Eigentlich wäre genug Geld im Spiel gewesen, um in Deutschland eine Profiliga zu etablieren, wie es sie in allen großen europäischen Fußballnationen längst gab. In Deutschland war sie aber politisch aus einer Fülle sehr unterschiedlicher Gründe nicht gewollt.

»Arbeitersportler wären ohne verkappten Profifußball nicht möglich gewesen. Man kann keinen Leistungssport betreiben, wenn man unter Tage vor Kohle sitzt. Die

Schalker Knappen-Mannschaft zum Beispiel wurde unter Tage geschont und bekam privilegierte Jobs. Genauso war es dann später beim SV Sodingen«, erzählte mir Ralf Piorr. Ich traf mich mit ihm in einem Café in der Herner Innenstadt, weil er für mich der beste Fußballhistoriker im Ruhrgebiet ist. Für seine Bücher gräbt Piorr tief in den Archiven und fördert immer wieder erstaunliches Material zutage.

Sein Enthusiasmus ist insofern erstaunlich, weil er Zugereister ist. In Einbeck in Niedersachsen aufgewachsen, kam er 1987, mit 21 Jahren, nach Herne. »Ich bin ganz bewusst hierhergezogen, es war auch eine politische Entscheidung, um der Arbeiterklasse nahe zu sein«, erzählte er. Das hatte ich schon lange nicht mehr gehört, und es klang nach der im Ruhrgebiet in den Siebzigern und Achtzigern hier und da aktiven DKP, aber Piorr verstand sich damals als Teil einer libertär-sozialistischen Bewegung. Er studierte in Bochum, befasste sich mit jüdischer Geschichte, dem Nationalsozialismus und bald auch mit Fußball. »Ich habe da gemerkt, wie viel Emotion, wie viel Identität, wie viele Familiengeschichten und auch Brüche in der Erinnerung der Leute mit Fußball zu tun haben. Sich damit historisch zu beschäftigen, lag nahe.«

Wer aber denkt, dass Piorr Proletarierschwärmerei betreibt, täuscht sich. »Ernst Bloch hat mal den Begriff ›Wärmestrom‹ benutzt, im Fußball steckt ganz viel davon. Gerade hier in der Region«, sagt Piorr. Für den Philosophen Bloch bedurfte es des Wärmestroms, also der Begeisterung und der Träume der Menschen als Antrieb in eine humane Zukunft. Zu diesen Träumen gehörten für ihn Kunst, Literatur, Religion, auch das Irrationale darin solle man nicht einfach bekämpfen, sondern dessen Energie produktiv nutzen. Von Fußball hat Bloch nicht gesprochen, aber er passt in diese Reihe. Doch Bloch meint auch, dass man darüber nicht die Analyse der ökonomischen Bedingungen und gesellschaftlichen Gegebenheiten vergessen soll, also das, was er den »Kältestrom« nannte.

Zum Beispiel das: 1959 kippte Wirtschaftsminister Ludwig Erhardt die Schutzzölle für Kohleimporte, und die ersten Zechen mussten schließen, weil Kohle und Erdöl billiger aus dem Ausland kamen. Es war der Anfang vom langen Ende der Montanindustrie. Schalke 04 war im Jahr zuvor deutscher Meister geworden, es war die bis heute letzte deutsche Meisterschaft. Rot-Weiss Essen stieg 1961 ab, als Georg Melches schwer krank wurde, der SV Sodingen 1962. Der letzte deutsche Meister vor Einführung der Bundesliga hieß 1963 Borussia Dortmund. Auch der erste Bundesligameister aus dem Ruhrgebiet hieß 1992 wieder Borussia Dortmund. Dazwischen waren fast drei Jahrzehnte vergangen, und die Region, die den deutschen Fußball vorher dominiert hatte, war zwischendurch in einer Bedeutungslosigkeit verschwunden, wie man sie sich heute nicht mehr vorstellen kann.

Aber warum funktionierte das Erfolgsmodell der Fünfzigerjahre nicht mehr? Ralf Piorr wollte die nächstliegende Erklärung dafür nicht akzeptieren: »Das Gleichnis Bergbaukrise gleich Vereinskrise stimmt hinten und vorne nicht. Die völlige Abhängigkeit von benachbarten Zechen galt allenfalls für kleinere Klubs wie Erkenschwick, Sodingen oder Katernberg.« In Wirklichkeit waren die Klubs aus dem Revier auf den Konzentrationsprozess, den die Einführung der Bundesliga im deutschen Fußball bedeutete, nicht vorbereitet. Von zuvor 74 Erstligisten in den fünf Oberligen blieben 1963 nur noch 16 Bundesligisten (erst zwei Jahre nach ihrer Gründung wurde die Zahl auf 18 Klubs erhöht). Von zuletzt sieben Oberligisten aus dem Ruhrgebiet waren nur noch drei erstklassig: Borussia Dortmund, Schalke 04 und etwas überraschend der Meidericher SV.

Ein Klub wie Westfalia Herne hatte sich die Bundesliga erst gar nicht zugetraut. Alfred Pyka, einer der besten Spieler der damaligen Mannschaft, erzählte Piorr: »Es hat sich abgezeichnet, dass Westfalia gar nicht in die Bundesliga gehen sollte. Das haben wir auch als Spieler mitgekriegt. Der Vorstand hat immer gesagt: ›Das Risiko ist zu groß.‹« Die Bundesliga bedeutet schließlich weitere und deutlich teurere Reisen, dazu stiegen die Gehaltskosten. Für den SV Sodingen reichte es in der neuen Zeit nicht einmal für die neue Regionalliga West, er wurde 1963 gleich in die Drittklassigkeit durchgereicht und ward nie mehr gesehen. »Da fehlten weltmännische Leute«, sagte Piorr.

Auch wenn aus heutiger Sicht das Ausmaß der Professionalisierung bescheiden erscheint, war selbst ein Klub wie Schalke 04 davon überfordert. Seit dem letzten Meistertitel 1958 hatte er bis zur Bundesligaeinführung in jedem Jahr Minus gemacht, 1964 lagen die Schulden nach Schätzungen des damaligen Oberbürgermeisters von Gelsenkirchen, Hubert Scharley, schon bei 600 000 Mark. Das klingt nach wenig, entsprach aber der Hälfte der Einnahmen aus Eintrittsgeldern einer Saison, der einzigen wesentlichen Einnahmequelle. Im letzten Jahr der Oberliga hatten die Vorstände des Klubs sogar vor Gericht antreten müssen, weil die Steuerfahndung Unregelmäßigkeiten in der Buchführung gefunden hatte.

Das altbewährte Modell »guter Job plus niedrig dotierter Vertrag plus Geld unter der Hand« funktionierte nicht mehr, und in ihrer Not wandten sich die Klubs neuen Sponsoren zu: Dauernd überschuldet, flehten die Vereinsfunktionäre in ihrer Not die Kommunen an. Diese erwarben im Laufe der Jahre die vorher vereinseigenen Stadien oder Trainingsgelände, die sie anschließend gleich wieder an die Vereine vermieteten. Der Historiker Nils Havemann fällt in seiner Geschichte der Bundesliga »Samstags um halb 4« ein sehr strenges Urteil über den Fußball im Revier, beispielhaft an Schalke 04: »Die vielen gescheiterten Versuche des Staates, den Exitus der Zechen abzuwenden, waren mehr als nur eine zufällige Parallele zu den vielen Interventionen, mit denen die Stadt bis weit in die Achtzigerjahre hinein den FC Schalke 04 regelmäßig zu retten versuchte: Sie verhinderten überfällige Anpassungsprozesse und befreiten die verantwortlichen Vereinsvorstände von der Mühe, über neue Wege zur Finanzierung der Lizenzspielerabteilung nachzudenken.«

Die Revierklubs spielten stattdessen zunächst einfach ihre glorreiche Vergangenheit nach. Bei Schalke wurde Fritz Szepan von 1964 bis 1965 und von 1966 bis 1967 Präsident. Zwar war er als einer der größten Spieler der Vereinsgeschichte und Essens Meistertrainer eine legendäre Figur, die Befähigung zu annähernd modernem Management brachte er nicht mit. Doch wahrscheinlich sollte er auch vor allem die guten, alten Zeiten des damaligen Rekordmeisters beschwören. Dabei war Schalke schon 1965 nur durch eine Aufstockung der Bundesliga von 16 auf 18 Klubs vor dem Abstieg gerettet worden und blieb lange tief im Mittelmaß. Zu Beginn der Siebzigerjahre gab es bei Schalke nach dem Umzug ins Parkstadion dank fantastischer Zuschauerzahlen ein Zwischenhoch, um dann in den Achtzigerjahren in seinem dunkelsten Zeitalter als

Fahrstuhlteam zu landen, wo der Klub sogar fast aus der zweiten Liga abgestiegen wäre.

Hans Tilkowski, der legendäre Torwart von Westfalia Herne, der 1966 für Deutschland im WM-Endspiel gegen England spielte und einige Wochen zuvor mit Borussia Dortmund den Europapokal der Pokalsieger gegen den FC Liverpool gewonnen hatte, erzählte mir, wie unprofessionell es damals auch beim BVB zuging. Auf der Suche nach einem vernünftigen Trainingsplatz hatte die Mannschaft stets quer durch die Stadt fahren müssen, die Wäsche mussten sie selbst waschen, und zu Auswärtsspielen nahm man nicht die schnellste Zugverbindung, sondern die billigste. Vor einem der berühmtesten Spiele der Vereinsgeschichte, dem 5:0-Sieg über Benfica Lissabon im Europapokal der Landesmeister im Dezember 1963, hatte die Mannschaft noch bis kurz vor Spielbeginn mit dem Vorstand über die Höhe der Siegprämie verhandelt: »Eine Minute vor Anpfiff haben sie dann die Prämie verdoppelt, weil sie nicht geglaubt haben, dass wir es schaffen. Auf 500 Mark.« Aus Sicht von Tilkowski waren die Leute schlicht inkompetent. »Wir haben einen Vorstand gehabt, der hätte eigentlich keinen Kaninchenzüchterverein führen können, und damit haben wir den Europapokal 1966 gewonnen. Das waren Leute, die das zu Oberligazeiten nebenbei gemacht haben, aber das ging in der Bundesliga nicht mehr.« Sechs Jahre nach dem Europapokalsieg verschwand der Klub für vier Spielzeiten in der Zweitklassigkeit.

Die beiden größten und populärsten Klubs, Schalke 04 und Borussia Dortmund, blieben von den professionellen Anforderungen, denen andere deutsche Vereine wie der FC Bayern München längst genügten, bis zum Ende der Achtzigerjahre weitgehend überfordert. Andere Klubs im Ruhrgebiet konnten die Schwäche der großen Nachbarn nicht ausnutzen. Der MSV Duisburg blieb zwar bis 1982 durchgehend erstklassig, ohne in der Bundesliga aber für besondere Akzente sorgen zu können. Ähnlich war es beim VfL Bochum, der sich ab 1972 in der Bundesliga etablierte, aber kaum mal einen einstelligen Tabellenplatz erreichte. Rot-Weiß Oberhausen stieg schon 1969 in die Bundesliga auf, blieb dort vier Jahre, wobei der 14. Tabellenplatz die beste Platzierung war. Weil parallel eine Kohlekrise die nächste ablöste und immer mehr Jobs in der Montanindustrie verschwanden, wird das eine noch heute als Erklärung für das andere herangezogen. Für Piorr ist das – wie erwähnt – eine Ausrede. »Sie haben die Schwäche der Region als Entschuldigung dafür genommen, dass es nicht besser geht.«

Der Fußball im Revier hatte zwar ein Problem mit dem Strukturwandel, aber es war weniger der Strukturwandel in der Region, sondern der des Fußballgeschäfts selbst. Denn inzwischen war Fußball ein Geschäft geworden. Für Fußballspieler mussten Ablösesummen gezahlt werden, die immer höher wurden, und sie wollten auch keine Jobs auf Zechen oder in Stahlwerken mehr, sondern ordentliche Bezahlung und professionelle Betreuung. Wie das auch unter den Bedingungen eines nicht sonderlich wirtschaftsstarken Standorts ging, machte ab dem Ende der Sechzigerjahre die zuvor weitgehend bedeutungslose Borussia aus Mönchengladbach vor. Dort gab es mit Hennes Weisweiler einen visionären Trainer und mit Helmut Grashoff den ersten Manager im deutschen Fußball. Im Ruhrgebiet fehlten solche Figuren.

Das Georg-Melches-Stadion hingegen erzählte im Laufe der Jahre die Geschichte eines Niedergangs. Als in Gelsenkirchen und in Dortmund neue Stadien zur Weltmeister-schaft 1974 gebaut wurden und in Bochum bald darauf das Ruhrstadion entstand, bekam das Stadion in Essen nur ein Dach über der Gegengeraden. Anfang der Achtzigerjahre entstand dann die überdachte Osttribüne, und als die brü-chige Westkurve 1993 abgerissen und nicht ersetzt wurde, deutete sich anderswo schon längst das neue Zeitalter der Arenen mit Logen und Business-Seats an. Drei Jahre später begann in Gelsenkirchen die Planung zum Bau der Schal-ker Arena und in Dortmund der Ausbau des Westfalensta-dions auf 80 000 Plätze.

Dass Rot-Weiss Essen bis heute ein uneingelöstes Ver-sprechen geblieben ist, hatte eben auch auch mit dem Sta-dion zu tun. Das modernste Stadion von einst mochte zwar ein Traumziel für Nostalgiker geworden sein, RWE jedoch war damit nicht mehr konkurrenzfähig. Das wuss-ten sie in Essen schon lange, und wahrscheinlich ist in kei-ner deutschen Stadt ein Stadion so oft angekündigt, wieder verworfen und neu geplant worden wie hier. Erklärungen dafür gibt es viele. Dass die Stadt zwei Klubs gerecht wer-den musste etwa, Schwarz-Weiß und Rot-Weiss, und es dadurch tat, gar nichts zu tun. Dass die Großunternehmen Krupp oder RWE in der wirtschaftsstärksten Stadt des Ruhrgebiets den Fußballverein für ein Schmuddelkind aus übel beleumundeter Gegend hielten, mit dem sie nichts zu tun haben wollten. Und mit der Inkompetenz vieler Ver-einsvorstände im Laufe der Jahrzehnte.

Ab 2011 entstand das neue Stadion Essen dann doch. Während der Bauarbeiten direkt hinter dem Georg-Mel-ches-Stadion ergab sich irgendwann das bizarre Bild eines Stadions mit sechs Tribünen: drei alte und drei neue, leicht nach Norden gedrehte. Die Fans konnten bei den Spielen ihrer Mannschaft von ihren alten Plätzen schon in die Zukunft schauen, die immer mehr Gestalt annahm. Als der Klub im August 2012 endlich umzog, wurden zunächst die beiden Stehtribünen des Georg-Melches-Stadions abgerissen, die Haupttribüne blieb noch stehen.

Eine Gruppe von Fans wollte sie als Denkmal bewahren. Dafür hätte es gute Gründe gegeben: die Tribüne war ein Musterbeispiel für innovativen Stadionbau der Fünfzigerjahre, zudem gab es im neuen Stadion keine Gastwirtschaft, sondern nur VIP-Räume und keine Räume fürs Fan-Projekt. Wohnungen hätte man einbauen können. Ideen und Pläne gab es genug. Andreas Rossmann schrieb in der *Frankfurter Allgemeinen Zeitung* empört: »Ohne Not wird in Essen ein lebendiger Geschichtsort mit hohem Identifikationswert geschleift. Plattgemacht für einen Parkplatz. Dabei gibt es nicht viele Sportstätten, die den verschiedenen Kriterien des Denkmalschutzes – zeithistorischen, baukünstlerischen und volkskundlichen – so mustergültig genügen.«

In Mönchengladbach trauern viele Fans der Borussia dem alten Stadion am Bökelberg noch immer hinterher, obwohl sie wissen, dass ihr Klub ohne den Neubau am Nordpark wahrscheinlich nicht mehr in der Bundesliga spielen würde. Viele Schalke-Fans vermissen sogar das Parkstadion, obwohl man dort schlechter sehen konnte und auf den meisten Plätzen kein Dach über dem Kopf hatte. Die Fans von München 1860 träumen von einer Rückkehr ins Stadion an die Grünwalder Straße, und selbst beim FC St. Pauli gibt es einige, die mit Wehmut ans alte Millerntor denken, so miserabel die Bedingungen dort auch waren.

Es war für Rot-Weiss Essen wichtig, das alte Stadion

hinter sich zu lassen, weil die alten Zeiten keine Antworten mehr auf die Anforderungen der neuen gaben. Aber es tut auch weh. Denn ist das rot-weiße Banner an der Bahnbrücke mal zerschlissen, wird kaum noch etwas an das GMS erinnern.

# Protegohauben in Sodingen

## *Das Ruhrgebiet als Supermuseum*

Ich war lange nicht mehr beim SV Sodingen gewesen,
und jetzt suchte ich die Zufahrt zum Stadion. Die von der
Ringstraße gab es nicht mehr, dafür aber nun eine von der
Mont-Cenis-Straße, der längsten Straße der Stadt, die sich
vom Zentrum Hernes bis zur Grenze nach Castrop-Rauxel
zieht. In der kleinen Stichstraße, wo einst der Holzplatz der
Zeche Mont Cenis gelegen hatte, stehen nun Eigenheime.
Ihre Dächer bilden die Silhouette hinterm Stadion, von wo
aus in den Fünfzigerjahren der Förderturm von Schacht 5
fast neugierig zum Spielfeld hinübergeschaut hatte. Das
Straßenschild »Am Holzplatz« ist durchgestrichen, darunter steht »Hännes-Adamik-Straße« sowie eine Erläute-
rung: »Bedeutender Fußballspieler des SV Sodingen in den
1950er Jahren. *16. Juli 1925 † 20. März 2005«.
   Ich hatte mich früher schon darüber gewundert, dass
dieses Stadion, in dem jahrelang Erstligafußball gespielt
worden war, keine Stufen hatte. Wie hatten hier Tausende
an matschigen Wintertagen auf einer schrägen Böschung
stehen können, ohne dass sie ausrutschten und andere mit
hinunterrissen? Der kleine Sitzplatzblock entlang der Sei-
tenlinie ist bis heute unüberdacht. Hier war Fußball ein
ganz schlichtes Vergnügen. Inzwischen gab es zumindest
auf der Gegenseite eine kleine Tribüne und im Scheitel-
punkt der Kurve, von wo aus auch heute noch die Spieler

den Platz betreten, eine kleine Stadiongaststätte. Von dort aus kann man dem Spiel hinter Glas zuschauen und ein Stück Kuchen essen.

Gegenüber der Stadionkasse, am hinteren Ende eines Schotterparkplatzes, ragt aus einem Betonfundament ein großes, graues Stahlrohr aus dem Boden. Es ist umstellt von rot-weißen Absperrpfosten und wirkt wie die Mischung aus einem rätselhaft platzierten Hydranten und einem Denkmal. In einer Höhe, die selbst ein sehr großer Mann auf Zehenspitzen kaum erreichen kann, strecken sich kurze Stahlstreben abwehrend nach unten, um das zu schützen, was oben auf dem Rohr zu sehen ist: ein rostroter Verschluss mit steinfarbener Abdeckung. Auf halber Höhe des Rohrs ist ein kleines weißes Schild angebracht: »Mont Cenis 2a. H=$^{25}$87969,00 R=$^{57}$12736,00«. Das ist alles, was von Schacht 5 der Zeche Mont Cenis übrig geblieben ist.

Im Sommer 1978 saßen mein Freund Holger und ich einige Hundert Meter von hier entfernt in seinem Zimmer, das vom ersten Stock des Hauses in der Händelstraße nach hinten zum Garten ging. Direkt vor dem Fenster stand ein Apfelbaum, und wenn man nach links herüber durch die Zweige schaute, konnte man den Förderturm der Zeche Mont Cenis sehen, von Schachtanlage 1/3. Holgers Vater arbeitete dort als Fahrsteiger, was man in der Wohnung am grauen Zechentelefon im Flur gleich neben der Eingangstür erkennen konnte, seiner direkten Leitung zur Zeche. Im kleinen Regal daneben bewahrte er einige besondere Mineralien auf, die er von unter Tage mitgebracht hatte.

Ich war an diesem Sommertag wieder einmal von zu Hause aus am Herner Stadtpark vorbei zu Holger gefahren, entlang der Müllkippe, durch die alte Zechensiedlung im Schatten des riesigen Schlackenbergs, hatte die Mont-Cenis-Straße überquert und war in die Händelstraße eingebogen. Alles war wie immer, nur der Blick aus seinem Fenster war plötzlich ein anderer: Der Förderturm fehlte. Er war gesprengt oder vielleicht auch nur einfach umgerissen worden, um ihn dann auseinanderschweißen zu können.

Es war nicht der erste Förderturm, der in jenen Jahren aus dem Stadtbild verschwand. Überall in Herne und anderen Städten im Ruhrgebiet wurden Zechen, Kokereien und auch die ersten Hochöfen und Walzwerke geschlossen. Verrückt, aber das Stahlwerk Phoenix in Dortmund wurde später sogar auseinandergebaut, in Kisten verpackt und nach China verschifft, um es dort wieder aufzubauen. Oft wurden die Industriestätten aber gleich nach ihrer Schließung einfach nur abgerissen, als müsse man eilig Platz schaffen. Am besten für die Zukunft.

Für mein Leben hatte das Verschwinden des Förderturms keine unmittelbare Bedeutung, denn niemand in meiner Familie war im Bergbau oder in der Stahlindustrie beschäftigt. Trotzdem fehlte auch mir etwas. Wie allen war mir klar, dass an jenem Tag in Sodingen eine lange Geschichte zu Ende ging.

Wo früher der Förderturm stand, wurde 1999 die Akademie Mont Cenis eröffnet. Es ist ein schönes, leicht aussehendes Gebäude mit einer Mikroklimahülle und der größten Fotovoltaik-Anlage der Welt, die in ein Gebäude integriert ist. Sie bildet das Dach. Drinnen sind eine Fortbildungsakademie des Landes NRW untergebracht, ein Stadtteilrathaus und die Verwaltung des Energieparks. Draußen hat man viel Platz gelassen, und hinter der Akademie ist ein Feld angelegt, auf dem noch Überreste der alten Zeche zu sehen sind. Es sieht aus wie ein Ausgrabungsfeld, als wären schon viele Jahrhunderte vergangen – Archäologie des Bergbaus sozusagen.

Schön ist das gemacht, mit Verstand und Gefühl für den Ort. Und doch löst es ein Problem nicht. Ganz Sodingen war einmal auf diesen Ort ausgerichtet, Tausende haben hier gearbeitet, und viele Tausend in den Häusern um die Zeche haben gebangt, dass die Familienväter unbeschadet aus der Tiefe zurückkehrten.

So wie hier war die Siedlungsgeschichte an vielen Orten im Ruhrgebiet gewesen, geboren aus der wilden Gier nach Kohle. Nachdem irgendwo auf freiem Feld ein Schacht abgeteuft worden war, brauchte man Arbeiter, die bereit waren, hinunterzufahren und die Kohle herauszuholen. Oder nebenan in der Kokerei aus dieser Kohle Koks zu machen. Oder in der Stahlhütte mit diesem Koks das Eisen zu schmelzen. Oder das geschmolzene Eisen im Stahlwerk zu veredeln.

Um Arbeiter dafür zu gewinnen, entstanden um diese Orte der Arbeit auch Orte zum Wohnen. Geschäfte brauchte man auch, weil die Leute einkaufen mussten. Kirchen, um zu heiraten und Kinder zu taufen. Krankenhäuser, um wieder gesund zu werden. Und Sportplätze, um erst gar nicht krank zu werden oder um anderen beim Sport zuzuschauen. Am liebsten natürlich beim Fußball, dem schönsten Spiel.

Als die Zechen geschlossen wurden, Fördertürme umgestürzt und umliegende Bauten abgerissen, blieb oft nicht mehr übrig als eines dieser grauen Rohre gegenüber vom Stadion des SV Sodingen. Sie heißen Protegohauben und sorgen dafür, dass das verbliebene Grubengas kontrolliert entweichen kann, damit es sich nicht entzündet.

Wer im Ruhrgebiet aufgewachsen ist, kann auch ohne eine Protegohaube gesehen zu haben, oft instinktiv sagen, dass an einer bestimmten Stelle eine Zeche gestanden haben muss. Die Art, wie Straßen und Wege arrangiert sind, signalisiert, dass dort mal ein besonderer Ort gewesen sein muss. Für jene, die sich noch daran erinnern können, taucht unterwegs in den Städten aus der Erinnerung plötzlich ein verschwundener Kühlturm auf, Rohre über einer Straße, Außenmauern eines Walzwerks oder Schienenwege von Werksbahnen.

Mit dieser Erinnerung kommt ein Schmerz, wie er auch mich überfiel, als der Förderturm von Schacht 1/3 der Zeche Mont Cenis nicht mehr stand. Im Rahmen der Kulturhauptstadt Ruhrgebiet 2010 gab es die Aktion »Schachtzeichen«. Damals stieg überall dort, wo mal ein Schacht gewesen war, ein gelber Ballon auf. Unten standen Bergleute, die dort mal gearbeitet hatten, und verarbeiteten so ihren Phantomschmerz, wenn das überhaupt möglich ist.

Das Seltsame an diesem Schmerz ist, dass ihn auch jene spüren können, die nie auf einer Zeche oder einem Stahlwerk gearbeitet haben oder die jünger sind und gar nicht mitbekommen haben, was dort einmal stand. Es ist auch der Schmerz über den Verlust von Größe, von Bedeutung. Der Sportplatz des SV Sodingen ist wie die Protegohaube vor seinem Eingangstor auch ein Verweis auf das, was einmal war und nie mehr wiederkommen wird.

Ich fuhr in den Wochen viel durchs Ruhrgebiet, und manchmal war ich müde von der Trostlosigkeit. Mich schaffte nicht etwa die brutale Tristesse alter Arbeiterquartiere, wie man sie etwa in Städten wie Manchester oder Liverpool erlebt, wo die Verbindung zwischen Armut, Krankheit und Gewalt zu spüren ist. Zwar sah ich auch ein paar krasse Ecken, aber sie waren nicht das entscheidende Problem, weil sie eben das waren: krasse Ecken. Mich bedrückte eher das Normale, die an vielen Orten zu greifende Atmosphäre der Überflüssigkeit.

Ralf Piorr, der Fußballhistoriker, hatte zu mir gesagt: »Man könnte den ganzen Emscher-Raum zumachen, es würde keiner merken. Alles, was man hier hatte, worauf man 150 Jahre lang gesetzt hat, ist verloren gegangen. Die Leute suchen einen Grund, warum sie hier sind. Es gibt aber keinen mehr.« Genau das spürte ich, als ich die Menschen in Duisburg-Marxloh, Gelsenkirchen-Bismarck, in Herne-Sodingen oder in der Dortmunder Nordstadt sah. Ihre Väter und Großväter hatten nebenan auf Zechen oder in Stahlwerken gearbeitet, die es jetzt nicht mehr gab. Was wollten sie eigentlich noch hier?

1970 waren 58 Prozent der Beschäftigten im produzierenden Gewerbe tätig und 40 Prozent im Dienstleistungssektor, heute hat sich das Verhältnis mehr als umgekehrt: 28 Prozent im produzierenden Gewerbe stehen 70 Prozent im Dienstleistungssektor gegenüber. Der Strukturwandel ist also geschafft, aber nicht ganz. Denn die Arbeitslosenzahlen liegen weiter über dem Bundesdurchschnitt und über dem in Nordrhein-Westfalen. Im Sommer 2013 etwa betrug sie bundesweit 6,8 Prozent, im Ruhrgebiet aber 11,2 Prozent. In Gelsenkirchen und Dortmund sogar 12,9 und 13,4 Prozent.

Manchmal stieg ich aus dem Wagen, ging durch die Straßen und fand es zu still. Es war ein ähnlicher Effekt wie der, wenn man von Reisen aus Ländern, in denen das Leben auf der Straße stattfindet, zurück nach Deutschland kommt. Nach dem Gewimmel in Kairo oder Bangkok, wo alles auf der Straße stattfindet, erschrickt man sich bei der

Rückkehr. Wo sind denn alle? Warum diese Stille? Innerhalb Deutschlands hatte ich diesen Effekt noch nie erlebt. Dann las ich in einem Nebensatz, dass Duisburg mal auf 620 000 Einwohner ausgelegt worden war. Jetzt sind es weniger als 490 000 Menschen, die hier leben. Das bedeutet: Man braucht ganze Straßen nicht mehr, eigentlich ganze Stadtviertel.

Wer zwischen Duisburg und Dortmund unterwegs ist, wird stets auf braune Hinweisschilder mit der weißen Schrift stoßen, denn sie sind überall: »Route Industriekultur«. Mehr als 400 Kilometer ist sie lang und hat über 50 Stationen, zu denen spektakuläre »Ankerpunkte« zählen wie ehemalige Stahlwerke oder Zechen, beeindruckende Panoramen und historisch wichtige Siedlungen.

Von der Halde Beckstraße in Bottrop, wo der gigantische Tetraeder das »Haldenereignis Emscherblick« ermöglicht, kann man an klaren Tagen fast das ganze Ruhrgebiet überblicken. Ich bestieg auch die seltsam achterbahnartige Installation »Tiger & Turtle – Magic Mountain« auf der Schlackehalde einer ehemaligen Zinkhütte im Süden Duisburgs. Ich schaute mir den Gasometer in Oberhausen an, dessen Innenraum doppelt so groß ist wie der Innenraum des Kölner Doms. Ich besuchte den Landschaftspark Nord in Duisburg-Meiderich auf dem Gelände einer alten Hochofenanlage und viele Gebläsehallen, Schmieden, Fördertürme und Werkssiedlungen. Man trifft dort zwar auch Touristen, aber vor allem Einheimische, die von den Orten der eigenen Geschichte beeindruckt sind.

Von all diesen Orten der Industriekultur der spektakulärste ist die Zeche Zollverein. Sie wurde bereits 1986 unter Denkmalschutz gestellt und war 2001 das erste Industriedenkmal im Ruhrgebiet, das es auf die Liste der

UNESCO-Welterbestätten schaffte (noch vor dem Limes und der Altstadt von Regensburg). Ich war schon früher einige Male dort gewesen, aber auch jetzt beeindruckte mich die schiere Größe der Anlage und die kühl-funktionale Eleganz der Gebäude wieder. Das Gelände ist riesig, Zollverein war einmal die größte und stärkste Zeche der Welt. Die Bergleute fuhren über andere Zechen unter Tage an und brachen die Kohle aus dem Berg, die dann in Zollverein für die Kokerei zutage gefördert wurde. Dadurch konnte 34 Jahre lang ununterbrochen Tag und Nacht Koks gebrannt werden, ohne dass jemals abgeblasen werden musste. Weil Flöze umgebaut werden müssen, wenn sie leer sind, weil es Unfälle geben kann, lief die Zeche doppelstrangig. Fiel ein Förderband aus, lief das andere weiter. Und es gab Türme, in denen für 48 Stunden Kohle vorgehalten wurde. Einer dieser Kohlebunker ist heute das Treppenhaus des Museums. Atemberaubend und im Nachhinein unverständlich, dass ich früher achtlos daran vorbeigefahren war, weil Zollverein mir auch nur wie eine weitere von vielen Zechen erschien.

»Diese Zeche ist eine Metropolis-Fantasie, die im Prinzip ohne Menschen funktioniert hat. Das ist eine Idee des Fordismus oder Taylorismus aus den Zwanzigerjahren, die hier auf den Bergbau übertragen wurde«, erklärte mir Theo Grütter, der Leiter des Museums.

Bereits 1985 gab es einen Beschluss der Stadt Essen, wonach das Folkwang-Museum nur dann ein neues Gebäude bekommen würde, wenn das Ruhrlandmuseum in dieses Gebäude mit einziehen und der Geschichte der Arbeit dort eine museologische Fläche gegeben würde. Jenes Ruhrlandmuseum, das später in Ruhrmuseum umbenannt wurde und in die Zeche Zollverein umzog, war damit das

erste bundesrepublikanische Museum, in dem Arbeiter-
geschichte gezeigt wurde. Es war ein Vorbote der eigent-
lichen Musealisierung des Ruhrgebiets, die durch die Internationale Bauausstellung Emscherpark (IBA) zwischen
1989 und 1999 massiv einsetzte. Zu ihrem Programm gehörte die Bewahrung von Industriedenkmälern – jedoch
nicht von Beginn an. IBA-Leiter Karl Ganser wollte die
wirtschaftliche Umstrukturierung des Reviers im Nach-
Montanzeitalter vorantreiben und machte dabei eine erstaunliche Feststellung, wie mir Theo Grütter erklärte:
»Ganser hat gesehen, dass er erst eine kulturelle Mentalität schaffen muss, damit dieser Wandel von den Menschen
positiv besetzt und sie mitgenommen werden.«

Der Leiter des Ruhrmuseums auf dem Gelände der Zeche Zollverein ist ein ungewöhnlicher Museumsmann, der
seine klugen Beobachtungen immer wieder mit witzigen
Randbemerkungen würzt. Grütter kommt aus Gelsenkirchen und liebt die Region. Bei einer Untersuchung über
mentale Strukturen in Frankfurt, erzählte er mir, sei he-
rausgekommen, dass die Leute dort an einer roten Ampel
über die Straße gehen, wenn kein Auto kommt. Ein Frankfurter Bürger lässt sich in seinem Freiheitsdrang nicht von
einer roten Ampel behindern. »Probier das mal hier. Wenn
du losgehst, haut dir irgendein Rentner mit seiner Krücke
eins«, sagte er und lachte.

Wir sprachen darüber, wie ungeheuer das Tempo der
Veränderungen im Ruhrgebiet immer gewesen ist: als es
sich um die Wende zum 19. Jahrhundert von einer ver-
schlafenen Bauerngegend in ein chaotisches Gewirr von
Kohlendörfern verwandelte, wo plötzlich Millionen lebten; als nach dem Ende des Ersten Weltkriegs 700 000 Polen wieder verschwanden, weil sie nicht gewollt waren; als

im Zweiten Weltkrieg die rüstungswichtigen Städte zerbombt wurden, aber in den Fünfzigerjahren im Ruhrgebiet noch mehr kaputt gemacht wurde als von den amerikanischen und englischen Bomberstaffeln. »Dieser ganze Kahlschlag, dieser SPD-Abrisswahn, um etwas Neues hinzubauen«, wie Grütter sagte. Als ab den Siebzigerjahren immer mehr Zechen und Industrieanlagen schlossen und wie der Förderturm von Mont Cenis in Herne-Sodingen, abgerissen wurden, lagen plötzlich ganze Areale brach. Oft genug traten an ihre Stelle Teppichmärkte, oder es blieben nur Protegohauben.

Nirgendwo in Deutschland gibt es eine größere Region, die so dramatische Änderungen innerhalb von nur einneinhalb Jahrhunderten erlebt hat. Doch wozu führt das? »Unsere These ist: Die Identifikation nimmt zu. Das Ruhrgebiet ist mittlerweile von einem industriellen Wirtschaftsraum zu einem Identifikationsraum geworden«, sagte Grütter. Das basiert seiner Ansicht nach allerdings auf einer Bedingung. »Dass die Scheißarbeit weg ist, dass der Dreck weg ist. Das zu nostalgisieren, wäre ein großer Fehler. Das war harte, dreckige, gefährliche, lebensverkürzende Arbeit. Die Staublunge ist echt, mit 45 Jahren war Schicht im Schacht. Das Ende der Industrie ist die Voraussetzung für die Identifikation mit dieser Zeit.«

Die Montanindustrie brachte nicht nur schlimme Arbeitsbedingungen mit sich, sondern auch eine unglaubliche Umweltverschmutzung, unter der alle im Ruhrgebiet litten. 1962, als ich zwei Jahre alt war, starben Kleinkinder im Revier, weil der Smog so stark war. Überall lag Giftmüll herum, die Flüsse waren verdreckte Kloaken oder ebenfalls total vergiftet.

Und doch war das Ende von Kohle und Stahl nicht

einfach nur eine Befreiung von harten Jobs und schlechter Luft. Weil an deren Stelle ja nicht gleich etwas Besseres trat. Die Leute brauchten deshalb Orte der Erinnerung und wohl auch der Mythologisierung, wie Grütter meint. »Wir sind die Kinder des Strukturwandels. Das ist eine eigene historische Phase, die nach 60 Jahren langsam an ihr Ende kommt. Ich glaube, dass die Industriekultur für einen Heilungsprozess ganz wichtig war«, sagte er.

Viel scheint da viel zu helfen, denn mittlerweile können wir im Ruhrgebiet von unserer Geschichte gar nicht genug kriegen. Trotz der vielen Industriedenkmäler und anderen Stationen entlang der Route der Industriekultur gibt es eine Initiative, die Musealisierung der Region noch auszuweiten, auf ein »Welterbe Ruhrgebiet«. In erster Linie stecken touristische Überlegungen dahinter, denn inzwischen kommen Besucher aus aller Welt ins Revier, um sich die Stätten der Montanindustrie anzuschauen. Zugleich ist das eine irre Vorstellung: Das ganze Ruhrgebiet ein Supermuseum. Als würde die Vergangenheit die Gegenwart übernehmen und Heimat aus der Erinnerung entstehen.

Das Ruhrmuseum ist eines von inzwischen fast sechseinhalbtausend Museen in Deutschland. Innerhalb der letzten vier Jahrzehnte hat sich ihre Zahl verdreifacht. Was immer man museal aufbereiten kann, wird auch aufbereitet: Knöpfe und Autos, Feuerwehrgerätschaften und Skulpturen, Kettenschmieden und Kartoffeln. Das Phänomen ist auch am Fußball nicht vorbeigegangen.

Die erste große Fußballausstellung in Deutschland fand zum 100. Geburtstag des Deutschen Fußball-Bundes im Jahr 2000 im Ruhrgebiet statt. »Der Ball ist rund« sahen sich im Gasometer in Oberhausen weit über 200 000 Besucher an. »Stadionatmosphäre in der riesigen Industriekathedrale«, jubelten die Ausstellungsmacher, die 2500 Exponate, Bilder, Devotionalien und Filme zeigten. Im September des gleichen Jahres eröffnete Schalke 04 noch in Containern neben dem alten Parkstadion das erste Vereinsmuseum in Deutschland. Später zog es in die Arena um, in die Ecke des Stadions, wo die Gästefans stehen. Inzwischen wirkt es etwas aus der Zeit gefallen, mit seinen Vitrinen voller Fotos und Wimpel, und es gibt daher auch große Pläne, ein neues Museum im geplanten »Tor auf Schalke« unterzubringen, einer sogenannten Erlebniswelt.

Dem Museum in Schalke folgten 2004 das »Wuseum« in Bremen und das Museum des Hamburger SV, 2007 das Eintracht-Frankfurt-Museum, 2008 das »Borusseum« in Dortmund und 2012 die Erlebniswelt des FC Bayern. Im Mai 2013 wurde schließlich ein »Netzwerk Vereinsmuseen und Fußballarchive« mit 22 Vertretern von Klubs aus der ersten bis dritten Liga gegründet.

Dass das Deutsche Fußballmuseum im Ruhrgebiet errichtet werden würde, war mir immer logisch erschienen, obwohl auch Leipzig als Standort eingeleuchtet hätte, weil der Deutsche Fußball-Bund dort gegründet worden war. Oder Frankfurt als Sitz des DFB oder irgendeine andere Stadt, die sich mit großen Versprechungen um das Museum bemühte. Ich hatte das Vergabeverfahren des DFB auch nicht genauer verfolgt, bis es letztlich nur noch darum ging, ob das Fußballmuseum nun in Gelsenkirchen in der Nähe der Schalker Arena oder in Dortmund gegenüber vom Hauptbahnhof errichtet werden sollte.

Letztlich wurde es Dortmund, und gut drei Jahre nach dieser Entscheidung ging ich an einem kühlen Aprilmorgen 2013 mit drei Dutzend Honoratioren zur Baustelle des Fußballmuseums und sah dabei zu, wie die Wimpel der

DFB-Landesverbände in eine Plexiglaskiste gelegt wurden, den Grundstein des neuen Museums. Die Stadt Dortmund hatte kosten- und pachtfrei ein Grundstück zur Verfügung gestellt. Der DFB verbaute einen Teil des Geldes, das als Gewinn von der Weltmeisterschaft 2006 übrig geblieben war. Alle waren, das war an diesem Morgen zu spüren, sehr zufrieden.

»Es steht außer Frage, dass wir solch ein Schauhaus des Fußballs brauchen«, hatte Jochen Hieber in der *Frankfurter Allgemeinen Zeitung* geschrieben. Die Liste der Begründungen für diese Behauptung war lang. Als Massenbewegung wie als Spitzen- und Profisport sei Fußball aus der Kultur- und Gesellschaftsgeschichte der Moderne nicht mehr wegzudenken. Das Spiel habe sich zu einem Ereignis mit weltweiter Bedeutung entwickelt und beschäftige Tag für Tag ungezählte Menschen. Sein medialer Kurswert sei im Laufe der letzten Jahrzehnte überproportional gestiegen. Die Dauerparty oder das Sommermärchen bei der WM 2006 in Deutschland seien »Vor- und Spontanformen einer offenen und friedlichen Weltgesellschaft aus dem Geist des Wettkampfs und der Geselligkeit« gewesen. »All diese Phänomene wollen dargestellt und begriffen sein – und sie wollen sichtbar, also ausgestellt werden«, schloss Hieber.

Aber woher kommt das Bedürfnis, in ein solches Museum zu gehen und sich mit diesen Fragen zu beschäftigen? Warum werden das Ruhrmuseum und die anderen Stätten entlang der Route Industriekultur auch von den Einheimischen so eifrig besucht? Was wollen wir in einem Vereinsmuseum oder gar im Deutschen Fußballmuseum?

»Es hat noch niemals eine Zivilisationsepoche gegeben, die so sehr vergangenheitsbezogen gewesen wäre wie unsere eigene oder anders ausgedrückt: Keine Zivilisationsepoche zuvor hat solche Anstrengungen intellektueller, auch materieller Art unternommen wie unsere gegenwärtige Epoche, Vergangenes gegenwärtig zu halten«, sagte der Philosoph Hermann Lübbe 2004 in einem Vortrag. Das zeigt sich für ihn aber nicht nur in der explosionsartigen Zunahme der Zahl von Museen. Ein weiterer Beleg dafür sei, dass akademische und populäre Historiografie bestsellerfähig geworden sei. Nicht nur historische Bücher landen erstaunlich oft in den Bestsellerlisten, historische Dokumentationen oder Doku-Dramen erreichen im Fernsehen hohe Einschaltquoten, und selbst historische Spartenkanäle überleben dort. Populäre Zeitschriften zu historischen Themen sind ebenfalls fest etabliert.

Das alles stimmt auch für den Fußball. Vereinsgeschichten können hohe Auflagen erreichten. Eine Chronik zum 100. Geburtstag des FC Bayern wurde trotz einer Fülle von Konkurrenzprodukten rund 75 000-mal verkauft. Auch im Fußballjournalismus sind historische Themen weitverbreitet, in einem Magazin wie *11 FREUNDE* gehören sie zum Grundbestand.

Ein dritter Beleg für die Behauptung einer zunehmenden Musealisierung war für Lübbe das, was er die steigende »Jubiläumsfreudigkeit« nennt. Jeder Ort und jede Institution feiert inzwischen Jubiläen, auch das ist im Fußball so, und auch da war Schalke mit seinem aufwendig begangenen 100. Geburtstag 2004 ein Vorreiter. Das belegt auch der Unterschied zwischen den bescheidenen früheren Jubiläumsschriften von Vereinen und den opulenten Bänden von heute. Fast hat man das Gefühl, die Klubs wollen sich in der Größe ihres Erinnerns übertreffen. Immer großformatiger werden die Bücher, immer renommierter die Autoren. Und weil der FC Bayern vor allem das Prinzip der Größe am besten versteht, nutzte er seinen 111. Geburtstag im Jahr 2011 dazu, um »das größte Fußballbuch der Welt« zu veröffentlichen. 2999 Euro kostet es in der Grundausstattung und 4444 Euro in einer luxuriöseren Ausgabe.

Auf der Suche nach einer Erklärung für das massive Interesse an der Vergangenheit kam Lübbe auf den Begriff der »Gegenwartsschrumpfung«, den er selbst »etwas drollig« fand. Gemeint damit ist, »dass die Zahl der Jahre abnimmt, für die wir in allen Bereichen unseres Lebens, in der Wirtschaft, in der Politik und in unserer privaten Lebensverbringung mit einigermaßen konstanten Lebensverhältnissen rechnen können.« Die Erfahrung hat jeder gemacht, ob bei der Arbeit oder im Privaten, alles verändert sich in ungeheurem Tempo.

Für Lübbe spielt vor allem die Menge der Innovationen bei der Bemessung der Gegenwartsschrumpfung eine wichtige Rolle. Die Halbwertszeit von wissenschaftlicher Literatur ist in einigen Fächern so kurz, dass sie in gedruckter Form teilweise bei Erscheinen schon wieder überholt ist und daher oft nur noch digitalisiert angeboten wird. Auch der Begriff »alt« habe eine neue Bedeutung bekommen. Während im Produktionsprozess »alt« früher meinte, dass etwas verschlissen und gebrauchsunfähig ist, bezeichnet es heute nur noch etwas, das überholt ist.

Lübbe schließt aus all dem, dass es der »Kompensation eines änderungstempobedingten Vertrautheitsschwundes« bedarf. Wir brauchen etwas, um dieses Gefühl zu kompensieren. Das ist deshalb so wichtig, weil es um die für jeden zentrale Frage der Identität geht: Wer bin ich? Lübbe sagt: »Ich muss meine Geschichte erzählen, um sagen zu können, wer ich bin. Und mit dem Erzählen dieser Geschichte hat es keine sonderlichen Schwierigkeiten, wenn sich die Lebensverhältnisse nicht ändern.« Da sie es aber rasant tun, wird das Erzählen unserer Geschichte aufwendiger und auch drängender. Wir brauchen dazu mehr Hilfe und Helfer, mehr Material und z. B. Museum.

Veränderung löst Stress aus. Der Schweizer Städtebauer Benedikt Huber glaubt sogar bemessen zu können, wann wir Veränderung als negativ erfahren: »Wenn sich die Bausubstanz unserer Städte und Dörfer in einer Größenordnung von zwei bis drei Prozent pro Jahr ändert, dann verlieren unsere Lebens- und Arbeitsquartiere die für das Lebensgefühl ihrer Bewohner so elementar wichtige Anmutung der Qualität der Vertrautheit.« Vielleicht erklärt das auch, warum ein neues Stadion wie in Essen und der Abriss des alten das Publikum auch stresst. Ich verstand auch, warum der 1. FSV Mainz 05 einen symbolischen Umzug vom alten Stadion am Bruchweg in die neue Arena machte und warum sich Tausende diesem Fußmarsch anschlossen.

Theo Grütter ist nicht nur Museumsmann und seriöser Historiker, er ist auch Schalke-Fan. Als solcher scheut er sich nicht, von Borussia Dortmund lustvoll als »die Zecken« zu sprechen. Ganz ernsthaft aber meint er, die Mythologisierung der eigenen Geschichte über den Fußball sei »eine großartige Form der Vergemeinschaftung«. Was dem Ruhrgebiet fehlt, weil die sozialen Milieus weggebrochen sind, könne man im Stadion nachholen, und sei es als Klischee, wenn 60000 in der Schalker Arena »Der Steiger kommt« singen, obwohl nur noch ein paar Dutzend Bergleute auf den Rängen stehen.

Vor allem aber betrachtet Grütter das nicht nur als

Trostpflaster einer perspektivlosen Gegenwart. Neben dem Bedürfnis nach Musealisierung gibt es bei den Fans auch immer ein Bewusstsein für die Zwänge der Vereine zur Innovation, zur Moderne. Und diesen Widerspruch, den unsere Welt durchzieht, das Ruhrgebiet aber noch stärker und länger als andere Regionen, kann der Fußball aushaltbar machen. »Der Fußball muss sich immer wieder neu erfinden und immer wieder neu aufstellen. Hier kann das Ruhrgebiet zeigen, dass traditionell und modern kein Widerspruch ist«, sagte Grütter. Es ist aber eine große Aufgabe, wie sich noch zeigen wird.

# Das letzte Bier mit Norbert Nigbur

*Entfremdung für immer*

Bei der Fußball-Weltmeisterschaft 1998 in Frankreich lernte ich Simon Kuper kennen. Er arbeitete damals bei der *Financial Times* in London als Redakteur, schrieb vor allem über Wechselkurse und nebenbei über Fußball. Simon Kuper war in Uganda geboren, hatte in Südafrika und Holland gelebt, weil sein Vater dort als Professor für Anthropologie gearbeitet hatte. Er war ein Fußballfan, wie ich ihn noch nicht getroffen hatte, denn Kuper war kein Anhänger eines Klubs, sondern Fan der holländischen Nationalmannschaft. Das hatte teilweise nostalgische Gründe, weil er als Jugendlicher in Holland gelebt hatte, vor allem aber entsprach die Spielweise der Mannschaft seinen Vorstellungen, wie Fußball gespielt werden sollte. Er begeisterte sich außerdem für einzelne Spieler, die seinen Vorstellungen von Eleganz und Klasse entsprachen. Mein Enthusiasmus für einen mittelmäßigen Klub wie den VfL Bochum fand er letztlich unverständlich. Das war aus seiner Sicht etwa so, als ob man einen schlechten Roman liest, wenn es doch auch gute gibt.

Wir waren in Frankreich oft zusammen unterwegs, stritten über Fußball und debattierten über die Spiele, die wir gesehen hatten. Fußball faszinierte ihn vor allem deshalb, weil es auf unterschiedlichen Ebenen ein intellektuelles Vergnügen bot. Einerseits als Spiel selbst, und dann in Verbindung mit Ideen und Weltanschauungen. Im Fall des holländischen Fußballs etwa als Ausdruck einer gesellschaftlichen Libertinage, die in den Aufbrüchen der niederländischen Gesellschaft der Sechzigerjahre wurzelte. Ein Fußball des freien Denkens also.

Simon Kuper hatte 1994 mit 25 Jahren sein erstes Buch veröffentlicht: »Football against the enemy«. Es wurde damals in England zum Sportbuch des Jahres gewählt und viele Jahre später von der britischen Fußballzeitschrift *FourFourTwo* zum besten Fußballbuch aller Zeiten, was keine schlechte Wahl war. Kuper hatte bei der Recherche zu diesem Buch die ganze Welt bereist, von Brasilien bis Botswana, von Estland bis Italien. Er schrieb: »Fußball ist niemals nur Fußball: er hilft, Krieg auszulösen und Revolutionen, er fasziniert Diktatoren und die Mafia.« Er erzählte, was es mit dem Zweiten Weltkrieg zu tun hatte, dass die Holländer 1988 auf die Straße gingen und den Sieg bei der Europameisterschaft in Deutschland bejubelten. Er traf in Berlin den Fußballdissidenten Helmut Klopfleisch, einen DDR-Bürger, dessen emotionale Dissidenz zum SED-Staat sich darin ausdrückte, dass er Fan von Westvereinen war, vor allem von Hertha BSC.

Ich fand das Buch großartig, und es war großartig, mit ihm während der Weltmeisterschaft durch Frankreich zu ziehen. Bevor ich ihn traf, hatte ich angenommen, dass es nur zwei Typen von Fußballfans gäbe. Den Fußballfreund, wie mein Vater es war, der sich vor allem verblüffen lassen wollte. Oder eben Leute wie mich, die ihrem Klub mehr oder weniger bedingungslos ergeben waren. Doch nun traf ich auf jemanden, der Fußball auch deshalb passioniert verfolgte, um dessen vielfältige gesellschaftliche Bedeutung gedanklich zu erkunden. Das brachte bei mir eine

Saite zum Klingen, denn auch mein Interesse an Fußball begann sich zu verändern. Hatte ich mich jahrelang vor allem für die emotionale Seite des Spiels interessiert, für die Rituale der Fankurven und die rätselhafte Selbstverständlichkeit, mit der Gewalt dazugehörte, wollte ich nun mehr über das Spiel selbst wissen.

Ich fand heraus, dass es Spaß macht, sich mit Fragen der Taktik zu beschäftigen, mit Spielideen und dem, was man Spielkultur nennen könnte. Warum war Holland in jenen Jahren Deutschland überlegen? Was war englischer Stil, und gab es ihn überhaupt noch? Was war der Dreh beim AC Mailand unter Arrigo Sacchi, und mit welchem Fußball hielt Volker Finke den SC Freiburg immer wieder in der Bundesliga? Man könnte das mit einem Leser vergleichen, der sich während der Lektüre eines Romans überlegt, wie das Buch »funktioniert« und wie das dem Autor gelungen ist. Wobei das Schöne an guten Romanen und Fußballspielen ist, dass man, ohne sich darüber Gedanken zu machen, sehr viel Spaß haben kann.

In den letzten Jahren hatte ich die Gelegenheit, sehr viel Spitzenfußball der Bundesliga und der Champions League im Stadion zu sehen. Dadurch durfte ich einige der unglaublichsten Spiele und größten fußballerischen Leistungen erleben. Mich fasziniert der charismatische Pragmatismus von Mannschaften, die José Mourinho trainiert, und mich hat Borussia Dortmund wie Millionen andere um den Erdball durch seinen jugendhaften Sturm und Drang mitgerissen. Ich weiß immer noch nicht, ob das Genie von Pep Guardiola nicht in die falsche Richtung führt, und habe spät meine Begeisterung für Zlatan Ibrahimovic entdeckt. Das ist großer Stoff, und natürlich macht auch der Glamour daran Spaß.

Trainer, Spielanalytiker, Psychologen, Sportwissenschaftler und andere Spezialisten haben in den letzten Jahren im Fußball vielfältige Optimierungsstrategien entwickelt. Selbst wenn sich einiges davon als abseitig erwiesen hat, sind die Spieler heute in jeder Hinsicht besser auf die Spiele vorbereitet und werden sorgfältiger betreut, als das früher der Fall war. Niemals zuvor ist auf so breiter Basis so gut Fußball gespielt worden, ob athletisch, ob taktisch oder vom technischen Vermögen der einzelnen Spieler. Man muss daher von einer Blütezeit des Spiels sprechen.

Auch jenseits des Spielfelds hat sich vieles zum Besseren verändert. In den meisten Stadien der Bundesliga sieht man heutzutage gut, hat ein Dach über dem Kopf und bekommt die Eintrittskarten dennoch zu halbwegs moderaten Eintrittspreisen. Trotz gelegentlicher Exzesse gehört die stumpfe Gewalt beim Aufeinandertreffen von gegnerischen Fangruppen, die in den Siebziger- und Achtzigerjahren selbstverständlich war, einer fast vergessenen Vergangenheit an. Fußballstadien sind zudem keine No-go-Areas mehr für Frauen, für Schwule oder für Menschen anderer Hautfarbe.

Selbst die mediale Begleitung des Fußballs ist heute so gut wie nie, auch wenn viele Fans das wahrscheinlich wütend bestreiten werden. Aber neben einer technisch hochwertigen Aufbereitung der Spiele im Fernsehen gibt es einen zuvor nie gekannten Reichtum an intelligenter Begleitung des Fußballs in Tageszeitungen, spezialisierten Magazinen und einer Vielzahl von mit großem Eifer betriebenen Websites und Blogs.

Nie war es so gut, und doch ist das nicht die ganze Wahrheit. All diese Verbesserungen haben den Fußball auch unter eine ungeheure Spannung gesetzt. Denn all das hat mit Geld zu tun. Die Spieler sind besser geworden, weil man mehr in ihre Ausbildung investiert hat, und sie spielen besser, weil sie von all den Spezialisten besser eingestellt werden. Die Stadien sind auch deshalb besser, weil es in großer Zahl Menschen gibt, die für ihr Fußballvergnügen in Logen und Business-Seats, fürs Catering im Stadion und einen reservierten Parkplatz viel Geld bezahlen. Angetrieben wird dies vor allem vom Fernsehen, wo sich Fußball als hochattraktive Ware erwiesen hat.

Vermutlich gibt es in Deutschland niemanden, der den modernen Fußball und seine Hinwendung zu mehr Geschäft mit immer höheren Summen so früh und derart ausdauernd kritisiert hat wie Hans-Josef Justen. Das machte ihn zum einzigen journalistischen Star, den die *Westdeutsche Allgemeine Zeitung* je hatte. Einen seiner letzten Kommentare beendete er mit dem Satz: »Der Mensch ist wichtiger als jeder Millionen-Reibach.«

Justen hat Hunderte Artikel geschrieben, in denen er sich über neue Rekordtransfers, Werbeverträge und Fernsehdeals aufregte. »Wenn ich mir heute überlege, dass ich kritisiert habe, dass Schalkes Torwart Norbert Nigbur 10 000 Mark verdiente! Unter 40 000 Mark konnte sich einer in der Kurve damals noch was vorstellen, aber heute haben sich die Summen der Vorstellungskraft entzogen. Ob jemand eine oder zwei Millionen Euro verdient – was soll man dazu sagen?«

Draußen auf der Terrasse von Schloss Wittringen in Gladbeck hört man die Vögel zwitschern, Justen wohnt nicht weit entfernt. Die Sonne scheint, auf der Karte steht »Toast Hawaii«. »Das ist Gladbeck«, sagt er. Was aber keineswegs eine despektierliche Bemerkung sein soll, der

Mann ist bekennender Lokalpatriot, stolz darauf, ein
»Ruhri« zu sein.

Als er den Job bei der WAZ übernahm, war er mit
26 Jahren der jüngste Sportchef im Lande. Am 1. April
1970 wurde er Leiter der Sportredaktion, blieb es 39 Jahre
lang und wurde in dieser Zeit zu einer der wenigen Stim-
men, die nicht nur im Ruhrgebiet gehört wurden, sondern
auch weit darüber hinaus. Als junger Journalist schrieb er
auch aus heutiger Sicht unglaubliche Reportagen. So besuchte Justen den ehemaligen Nationaltrainer Sepp Her-
berger kurz vor dessen 75. Geburtstag daheim und machte
nach dem Interview mit ihm ein Wettrennen ums Haus.
Der Alte gewann. Er trainierte allein mit dem argentini-
schen Nationalspieler Carlos Babington, nachdem der
1974 völlig überraschend von Wattenscheid 09 verpflichtet wurde. »Fußball ist ja nicht so Ihr Ding. Hauen Sie dem
bloß nicht auf die Socken, dafür war der zu teuer!«, sagte
Wattenscheids Trainer Kalli Feldkamp zu Justen. Die Mah-
nung war verständlich, denn der Journalist war kein Fußballer, sondern Schwimmer. »Ich war 'ne Flasche, mein er-
klärter Feind war der Ball, aber ich konnte laufen.«

Man mag es heute kaum noch glauben, aber Justen trainierte regelmäßig mit den Bundesligamannschaften im Revier. Als er eines Morgens zu Schalke kam, rief ihm Trainer
Ivica Horvat zu: »Zieh dich um, spiel mit.« Bei Rot-Weiß
Oberhausen unter Trainer Adi Preißler oder dem BVB unter Horst Witzler war das nicht anders. Manchmal schrieb
er darüber, manchmal half es auch nur, das eigene Urteil
zu schärfen. »An Norbert Nigbur bin ich einfach nicht vor-
beigekommen. Danach wusste ich besser, was es bedeutet,
im Tor zu stehen.«

Am Abend vor einem Europapokalspiel von Schalke bei

den Shamrock Rovers in Irland spielte er in einer Journalistenmannschaft, verstärkt durch Rolf Rüssmann, Stan Libuda und Nigbur, die im Abschlusstraining gegen die Schalker Mannschaft antrat. Das Spiel endete 1:1. Am nächsten Tag war es so nebelig, dass die Journalisten nur ahnen konnten, was auf dem Spielfeld passierte. Als es lauter wurde, riefen sie: »Ist ein Tor gefallen?« – »Ja.« – »Wer hat es denn geschossen?« – »Ich!« – »Wer bist du denn?« Kein Wunder, dass Torhüter Nigbur nach dem Spiel erstaunt war, dass sein Kollege Klaus Scheer so schmutzig war. Er hatte nicht mitbekommen, dass der eingewechselt worden war.

Es ist ein schöner Vormittag, um solch herrliche Schnurren zu erzählen. Damals war Fußball nicht so groß, nicht so wichtig. Für Justen waren die Protagonisten bis weit in die Siebzigerjahre hinein so nahbar wie 20 Jahre zuvor ein Hännes Adamik für die Bergleute in Sodingen. »Als ich angefangen habe, bei der WAZ Karriere zu machen, habe ich abends mit den Schalker Spielern Friedel Rausch und Hannes Becher in der Kneipe gesessen und sie haben literweise Whisky getrunken. Rudi Gutendorf war auf meinem Polterabend«, sagt Justen.

Noch heute ist die WAZ die größte Zeitung im Ruhrgebiet, aber die glanzvollen Zeiten von Meinungsmonopol und fantastischer Rendite sind vorbei. Anders als zu Justens Zeiten liegt sie morgens nicht mehr in fast allen Haushalten auf dem Frühstückstisch. Doch damals war das anders, und so habe ich endlos viele von Justens Kommentaren gelesen, vor allem montags, auf der ersten Seite des Sportteils, oben rechts, mit einem Bild von ihm. Sein in vielen Varianten wiederholtes Thema war, dass die Fußballspieler zu viel Geld verdienen und dem Fußball zu viel

Bedeutung zugemessen wird. Es machte ihn zu einem der pointiertesten Kritiker der Kommerzialisierung des Fußballs und des Entfremdungsprozesses zwischen Spielern und Fans. Das Besondere daran war, dass er nicht als naserümpfender Großbürger Kritik übte, sondern quasi aus Sicht eines Fans. Schon als Kind war er mit seinem Vater, einem Bergmann, von Gladbeck aus in die alte Glückauf-Kampfbahn gefahren, um Schalke spielen zu sehen.

Wenn er Texte schrieb, war seine Sprache einfach, seine Argumentation klar, seine Ansichten fest, und das machte ihn berühmt. Er bekam ein Angebot des »Stern«, damals ein Traum für alle Journalisten, und lehnte ab. Genauso wie in den Achtzigerjahren ein Angebot von Schalke 04, Manager zu werden. Das zeigt in etwa, welchen Einfluss Justen hatte.

Im Ruhrgebiet hat man sich immer besonders schwergetan mit den Veränderungen im Fußball und mit der Rolle, die das Geld dabei spielte. Vielleicht auch, weil sich die Klubs im Ruhrgebiet selbst so lange besonders schwer damit taten. Justen gab der bockigen Grundablehnung eine Stimme. Noch zum 45. Geburtstag der Bundesliga 2008 schrieb er: »Der Volkssport Fußball, der sich im Vergleich zum elitären Tennis oder zum feinen Golf lediglich als Freizeitvergnügen fürs Proletariat (Stichwort Straßenfußball) begreifen durfte, entwickelte sich zu einer Nobelmarke. In immer stärkerem Maße begehrt und hofiert auch vom selbst ernannten ›Edel-Publikum‹, das nicht mehr auf harten Sitzplätzen hockt, sondern in gleichermaßen feinen wie teuren Logen. Wer seine Besonderheit noch in den Kindertagen der Liga durch die Präsenz beim Opernball markieren wollte, setzt inzwischen als Fußball-Fan die Duftnote.« Das ist in wenigen Sätzen die

Geschichte des modernen Fußballs, beschrieben mit spitzen Fingern.

Justen war Chronist eines Gefühls der Entfremdung, und er war deshalb so populär, weil seine Leser es teilten. Auch wenn normale Fans im Gegensatz zu Justen in den Siebzigerjahren schon nicht mehr abends im Schloss Wittringen mit den Schalker Spielern bechern konnten wie in den Fünfzigerjahren nach den Spielen im Vereinslokal »Haus Thiemeyer« am Schalker Markt.

Justen ist heute milder geworden, denn auch er sieht: der Verlust von Nähe zu den Spielern und den Vereinen hat das Publikum nicht vergrault. Es hat auch nicht zu einem Bedeutungsverlust des Fußballs geführt – ganz im Gegenteil.

Dennoch ist die Debatte darüber längst nicht vorbei, sie wird von Justens Nachfolgern auch heute noch geführt, wie sich im Essener Norden zeigte, wo in der ehemaligen Weißkaue der Zeche Fritz die beiden Ausgaben des *RevierSport* entstehen, die am Montag und am Donnerstag erscheinen. Als ich Chefredakteur Heiko Buschmann, der in seinem Parka immer noch wie ein Britpop-Fan der Neunzigerjahre wirkt, fragte, was die Leser für eine Haltung von seinem Magazin erwarten, sagte er sofort: »Eine kommerzkritische.« Das sei aber nicht fundamentalistisch zu verstehen, sondern pragmatisch. »Man muss einiges kritisieren und bei anderen Themen sagen: Das ist der Lauf der Dinge.« Der Lauf der Dinge ist, dass Schalke eine Arena bauen musste, weil das Parkstadion nicht mehr zeitgemäß war. Zu kritisieren sind hingegen Erhöhungen der Eintrittspreise oder jemand wie Felix Magath, den Buschmann, der selbst auch über Schalke berichtet, in vielen Kommentaren scharf angriffen hatte, als er Trainermanager bei Schalke war.

Der *RevierSport* hat eine kuriose Vorgeschichte, denn er ist einem alternativen Zeitungsprojekt entsprungen. 1986 gründeten elf Gesellschafter als Alternative zur WAZ eine konzernunabhängige Wochenzeitung, die *Revier-Rundschau*. Erstaunlicherweise gelang die Finanzierung, aber dann gab es einen politischen Richtungsstreit in der Redaktion, das Erscheinen der neuen Zeitung verzögerte sich, nur die Pragmatiker vom Sport gingen mit einer sonntäglichen Sportzeitung schon mal an den Start, zum »Anfüttern« der Leser und in Erwartung, dass sie bald Teil einer Sonntagszeitung würden. Als die *Revier-Rundschau* endlich erschien, interessierte sich für das Blatt niemand. Nachdem das Projekt gestorben war, kaufte der Essener Klartext-Verlag aus der Konkursmasse den Namen *RevierSport* und machte mit einer Fußballzeitung am Sonntag weiter, die zu besten Zeiten Mitte der Neunzigerjahre bis zu 35 000 Hefte verkaufte. Heute sind es nicht mehr ganz so viele, dafür steht das Unternehmen inzwischen auf mehreren Beinen. Neben dem Print-Produkt gibt es einen erfolgreichen Online-Auftritt, Dienstleistungen wie die Herstellung von Publikationen der Fußballverbände Niederrhein und Westfalen, man veranstaltet eine Fußballschule und ein F-Jugend-Turnier. Seit 2007 gehört der *RevierSport* dem WAZ-Konzern, der inzwischen *Funke-Mediengruppe* heißt.

Ich bin seit vielen Jahren Abonnent des *RevierSport*, auch wenn ich mir schon lange keine Hefte mehr per Post schicken lasse, sondern sie als E-Paper lese. Besonders am *RevierSport* (Slogan: »Ehrlich. Echt«) ist die Gewichtung der Berichterstattung zwischen großen und kleinen Klubs, weil sie viel über die gefühlte Gleichrangigkeit der Ruhrgebietsklubs erzählt. Zwar wird Borussia Dortmund und Schalke am meisten Platz eingeräumt, aber gefühlt ähnlich wichtig ist, was bei Wattenscheid 09 passiert. Die Redaktion geht auch davon aus, dass jeder Fan eines großen Klubs mit einem weiteren kleinen sympathisiert. Mit Westfalia Wickede etwa in Dortmund oder mit Fortuna Gelsenkirchen. Außerdem profitiert der *RevierSport* davon, dass Rot-Weiss Essen von den Essener Tageszeitungen nur im Lokalsport behandelt wird und die Anhänger des Vereins aus Bottrop oder Gelsenkirchen damit auf diese Zeitung angewiesen sind.

Als wir über Buschmanns Streitereien mit Felix Magath zu dessen Schalker Zeiten sprachen, stieß Uli Homann auf der Bowlingbahn unter der Redaktion zu uns. Er gehörte schon zur Sportredaktion der *Revier-Rundschau* und ist heute Gesamtgeschäftsführer des *RevierSport*. »Bei Magath gab es einen menschlichen Graben, etwas richtig Großes«, sagte er. Magath hätte die Schalke-Fans in jene gespalten, die in ihm den Zerstörer von allem sahen, für das ihr Klub steht, und in die anderen, die einfach nur Erfolge feiern wollten.

Im Grunde ging es um eine moralische Frage, und Homann redete sich darüber in Rage. »Als ich groß geworden bin, war Fußball eine Randgeschichte. Das war proll, das gehörte uns. Die anderen wollten damit auch nichts zu tun haben. Ich kam aus einer Arbeitergegend, war aber auch mit Studenten zusammen, die immer gesagt haben: Du hast doch einen Vogel mit deinem scheiß Schalke. Da war man in einer Enklave und hat sich mit allem identifiziert, was damit zu tun hatte. Aber jetzt haben sich die Drecksschweine das unter den Nagel gerissen mit all ihren Regeln: dass alles käuflich ist und nichts verbindlich. Mit all dem, womit sie die Gesellschaft verseucht haben, haben sie auch den Fußball verseucht. Das macht mich rasend.«

Buschmann und ich spotteten sanft über seinen Ausbruch, aber Homann war noch nicht fertig: »Ich bin Schalke-Fan, ich bekomme das aus meinem Körper nicht mehr raus. Samstag, wenn die spielen, geht der Puls anders, und ich will auch, dass diese Arschgeigen gewinnen. Aber jede Faser meines Verstandes sagt mir: Du bist bekloppt! Was hast du mit diesem Konzern noch zu tun? Meine Frau hat mich neulich gefragt: Wovon sind die Leute eigentlich Fan, wenn die Spieler, die Trainer und Manager immer wechseln?«

Ich wusste genau, was er meinte. Denn sosehr ich mich mit kühlem Blick für Optimierungsstrategien im Fußball interessiere, mein Vergnügen an der Klasse und auch dem Glanz der Champions League habe, schaue ich mir trotzdem lieber VfL Bochum gegen Sandhausen an als Bayern München gegen Barcelona. Weil auch ich mit jeder Faser möchte, dass der VfL Bochum gewinnt, während es für mein Leben, meine gute Laune oder meine schlechte Stimmung keine Rolle spielt, ob Bayern, Barcelona oder Chelsea gewinnen.

Homann hatte eine andere Form der Entfremdung erlebt als Hans-Josef Justen. Nicht die eines Journalisten, der zusehen muss, wie die Welt des Fußballs und die seiner Berichterstatter auseinanderdrifteten, sondern die eines Fans. Aber letztlich bestand strukturell kein Unterschied. Wenn man sagt, dass die Geschichte des Fußballs hierzulande seit den Fünfzigerjahren eine der Professionalisierung und Kommerzialisierung ist, so ist sie im gleichen Maße eine der Entfremdung. Der alte Radioreporter Kurt Brumme hatte im Buch von Baroth über die Oberliga West noch die Zeit beschworen, in der man gemeinsam nach Spielen an der Theke gesungen hatte. Hans-Josef Justen wäre das vermutlich schon so absurd vorgekommen wie Heiko Busch-mann die Idee, beim Schalker Training mitzumachen. Aber nicht nur jede Generation von Sportjournalisten er-lebt neue Formen von Distanzierungen, für Fußballfans gilt das genauso. Dennoch sind wir nicht einfach frustriert zu Hause geblieben. Nur, welche Strategien haben wir ent-wickelt, um mit dieser Entfremdung zu leben?

# Die Jugend von heute

## Nachwuchsleistungszentren der Herzen

Im Laufe seiner spontanen Wutrede hatte Uli Homann, der Gesamtgeschäftsführer des *RevierSport*, auch über Manuel Neuer geschimpft. Dass er, der Ur-Schalker, der schon als Kind für den Klub gespielt hatte und unter seinem Trikot im Schalker Tor ein Shirt der Ultra-Gruppe *Buerschenschaft* aus Gelsenkirchen-Buer getragen hatte, zum FC Bayern München hatte wechseln können, führte Homann als Beleg für die innere Haltlosigkeit und den moralischen Verfall des Fußballs an. Was blieb denn noch, wenn sogar einer wie Neuer wechselte? Oder Götze?

Es ist in den letzten Jahren viel vom Boom des deutschen Fußballs durch die Nachwuchsleistungszentren die Rede gewesen. Nie zuvor hat es hierzulande so viele talentierte, so gut ausgebildete Nachwuchsspieler gegeben. Deutlich verkürzt hat sich auch der Weg in die Profikader, weil sich heute kaum noch ein Trainer scheut, auf 18- oder 19-jährige Spieler zu setzen. Das hat auch dazu geführt, dass ihnen in den Klubs eine ganz neue Rolle zukommt. Deshalb hatte ich Julian Draxler, Mario Götze und Leon Goretzka treffen wollen. Ich hatte sogar überlegt, die jungen Schalker, Dortmunder und Bochumer für eine gemeinsame Gesprächsrunde an einen Tisch zu bitten und mit ihnen darüber zu sprechen, was es für sie bedeutete, Symbolfiguren für die Zukunft ihrer Klubs zu sein.

Mario Götze war mit neun Jahren zum BVB gekommen, nachdem sein Vater aus Bayern mit der Familie nach Dortmund gezogen war, um als Professor für Informatik an der Universität zu arbeiten. Julian Draxler stammt nicht aus Gelsenkirchen, sondern aus dem benachbarten Gladbeck, allerdings aus einer Familie von Schalke-Fans, und war schon mit sieben Jahren zu Schalke gewechselt. Leon Goretzka schließlich war ebenfalls sieben Jahre alt, als er zum VfL Bochum geholt wurde, nachdem er für den PSV Bochum drei Tore gegen eine Kindermannschaft des VfL geschossen hatte. Ein Bochumer also, der für den Klub spielte, bei dem er als Jugendlicher in der Kurve gestanden hatte.

Alle drei waren nicht nur schon als Kinder zu ihren Klubs gekommen, sondern hatten sich im Laufe der Jahre als fantastische Talente erwiesen. Sie waren erst in die lokalen, die regionalen Auswahlmannschaften und schließlich in die Jugendnationalteams berufen worden. Götze hatte insgesamt 23 Länderspiele in den U-15-, U-16-, U-17- und U-21-Nationalmannschaften gemacht und mit gerade 18 Jahren seinen ersten Einsatz in der A-Nationalmannschaft. Damit war er jüngster Debütant seit Uwe Seeler 1954. Julian Draxler machte elf Länderspiele in den U-18-, U-19- und U-21-Nationalteams und war der erste Bundesligaprofi, der bei seinem 75. Spiel noch keine 20 Jahre alt war. Leon Goretzka schließlich kam auf 29 Länderspiele in den deutschen U-16-, U-17- und U-19-Nationalmannschaften. In seiner ersten Saison als Profi war er gleich wichtigster Spieler des VfL Bochum.

Die drei gehörten zu den besten Nachwuchsspielern, die ihre Vereine jemals hervorgebracht hatten, und waren der ganze Stolz ihrer Trainer, der Vereine und Fans.

Doch dann änderte sich innerhalb weniger Wochen alles. Von Gelsenkirchen aus fuhren im Frühjahr 2013 Werbewagen mit einem Foto von Julian Draxler im Schalke-Trikot durchs Ruhrgebiet (auch am Dortmunder Stadion vorbei). »Julian Draxler: Mit Stolz und Leidenschaft bis 2018«, stand da zu lesen, denn er hatte seinen Vertrag gleich um fünf Jahre verlängert. In Dortmund hingegen erlebten die BVB-Fans ihren Götze-Schock, als sein Wechsel zum FC Bayern bekannt wurde. Bei seiner ersten Rückkehr im November 2013 hieß es auf einem Transparent: »Das Streben nach Geld zeigt, wie viel Herz man wirklich hat. Verpiss dich Götze!« Und in Bochum verfluchten viele Anhänger Leon Goretzka, auf den sie vorher noch so stolz gewesen waren, denn er ging zu Schalke.

Ich hatte mich mit Goretzka getroffen, als von seinem Vereinswechsel nach Schalke noch keine Rede war, als es noch kein Transfergezerre um ihn und um eine unklare Abmachung in seinem Vertrag gegeben hatte. Damals gingen alle davon aus, er würde mindestens ein Jahr länger bleiben, bis zu seinem Abitur 2014. Goretzka war in mehrfacher Hinsicht eine ideale Symbolfigur für den Klub und seine Anhänger, weil er nicht nur sportlich gut war, aus Bochum selbst stammte und wenige Jahre zuvor noch in der Ostkurve teilweise jene Spieler angefeuert hatte, mit denen er nun zusammenspielte. Er lebte auch in Opel-Land, auf der Grenze zwischen den Bochumer Stadtteilen Werne, Langendreer und Laer. Sein Vater arbeitete bei Opel als Maschinenbauelektroniker. Leon Goretzka war auch bei den Demonstrationen zum Erhalt des Autowerks gewesen, aber wegen seines Vaters nicht sonderlich beunruhigt. »Er ist in einem Alter, wo er sich nicht mehr so viel Sorgen machen muss. Außerdem hat er gesundheitliche Probleme und wird vermutlich Frührentner.« Auch die vom Klub mit Rührung verbreitete Nachricht, dass er sich als erstes Auto einen Opel Astra gekauft hatte, war weniger symbolisch als praktisch gemeint: »Das Auto hat mir gefallen, und dann gab es ein gutes Angebot über das Mitarbeiterleasing.«

Wie schon einige Male vorher bei Gesprächen mit jungen Profis, wunderte ich mich, wie erwachsen er wirkte. Leon Goretzka war gerade 18 Jahre alt und trug die ganze Last eines strauchelnden Zweitligaklubs im Abstiegskampf auf seinen Schultern. »Man denkt an den Verein, für den im Fall des Abstiegs in die dritte Liga wahnsinnig viel kaputtgehen würde. Da ist im ersten Jahr als Profi viel zu stemmen«, sagte er, und nach seinem Wechsel sickerte durch, dass seine Eltern ihn nicht so viel Verantwortung tragen sehen wollten.

Ich fragte ihn, warum er nicht schon früher zu einem größeren Klub gegangen war, und Goretzka erzählte begeistert, wie gut er in Bochum durch die Jugendjahre geführt worden sei. »Es sind für die sportliche Entwicklung Ziele ausgegeben worden, bei denen man sich sagt: Das stemmst du. Da bin ich nie enttäuscht worden, es wurde von beiden Seiten alles eingehalten. Der Karriereplan in Absprache mit den Trainern und dem Jugendleiter hat bei mir super geklappt. Bei anderen Vereinen stoßen die Spieler schon an Hindernisse, und das ist das Schlechteste, was passieren kann.« Aber wie groß war die Verführung, wenn jemand das Doppelte geboten hat? »Was bringt es mir, wenn ich in der Jugend 500 Euro mehr bekomme, aber den Weg nicht schaffe und dafür später Millionen liegen lasse. Das muss man abwägen, und deshalb war für mich immer klar, dass ich auf ein paar Hundert Euro verzichte, um dann den Jackpot zu holen.«

Ich war perplex über so viel abgebrühte Professionalität. Da verfolgte dieser Junge schon in Kinderjahren einen Karriereplan, beäugte seine Ausbilder, ob sie die richtigen Anforderungen stellten, um den Jackpot zu knacken, also einen dicken Vertrag zu unterschreiben. Gibt es weiter eine Karriereplanung? »Ja.« – Wer macht das? – »Unabhängige Personen. Wenn ich jetzt den Trainer von Dortmund frage, bekomme ich keine unabhängige Meinung.« – Ein Berater? – »Ich tue mich schwer mit dem Begriff Berater. Es gibt Berater, die jeden Tag anrufen und fragen, wie das Training war, ob alles cool ist. Soll ich dir ein Handy besorgen? Das ist nicht das, was ich brauche. Mein Berater kümmert sich vor allem um die Verträge.«

Das war klar, entschlossen, fast schon kalt. Aber Goretzka führte seit dem 12. oder 13. Lebensjahr ein erwachsenes Leben. Es bestand auch für ihn immer die Gefahr, beim Wechsel in den nächsten Jahrgang aussortiert zu werden. Der Druck in den Nachwuchsleistungszentren ist hoch, die Anforderungen sowieso, für Kindlichkeit und für juvenile Turbulenzen ist wenig Platz.

Ich hatte mich ursprünglich zuerst mit Julian Draxler treffen wollen, denn bei ihm hatte ich von den drei Spielern den Eindruck, dass er den Verein am ehesten verlassen würde. Schließlich hatte er in etlichen Interviews erklärt, wie sehr er den spanischen Fußball mochte. Das klang wie eine Bewerbung. So war es eine besondere Pointe, dass gerade Draxler seinen Vertrag bei Schalke 04 verlängerte, versehen mit einer Ausstiegsklausel von 45,5 Millionen Euro, als die beiden anderen ihren Wechsel ankündigten. Mich überraschte auch Draxler selbst, als ich ihn im »Ess Null Vier« traf, einem Restaurant zwischen Schalkes Arena und den Resten des alten Parkstadions, dort, wo sich früher die Gästefans mit den Schalker Hooligans geprügelt hatten. Vor der Tür schlurften allerlei Versehrte herum, weil zu dem Komplex auch ein Reha-Zentrum gehört.

Ich war gleich beeindruckt von Draxler, der zum Zeitpunkt unseres Gesprächs erst 19 Jahre alt war, dafür fast schon unheimlich erwachsen wirkte und nicht so altklug, wie er manchmal im Fernsehen rüberkam, sondern reflektiert und ein angenehmer Gesprächspartner.

Draxlers Opa hatte noch auf der Zeche gearbeitet, sein Vater bei einer Erdölfirma. Der hatte zwei Dauerkarten für Schalke und abwechselnd Julian oder seinen Bruder zu den Spielen mitgenommen. Schalke war auch sonst das große Thema. »Es war auf Geburtstagen immer so, dass gratuliert und dann ganz schnell über Schalke gesprochen wurde«, sagte Draxler und musste lachen. »Hier gibt es nicht so viele Themen. Hier ist nicht wie in Berlin mal eine Fashion-Week oder so was, die Leute denken nur an Fußball. Das Ritual von 60 oder 70 Prozent der Leute ist, samstags ins Stadion zu gehen, ein Bier zu trinken und sonntags zu einer Jugendmannschaft zu gehen und dort über das Bundesligaspiel vom Samstag zu reden. So war es zum Beispiel bei meinem Vater: Samstags mit mir oder ohne mich im Stadion, sonntags bei meinem Jugendspiel, anschließend wurde den ganzen Tag über die beiden Spiele geredet. Ab Montag war wieder Arbeit, aber am nächsten Wochenende ging es wieder mit dem Fußball los. Ich habe das Gefühl, dass die Leute hier damit nicht so unglücklich sind. Bei mir war es ja ähnlich.«

Julian Draxler wohnt nicht mehr bei seinen Eltern, aber nur fünf Minuten entfernt von ihnen. Er geht bei ihnen gerne zum Essen vorbei, ansonsten trifft er seine Freundin, geht ins Kino oder einkaufen. »Ich bin da wie jeder normale Junge.« Allerdings führte er nicht das Leben eines normalen Jungen, was ihm auch bewusst ist. »Es ist so eine Sache mit den ganzen Kamerahandys. Wenn ich meinen Eltern nicht sage, dass ich abends ins Kino gehe, wissen die es morgens trotzdem, weil sie es irgendwo gesehen haben.« Und natürlich muss er ständig Rede und Antwort stehen. »Die Leute stehen ja nicht vor mir und bekommen kein Wort raus. Im Gegenteil: Die sprechen mich ganz direkt an: ›Ey Julian, was ist denn da an dem und dem Gerücht dran?‹ Die Spalte zwischen den Profis und den Fans ist hier nicht so groß.« Aber wie kann ein Kontakt entstehen, wenn Hunderte von Leuten um so einen Trainingsplatz herumstehen? »Teilweise siehst du da über zwei Jahre lang jeden Tag dieselben Leute. Da entwickelt sich schon ein Verhältnis, ob man das will oder nicht. Da sitzen zwei Rentner, die man jeden Tag begrüßt. Irgendwann gehören die dazu. Teilweise wollen Leute jeden Tag ein Foto unterschrieben haben. Ich mache das seit zweieinhalb Jahren und habe denen bestimmt schon 500 Fotos unterschrieben. Ich frage mich, was die damit eigentlich machen.«

Fände er es manchmal einfacher, wenn es hier so wäre wie in England oder Spanien, wo man hinter verschlossenen Türen trainiert? »Ich finde es einerseits richtig, richtig schön, dass die Fans so nah an uns dran sind. Aber es gibt auch Tage, an denen es einem nicht so gut geht und man einfach nur geradeaus durch will zum Auto. Das lassen die Leute sich nicht gefallen. Wenn man da einfach durchgeht, heißt es: Der hat sich verändert. Das sagen sie einem direkt ins Gesicht.«

Die Nachwuchsförderung im deutschen Fußball hat wenig Romantisches. Für die 36 Profiklubs der ersten und zweiten Liga gehört die Einrichtung eines Nachwuchsleistungszentrums genauso zu den Auflagen, die sie zu erfüllen haben, wie eine bestimmte Größe des Stadions oder die Lux-Zahl des Flutlichts. Die Arbeit der Nachwuchsleistungszentren wird überprüft und zertifiziert und folgt generell marktwirtschaftlichen Überlegungen. Im Idealfall ist es deutlich billiger, die eigenen Profis selbst auszubilden, als bei einem Transfer hohe Ablösesummen und Handgelder zu bezahlen. Oder es hilft, wie das Beispiel Goretzka zeigte, dem VfL Bochum, wenn er sich durch Transfererlöse aus der wirtschaftlichen Misere befreien kann. Ein Klub wie der SC Freiburg hat das zu seinem Geschäftsmodell gemacht, aber selbst beim FC Bayern München stammen Philipp Lahm, Thomas Müller, Bastian Schweinsteiger, David Alaba oder Toni Kroos aus der eigenen Nachwuchsabteilung. Bei Schalke waren im Frühjahr 2014 manchmal sogar acht Spieler aus dem eigenen Nachwuchs in der Startelf. Der kleine Max Meyer stahl Julian Draxler mitunter die Show, und schon raunt man, der A-Jugendliche Donis Avdijaj sei sogar ein noch größeres Talent.

Als immer mehr junge, gut ausgebildete Nachwuchsspieler in die Bundesliga kamen, zeigte sich ein nicht von vornherein eingeplanter Kollateralerfolg. Die Fans waren begeistert von ihren Jungs, die im Idealfall wie Draxler oder Goretzka auch noch aus der Stadt bzw. der direkten Nachbarschaft kamen und als Jugendliche nicht nur Spieler, sondern auch Fans des Vereins geworden waren, für den sie spielten. Sie halfen auch, die Distanz zwischen Spielern und Fans wieder etwas zu reduzieren.

Für die jungen Profis wurde ihre Rolle dadurch aber noch komplizierter, wie sich im Gespräch mit Draxler zeigte. »Auf der einen Seite ist es sehr schön, wenn die Fans mich mögen und es schätzen, dass man schon so lange im

Verein ist. Aber man trägt dadurch eine große Verantwortung. Es ist schwer, das Gleichgewicht zu halten. Wir sind Fußballer und wollen möglichst hoch hinaus und unsere Grenzen austesten. Die Fans wollen am liebsten, dass man, bis die Beine einen nicht mehr tragen, für den Verein spielt. Man ist ja auch Identifikationsfigur, gerade, wenn man aus der eigenen Jugend kommt. Der Grad zwischen Liebe und Hass kann da, wie bei Mario Götze, sehr klein sein. Man stößt mit einer einzigen Entscheidung unheimlich vielen Leuten vor den Kopf.«

Sie verstehen sehr gut, wie Fans ticken? – »Ja.« – Weil Sie selbst damit aufgewachsen sind. Aber als Spieler selbst sind Sie doch kein Fan? – »Doch. Ich bin als Spieler schon an den Verein gebunden. Aber als Profifußballer muss man auch unterscheiden können. Man darf nicht wie ein Fan aufs Spielfeld gehen. Man darf sich nicht von der ganzen Atmosphäre beeindrucken lassen, sondern muss seine Arbeit machen. Ich glaube, dass man auch Fan eines Vereins bleiben kann, wenn man den Verein wechselt. Ich würde ja nie vergessen, wo ich hergekommen bin, oder meine emotionale Bindung zu Schalke verlieren. Ich sehe nichts Verwerfliches darin, wenn man Aufstiegschancen sieht. Sportlich, menschlich und auch finanziell. Das ist ja im normalen Leben nichts anderes. Wenn mein Vater als Vorarbeiter, keine Ahnung, 2000 Euro netto verdient und ihm dann woanders die Firmenleitung für 5000 Euro netto angeboten wird, sagt er ja auch nicht, dass er hier seine Freunde hat und daher lieber Vorarbeiter bleibt. Das macht doch kein Mensch.«

Wie kompliziert das alles sein muss. Für Draxler und all die anderen jungen Spieler, die in den letzten Jahren das Leben von Erwachsenen hatten führen müssen, um sportlich auf Bundesliganiveau zu kommen. Von denen man zugleich verlangt, dass sie Fans sein sollen und es irgendwie auch sind, weil sie aus der Welt ihrer Vereine kommen. Und die sich mit einer besonderen Anhänglichkeit konfrontiert sehen, weil sie »unsere Jungs« sind und nicht irgendwelche austauschbaren Facharbeiter aus irgendwelchen fernen Ländern. Auf Schalke spricht man von Spielern, die »auf Kohle geboren sind«, als sei allein das schon ein Qualitätsmerkmal. In Wirklichkeit ist es ein Sentimentalitätsmerkmal oder Ausdruck der Sehnsucht nach dem Gefühl der Verbundenheit. Denn diese Spieler, das zeigte das Gespräch mit Julian Draxler und auch das mit Leon Goretzka, verstanden ihre Vereine wirklich. Sie waren genauso in sie hineingewachsen wie die Fans selbst. Andererseits haben sie ihre eigenen Interessen, weil sie kein Fantum ausleben, sondern einem Beruf nachgehen. Doch wenn sie ihr Talent schon früh zu reichen Männern macht, entfremden sie sich trotzdem ganz automatisch von den Fans.

# Eine Liebe – für alle

*Inbrunst an der Wedau*

Der erste Spieltag der Saison 2013/14 war für den MSV Duisburg ein besonderer, und das nicht nur, weil das Wetter so herrlich war. Knapp eine halbe Stunde vor Anpfiff kam eine Mitarbeiterin des Klubs aufgeregt zum Kassenhäuschen und bat um die Durchsage, dass die Stehplatzkarten in der Heimkurve ausverkauft seien. Eine Viertelstunde später verkündete der Stadionsprecher, dass der Anpfiff um zehn Minuten verschoben werden müsste, weil noch so viele Menschen an den Kassen ständen. Dann hielten die Zuschauer ihre Schals in die Luft und sangen die Hymne des Klubs: »Wir sind Zebras weiß-blau, unser Klub MSV. Und wir stehen für euch immer hier.« Sie sangen es mit einer solchen Inbrunst, wie ich das in Duisburg noch nie gehört hatte. In der Kurve hing am Zaun ein riesiges Transparent, darauf stand: »One Love«. Ich hatte einen Kloß im Hals.

Als gegen den 1. FC Heidenheim das erste Spiel der neuen Drittligasaison angepfiffen wurde, waren fast fünftausend Zuschauer mehr als im Schnitt der vorangegangenen Saison gekommen. Die Zahl von 18 111 Besuchern war in der Spielzeit zuvor nur zweimal übertroffen worden, und da hatte der MSV Duisburg eine Klasse höher gespielt.

Der Klub hatte gerade den schrecklichsten Sommer seiner Vereinsgeschichte hinter sich. Zum Ende der Vorsaison hatte er sich letztlich doch noch einigermaßen sicher vor dem Abstieg aus der zweiten Liga retten können. Trotz einer lang andauernden Geschichte finanzieller Probleme hatten die Verantwortlichen anschließend den Eindruck vermittelt, dass der MSV Duisburg die Lizenz fürs neue Spieljahr sicher bekommen würde. Ein paar Spieler sollten kommen, ein paar würden gehen, und ein weiteres irgendwie graues Jahr lag vor dem Klub. Dass es weitgehend langweilig bleiben würde, sollte sich bald jedoch als ein dramatischer Irrtum erweisen. Zunächst wurde dem MSV Duisburg für Außenstehende überraschend die Lizenz verweigert und anschließend auch der Einspruch gegen diese Entscheidung zurückgewiesen. Aus heiterem Himmel stellte sich die Frage, ob der Verein sogar in die Insolvenz gehen und in der fünften Liga weitermachen müsse.

Die erste Reaktion auf den Lizenzentzug waren Wut und Vandalismus gewesen. Fans hatten das Stadion gestürmt, und die Polizei musste eingreifen. Doch dann war etwas anderes in Gang gekommen. Als es darum ging, wenigstens in der dritten Liga weiterspielen zu dürfen, hatten Anhänger eine Demo organisiert und vor dem Stadion eine Mahnwache gehalten. Sie organisierten eine Menschenkette durch die Stadt, sechs Kilometer lang, vom Bahnhof bis zum Stadion. Sechstausend Menschen hielten sich entlang des Weges an den Händen. Legendär an jenem Tag wurde Oma Maria, die aus Solidarität mit dem Klub ein blaues und ein weißes Handtuch aus dem Fenster gehängt hatte.

Ich hatte in den Wochen zuvor, als das alles nicht einmal zu ahnen war, mit meinen Freunden in Duisburg gesprochen, die schon seit Jahrzehnten zum MSV gingen. Dabei war zu spüren gewesen, wie müde sie waren, wenn es um ihren Verein ging. Natürlich besuchten sie weiter die Spiele im Stadion, natürlich machten Siege sie glücklich. Aber eigentlich litten sie an ihrem Verein, wie sie an ihrer Stadt litten.

Ich mag Duisburg, weil es die letzte Stadt im Ruhrgebiet ist, die noch so aussieht, wie man sich eine Stadt im Ruhrgebiet vorstellt. Wenn man Duisburg auf der A 52 von Süden nach Norden durchfährt, erkennt man bald die Silhouetten von Stahlwerken, die noch keine Museen sind, sondern wirklich noch produzieren. Im Süden in Hüttenheim, Ruhrort und Hochfeld, im Norden dann in Bruckhausen und Beeckerwerth, zwischendrin die Kräne des immer noch riesigen Duisburger Hafens. Das ändert aber nichts daran, dass die Stadt an sich leidet.

Vielleicht liegt es daran, dass sie schon geografisch so weit auseinanderfällt wie keine andere Stadt im Revier. Über 20 Kilometer sind es von der Süd- zur Nordgrenze der Stadt, in der sich die Bezirke noch mehr voneinander abzuschotten scheinen, als das im Ruhrgebiet sowieso oft der Fall ist. Als wären Walsum oder Hamborn, Rheinhausen oder Rahm nur irgendwie zufällig oder durch Zwang unter das Dach der Stadt geraten. Obwohl es hier mehr raucht und qualmt als sonstwo im Revier, ächzt Duisburg seit Jahren unter Spitzenwerten bei den Arbeitslosenzahlen, verliert beharrlich an Kaufkraft und wirkt insgesamt ungeheuer erschöpft.

Als wäre das alles nicht schon genug gewesen, verwandelte sich 2010 die große Party der Loveparade, mit der die Stadt ihr Image verbessern wollte, in eine große Tragödie. Bei einer Massenpanik starben 21 Menschen, und über 500 wurden teilweise schwer verletzt, die einfach nur zum Tanzen und Feiern gekommen waren. Vermeidbar wäre dieses Desaster in der Nähe des Hauptbahnhofs gewesen, und dann wehrte sich auch noch Oberbürgermeister Adolf Sauerland beharrlich gegen seinen Rücktritt. War dieses Unglück nicht symbolisch für das, was in dieser traurigen Stadt passierte?

Doch als Duisburg sich im Sommer 2013 aufmachte, seinen Fußballverein vor dem Untergang zu bewahren, gewann die Stadt plötzlich an Kraft. Es schien so, als würden die sonst so griesgrämigen Fans ihren Klub und ihre Stadt endlich richtig lieben können. Aber warum passierte das, als es um den MSV Duisburg so schlecht stand wie lange nicht?

Um das zu erklären, kam mir ein anderer Verein in den Sinn. In den Jahren, in denen ich in Köln gelebt hatte, war ich immer gerne zu Fortuna Köln gegangen. Der Klub war in der Südstadt schnell zu erreichen, man bekam sofort eine Karte und fand leicht einen Platz auf den Rängen. Der Fußball beim damaligen Zweitligisten war meistens gut, und es gab interessante Trainer wie Bernd Schuster, Hans Krankl oder Hannes Linßen. Auf der Stehgerade feuerten die Fortuna Eagles als erste deutsche Fangruppe ihre Mannschaft im Stil der italienischen Ultras an. Sie machten oft lustige kleine Choreografien, daneben stand ein heiter selbstironisches Publikum.

Eigentlich war Fortuna Köln das, was man einen Kultverein nennt, aber es war ein Kult, der einen bescheidenen Rahmen nie überschritt. Das lag an dem, der mit seinem Geld dafür sorgte, dass trotz sehr übersichtlicher Zuschauerzahlen über Jahrzehnte gehobener Zweitligafußball geboten wurde: Jean Löring. Fortuna war sein Verein. Er hatte ihn 1967 als Präsident in der drittklassigen Mittelrheinliga übernommen, 1973 sogar für eine Saison in die

Bundesliga geführt und 1983 in ein deutsches Pokalfinale, das in Köln gegen den 1. FC Köln unglücklich mit 0:1 verloren wurde.

Löring war ein klassischer Patron, ein Sozialaufsteiger, der im Bauboom der Sechzigerjahre zu sehr viel Geld gekommen war. Er lebte in der Eifel auf einem Schloss und hielt sich dort einen Gepard. Die Kölner mochten ihn, weil in dieser Stadt schräge Typen mehr geschätzt werden als irgendwo sonst in Deutschland. Mit Vergnügen erzählte man sich immer wieder die sagenhaften Anekdoten, wie er etwa das Kölner Idol Toni Schumacher in der Halbzeitpause als Trainer entließ. Oder wie der gelernte Elektriker bei einem Flutlichtausfall Spiel und Sieg rettet, indem er unter Lebensgefahr ein Starkstromkabel reparierte.

Ich hatte Löring einige Male interviewt oder ihn im *Bacchus* erlebt, der Kneipe gegenüber dem Südstadion, wo es nach den Spielen so nett familiär zuging wie bei einem Landesligisten. Aber so nett und so skurril es bei der Fortuna auch war und so faszinierend Jean Löring als Typ – er war zugleich das Problem des Vereins. Nicht nur, weil er ein autokratischer und mitunter auch ungeduldiger Mann war. Viel wichtiger war, dass Löring einem Gefühl im Wege stand, das für die meisten Fußballfans besonders wichtig ist: dem der Teilhabe. Letztlich bestand weder für die Fortuna Eagles, die Fans, Gelegenheitsbesucher noch für die kleine Gruppe der Förderer und VIPs ein Zweifel daran: Dieser Verein gehörte ihm, und sie spielten bestenfalls Nebenrollen. Deshalb wurde der SC Fortuna Köln auch nie zu einer wirklichen Alternative zum 1. FC Köln, selbst wenn der mal wieder durch desolate Phasen des Irrsinns taumelte.

Bei all den Patriarchen und Mäzenen, die es im deutschen Fußball über die Jahrzehnte gegeben hat, waren Jean Löring und Fortuna Köln das Beispiel, bei dem man von außen am deutlichsten das Gefühl hatte, wie sehr es das Potenzial eines Klubs begrenzt, wenn er nicht zumindest theoretisch für alle da ist. Ein anderes Beispiel dafür ist Bayer Leverkusen, wohin ich von Köln aus ebenfalls immer gerne gefahren war, weil man sich unter unaufgeregten Bedingungen Spitzenfußball, oft genug auf internationalem Niveau, anschauen konnte. Ich habe die Entwicklungsschritte des Klubs über die Jahre aus der Nähe miterlebt und hatte oft den Eindruck, dass die Verantwortlichen dort sehr viel richtig machten.

Doch ein grundlegendes Problem vermochte Bayer nie zu lösen: Es gibt wahre Bayer-Fans, und ihr Leiden ist nicht weniger ernsthaft als das in Schalke oder Dortmund, aber ihre Zahl ist absurd klein, wenn man sie in Verhältnis zum sportlichen Erfolg und oft spektakulären Fußball setzt, der in der BayArena nun schon seit fast zwei Jahrzehnten gespielt wird. Daran hat auch die ironische »Werksklub«-Kampagne nichts geändert. Doch bei Bayer wissen die Fans, dass sie nicht mit letzter Dringlichkeit gebraucht werden. Bayer Leverkusen ist da, wo der Klub heute ist, weil die Bayer AG der Ansicht ist, dass es sich aus Gründen der Werbewirkung lohnt, viel Geld in den Klub zu investieren.

Teil der großen Erfolgsgeschichte des Fußballs ist die Illusion, dass wir als Zuschauer auf das Spiel Einfluss nehmen können. Wenn wir also möglichst laut singen und unsere Mannschaft anfeuern, einfach nur so konzentriert zuschauen, dass unsere Spieler gar nichts mehr falsch machen können, oder schlicht das Glückshemd wieder anziehen, das wir beim letzten Sieg getragen haben. Wir wollen als zwölfter Mann dazugehören, und wir wollen auch sonst das Gefühl haben, dass unser Interesse, unsere Zuneigung, unsere Eintrittsgelder und was wir am Bierstand ausgeben, wichtig für unseren Klub sind.

Das drückt sich auch im ungeheuren Mitgliederboom bei den Profiklubs in Deutschland aus. Drei Vereine haben mehr als 100 000 Mitglieder, der FC Bayern München und zwei aus dem Ruhrgebiet: Schalke 04 und Borussia Dortmund. Das ist insofern bemerkenswert, weil die Vereinsmitglieder inzwischen kaum noch Einfluss auf das haben, was bei ihren Klubs passiert. Die Fußballabteilungen sind zumeist als Kapitalgesellschaften ausgegliedert und die Satzungen so konstruiert, dass von einer wirklichen Demokratie kaum noch die Rede sein kann. Trotzdem sind Jahreshauptversammlungen für viele Mitglieder inzwischen wichtige Veranstaltungen. So kamen 9000 Mitglieder von Schalke 04 zur Jahreshauptversammlung im Juni 2013 und sorgten durch eine stundenlange hitzige Debatte schließlich dafür, dass ein Vertrag mit dem Ticketportal Viagogo anschließend aufgelöst wurde. Viagogo bekam keine Eintrittskarten von Schalke mehr, um sie quasi meistbietend zu versteigern. Beim Fankongress 2014 in Berlin gab es sogar eine Arbeitsgruppe, die sich mit Vereinsstrukturen beschäftigte, und eine von ihr erarbeitete Publikation, die bemerkenswert detailliert die Möglichkeiten der Mitsprache aufzeigte.

In Duisburg hingegen hatte es seit der Jahrtausendwende ein ähnliches Problem wie bei Fortuna Köln gegeben. Im Jahr 2000 stieg der MSV aus der Bundesliga ab, nachdem er immerhin sieben Spielzeiten in den Neunzigerjahren erstklassig gewesen war. Doch es deutete sich an, dass ein Wiederaufstieg auch deshalb schwer werden würde, weil das Wedaustadion nicht mehr auf der Höhe der Zeit war und dem Klub dadurch massiv Einnahmen fehlten. Als Walter Hellmich 2002 zum Aufsichtsratsvorsitzenden gewählt wurde, machte der Bauunternehmer den Bau eines neuen Stadions zu seiner wichtigsten Aufgabe, und zwei Jahre später wurde es an gleicher Stelle auch wirklich eröffnet. Wahrscheinlich wird in Duisburg noch viele Jahre darüber diskutiert werden, ob das Stadion zu groß und zu teuer war, denn seine Finanzierung war darauf ausgelegt, dass der MSV Duisburg von 25 Jahren 20 Jahre in der ersten Liga spielen würde. Auch wird Hellmich vermutlich noch lange vorgeworfen werden, dass er es sowieso nur baute, um ein Referenzmodell für die später entstehenden Arenen in Aachen, St. Pauli oder im Ausland zu haben.

Eigentlich waren die acht Jahre unter seiner Präsidentschaft sportlich keine ganz schlechte Zeit, zweimal gelang der Aufstieg in die Bundesliga, wenn auch jeweils nur für ein Jahr. 2011, ein Jahr nach Hellmichs Demission, erreichte der Klub das Pokalfinale, das er allerdings ersatzgeschwächt mit 0:5 gegen Schalke verlor. Doch auch als Hellmich kein Amt mehr innehatte, hielt er weiterhin die Fäden in der Hand. Er hatte seine Leute im Klub platziert und hielt Marketingrechte. Bei der Verweigerung der Lizenz im Frühsommer 2013 war mitentscheidend, dass Hellmich seinen Einfluss bei der Besetzung des Aufsichtsrats schriftlich hatte festlegen lassen, was die Statuten der Deutschen Fußball-Liga verbieten. Als einige Fans wütend über den Lizenzentzug das Stadion stürmten, rissen sie Werbefahnen seines Unternehmens ab.

Doch wie gesagt, sehr schnell ging es nicht mehr um Wut. Wie die Gefühlslage war, das kann man noch heute im Forum des MSV Duisburg im Internet nachlesen. Der Klub hatte gebeten, von den bewegendsten Momenten in den Wochen zu erzählen, als die Fans um ihren Verein kämpften, und so schrieb die Userin *WeißBlauesBlut*: »Irgendwann wurden die ersten Transparente aufgehängt. Irgendjemand kam mit einem Karton blauer Kerzen und rief alle dazu auf, sich zu bedienen, und es wurde das erste Kreuz aus Kerzen direkt vor dem Eingang gelegt. Es war keine Frage, auch in den nächsten Tagen immer wieder zum Stadion zu gehen. Der Grund? Ich kann es nicht mal sagen. Es war einfach automatisch. Denn was sollten wir schon ändern? Aber in schwierigen aussichtslosen Situationen zieht es einen immer dorthin, wo man das Gefühl der Heimat hat, wo man sich wohlfühlt, wo man auf Menschen, Freunde trifft, denen es genauso mies geht.« Man kann dort auch Geschichten von einem kleinen Jungen lesen, der Flaschen sammelte, um den MSV mit dem Kauf eines Trikots zu unterstützen, von Kindern, die ihr Taschengeld spendeten, oder von der legendären Oma Maria.

Zum ersten Training in der neuen Saison waren bei strömendem Regen mehr als 1500 Fans gekommen, und zum Freundschaftsspiel in Uerdingen begleiteten 2000 Fans eine Mannschaft, von der sie wussten, dass sie sich am nächsten Tag wahrscheinlich in alle Winde zerstreuen würde, wenn der Lizenzentzug bestätigt würde. Nach dem Spiel waren die meisten Fans von Uerdingen zum Stadion nach Duisburg gefahren, und User *Plato* schrieb darüber: »Als in der beginnenden Dämmerung immer mehr Menschen zusammenkamen, schließlich die Mannschaft noch dazustieß und dann als emotionaler Höhepunkt Hunderte von Kerzen angezündet wurden, da war es um mich geschehen. Ich stand da etwas abseits von meinen Fanklub-kollegen und habe still vor mich hingeheult, weil ich in diesem Moment merkte, wie sehr dieser Verein – der mir so unendlich viel bedeutet – auch von anderen wirklich GELIEBT wird. Nicht wegen der verpflichteten Superstars wie in Dortmund, nicht wegen der vielen Titel wie in München und auch nicht, weil es gerade so chic und trendy ist, wie in Dummdorf. Nein, ganz einfach nur deshalb, weil es anscheinend außer mir noch ganz viele andere Patrioten gibt, für die es einfach Ehrensache ist, ihrem Verein auch in den schwärzesten Stunden zur Seite zu stehen – genau wie man halt seinen Partner nicht verlässt, weil er schwer krank wird. Ich dachte in diesem Moment an den Sinn des Lebens (kein Scheiß!) und dass der MSV als soziale Gemeinschaft für mich neben meiner Familie tatsächlich sinnstiftender Teil meines Lebens ist.«

Deshalb war das erste Spiel der Saison 2013/14 auch nicht einfach nur der Beginn einer weiteren Spielzeit in Duisburg. Dass der MSV überhaupt in der dritten Liga spielte, war schon ein Sieg. Nur elf Tage lang Zeit hatte der Manager Ivo Grlić gehabt, um eine neue Mannschaft zusammenzustellen. Die Spieler kamen in den ersten Minuten des Spiels deshalb auch immer wieder an den Seitenrand, um sich vom Trainer erklären zu lassen, wohin sie laufen mussten. Aber durch all diese Irrungen wurden sie von einer Begeisterung auf den Rängen getragen, die einen größeren Rahmen verdient gehabt hätte als den Auftakt einer Drittligasaison. Aber vielleicht gibt es auch gar kein größeres Spiel als eines, in dem Mannschaft und Publikum wirklich zu einer Einheit werden. Wenn die auf den Rängen denen auf dem Platz über ihre Unzulänglichkeiten hinweghelfen wollen. Fast hätte es auch geklappt, aber

dann reichten dem Spitzenteam aus Heidenheim ein Frei-
stoß und eine Unaufmerksamkeit der Duisburger zum einzigen Tor des Spiels. Doch selbst nachdem die Niederlage
feststand, hörte der Jubel nicht auf. Das Spiel mochte verloren gegangen sein, aber etwas Wichtigeres war gewonnen. Der MSV Duisburg gehörte wieder den Leuten.

# Wir sind die Ruhrpottkanaken

*Fußball macht Heimat*

Nachdem ich 1979 Abitur gemacht hatte, begann ich für eine Zeitschrift zu schreiben, die im Jahr zuvor in Bochum gegründet worden war. Das *Marabo-Magazin* verdankte seinen sonderbaren Namen der rätselhaften Begeisterung der Gründer Christian Hennig und Günter Macho für den afrikanischen Storchenvogel Marabu, einen hässlichen Aasfresser mit kahlem Kopf, sowie dem Bochumer Autokennzeichen BO.

Als ich dazukam, wuchs die Programmzeitschrift gerade vom DIN-A5- aufs DIN-A4-Format, bekam ein farbiges Cover und druckte nicht mehr nur Veranstaltungstermine aus Bochum ab. Bald behauptete es, »Das meistgekaufte Szene-Magazin im Ruhrgebiet« zu sein, was aber nicht so wahnsinnig schwer war, denn mit dem im gleichen Jahr gegründeten *Guckloch* gab es nur noch eine weitere Zeitschrift, die ebenfalls monatlich eine Übersicht der Konzerte, Theaterabende und der Filme auflistete, die in den Programmkinos gezeigt wurden. Dazu gab es ein paar Rezensionen und Kleinanzeigen. Bis das Magazin zu einer mitunter anspruchsvollen Zeitschrift für das Ruhrgebiet wurde, sollte es noch etwas dauern.

Das Verblüffende an den neuen Ruhrgebiets-Magazinen war nicht ihre kulturelle Ausrichtung, denn die war weitgehend von Blättern wie *Time Out* in London, *Tip* und *Zitty* in Berlin oder dem *Pflasterstrand* in Frankfurt abgeschaut. Erstaunlich war, dass *Marabo* und *Guckloch*, das später in *Prinz* umbenannt wurde und bundesweit expandierte, das Ruhrgebiet als *eine* Stadt begriffen. Dieser Ansatz folgte zunächst rein wirtschaftlicher Notwendigkeit, denn Bochum, Essen oder Dortmund hätten ein solches Magazin allein nie getragen. Zugleich aber bestätigte dies, dass in jener Zeit das Ruhrgebiet als Konstrukt entstand, und es ein Bewusstsein für die Gemeinsamkeiten der Städte gab und der Blick über ihre Grenzen hinausging.

In meiner Heimatstadt Herne gab es damals nur zwei Möglichkeiten, abends wegzugehen, wenn man nicht in einer Eckkneipe mit Schlagern aus der Musikbox versacken wollte: eine Alternativkneipe namens *Sonne*, in der Folkbands auftraten und die Ortsgruppe der Grünen gegründet wurde. Oder das *Podium*, ein verranzter Schuppen, der trotzdem gut frequentiert wurde, weil er überregionaler Umschlagplatz für Heroin war. Also fuhr ich zum Ausgehen nach Bochum, nach Essen ins Kino oder ging in Dortmund zum Konzert. Ich gehörte zur ersten Generation im Revier, die sich nicht mehr nur für die eigene Stadt interessierte. Herne oder Bochum waren für mich de facto Stadtteile des Ruhrgebiets. Ich mochte in Herne aufgewachsen sein und später zehn Jahre lang in Bochum wohnen, aber wenn ich gefragt wurde, woher ich kam, sagte ich: »Aus dem Ruhrgebiet.«

Ich mochte das Industrielle und teilweise schon Post-Industrielle der Region. Das Raue und Kaputte, das in der Kultur von Punk und New Wave verherrlicht wurde, war damals sowieso mein Ding. Frühe deutsche Punktexte sind oft als Protest gegen eine betonierte Umwelt und die Härte von Industrielandschaften interpretiert worden. Ich hatte dagegen meine damalige Lieblingsmusik wörtlich verstanden oder zumindest als Überhöhung und Spott über die letzten Hippies und die ersten Ökos mit ihren Träumen von unberührter Natur.

Meine Freunde von der *Vorgruppe* aus Wanne-Eickel besangen 1981 zu monotonem Geplucker aus der ersten Generation Synthesizern ein Chemiewerk zwischen Herne und Wanne-Eickel: »V.E.B.A.«. Und in dem Klassiker »Zurück zum Beton« von *S.Y.P.H.*, die aus Solingen im Bergischen Land kamen, hieß es: »Ich will nur im Beton tanzen«.

Wahrscheinlich war ich auch Mitglied der ersten Generation Post-Minderwertigkeitskomplex im Revier. Ich wäre nicht lieber in Düsseldorf, Hamburg oder München aufgewachsen und mochte auch nie die verlegene Behauptung, dass es im Ruhrgebiet so viel grüner ist, als alle denken. Mag zwar sein, aber das Tolle waren nicht Wälder und Parks, die gab es anderswo besser. Doch wo gab's so tolle Schlackenhalden, Fördertürme und Brachflächen? Von mir aus sollten sie in Bayern oder Schwaben ruhig glauben, dass wir blind durch Industrieabgase taumelten und uns morgens Kohlenstaub aufs Brot streuselten.

Das war damals allerdings eine Minderheitsposition (und ich bin mir nicht sicher, ob sie das nicht noch immer ist). Zur Erklärung dieses wackeligen Selbstbewusstseins muss man sagen, dass es für das Ruhrgebiet lange nicht mal einen Namen gab. Behelfsmäßig wurde anfangs vom *Rheinisch-westfälischen Industriebezirk,* dem *Kohlenbezirk* oder *Ruhrrevier* gesprochen. Erst 1920 entstand mit dem *Siedlungsverband Ruhrkohlenbezirk,* dem Vorgänger des heutigen *Regionalverbandes Ruhrgebiet,* eine Organisation, die über die Stadtgrenzen hinwegging. Aber bis heute gibt es das Ruhrgebiet nicht: weder als geografisch klar definiertes Gebiet, geschweige denn als politische Einheit.

Die Welten der Menschen hier waren zudem oft erschütternd klein. Noch heute gibt es Leute, die in Hamborn sagen »Ich gehe in die Stadt«, wenn sie ins Zentrum des Ortsteils gehen. Wenn sie ins Duisburger Stadtzentrum aufbrechen, heißt es hingegen: »Ich fahre nach Duisburg.« Die Gebietsreform, aufgrund derer Hamborn zu Duisburg kam, war nicht unbedingt neulich: 1929. Man kann darüber spotten, aber das meiste spielte sich eben lange in den kleinen Räumen zwischen Zechen/Stahlwerken, Siedlungen und Sportplätzen ab. Wer in Duisburg-Hamborn lebte, für den war nicht nur Duisburg weit weg, Dortmund war eine andere Galaxie.

Der Geograf Sebastian Kisters kam im Jahr 2000 in seiner Forschungsarbeit »Ruhrpott! Ruhrpott! Wie die Europapokaltriumphe von Schalke 04 und Borussia Dortmund Image und Identität des Ruhrgebiets veränderten« zu folgendem Schluss: »Bis Mitte der Neunzigerjahre gab es keine gelebte Ruhrgebietsidentität im Revier«. Sie sei bestenfalls von der »Systemwelt« behauptet worden, d. h. von regionalen Politikern und Unternehmern, die ein Interesse an dieser Behauptung hatten. Ich glaube nicht, dass das stimmt, denn ich gehörte sicherlich nicht zur »Systemwelt« und sah das Ruhrgebiet dennoch als Einheit. Sicherlich haben vor allem Studenten schon früher dazu beigetragen, weil sie sich um die Stadtgrenzen nicht so scherten. Aber vermutlich brauchte es einen besonderen Moment, um diese Vorstellung auch bei anderen zu wecken.

Es ist kaum noch möglich, genau zu rekonstruieren, wann die Rede davon aufkam, dass das Schicksal eines Fußballvereins »wichtig für die Region« sei, zu sehr hat sich die

Behauptung zwischendurch inflationiert. Bei Aufstiegen und Abstiegen, Meisterschaften oder Pokalsiegen findet sich inzwischen immer jemand, der einen fußballerisch-ökonomisch-regionalpolitisch-sozialpsychologischen Gesamtkomplex behauptet. Vermutlich aber hörte man dieses »wichtig für die Region« zum ersten Mal, als der 1. FC Kaiserslautern 1996 aus der Bundesliga abstieg. Es war der erste Abstieg des Klubs von Fritz und Ottmar Walter, die Deutschland 1954 zum Weltmeister gemacht hatten. Für den FCK und seine Anhänger war das ein Drama, aber aus Sicht des *Spiegel* war er noch mehr als das: »In einer Region, in der die Arbeitslosigkeit grassiert und es an der Infrastruktur hapert, wird der FCK zum unverzichtbaren Leuchtfeuer.« Das schien nun erloschen, während aus dem sowieso schon strukturschwachen Landstrich die amerikanischen Streitkräfte abzogen und die traditionsreiche Nähmaschinenfirma Pfaff, zugleich ein wichtiger Arbeitgeber, tief in der Krise steckte. Die Geschichte des 1. FC Kaiserslautern war nicht mehr nur die eines Fußballvereins, Politik, Wirtschaft und soziale Veränderungen konnten nun damit zusammen erzählt werden.

Ein dreiviertel Jahr nach dem Abstieg des FCK spitzte sich im Frühjahr 1997 die Situation an Rhein und Ruhr zu. Am 17. Januar sickerte durch, dass die Bundesregierung die Kohlesubvention bis 2005 von jährlich zehn Milliarden Mark auf weniger als zwei Milliarden Mark reduzieren wollte. Das hätte zwangsläufig Entlassungen auf den Zechen bedeutet, auf denen damals immerhin noch 70 000 Menschen arbeiteten.

Am 30. Januar bildeten die Menschen zwischen Recklinghausen und Oer-Erkenschwick eine über sechs Kilometer lange Kette, um für die Sicherung der 4800 Arbeitsplätze auf der Zeche Blumenthal/Hardt zu demonstrieren. Zwei Wochen später, am 14. Februar, protestierten 220 000 Menschen mit einem »Band der Solidarität« für die Kohle. Es war 93,1 Kilometer lang, reichte von Neunkirchen-Vluyn im Westen bis nach Lünen im Osten und war eine der längsten Menschenketten in der Geschichte der Bundesrepublik. Dort eingereiht waren auch die Fußballprofis des VfL Bochum, erstaunlicherweise aber nicht die aus Schalke und Dortmund.

In den folgenden drei Wochen gab es viele Gerüchte, wie weit die Kohlesubvention runtergefahren würde, doch das Ergebnis am 6. März war ein Schock. Am »Schwarzen Donnerstag fürs Revier«, wie ihn die Zeitungen nannten, verkündete die Bundesregierung die bis 2005 schrittweise Reduzierung der Subventionen auf 3,8 Milliarden Mark. Am nächsten Tag um zwölf Uhr mittags standen im Ruhrgebiet alle Zechen still. Aus Sicht der Bergleute hatte Bundeskanzler Helmut Kohl sein Wort gebrochen, weil er noch im Dezember des Vorjahres versprochen hatte, den Bergbau nicht auslaufen zu lassen. Da aber zugleich die Beihilfe von Kokskohle gestrichen wurde, rechnete NRW-Ministerpräsident Johannes Rau mit 45 000 verlorenen Arbeitsplätzen bis 2005.

Am Freitag nach diesem »Schwarzen Donnerstag« spielte der VfL Bochum gegen Schalke 04. 50 Kumpels mit gelben Schutzhelmen durften auf dem Rasen des Ruhrstadions ein Transparent entrollen: »Den Bergbau erhalten – die Zukunft sichern«. Vereinzelt gab es »Ruhrpott-Ruhrpott«-Rufe von den Rängen. Am Dienstag danach, dem 11. März, demonstrierten 15 000 Bergleute in Bonn gegen die Subventionskürzungen. Als Bundeskanzler Kohl eine weitere Verhandlungsrunde absagte, weil er vor den

Demonstranten »nicht in die Knie gehen« wollte, geriet die Demonstration kurz außer Kontrolle. Die Bergleute stürmten unter Rufen »Wir sind das Volk« und »Ruhrpott, Ruhrpott« die Bannmeile und konnten nur mit Mühe gestoppt werden.

Als abends Schalke im Gelsenkirchener Parkstadion gegen den MSV Duisburg spielte, wollten Tausende aufgebrachter Bergleute zunächst die Kassen besetzen und das Spiel verhindern. Der Klub konnte sie davon abhalten, Manager Rudi Assauer lud sie ins Stadion ein. 5000 Bergleute waren schließlich im Stadion, eine große Abordnung trug Transparente auf der Laufbahn ums Spielfeld, auf den Rängen riefen die Fans »Ruhrpott, Ruhrpott«.

Die Demonstrationen zeigten Wirkung, drei Tage später wurde die Entscheidung zur Kohlesubvention zurückgenommen. Sie sollte bis 2005 nicht auf 3,8, sondern nur auf 5,5 Milliarden Mark sinken, und bis dahin sollte auch kein Bergmann betriebsbedingt entlassen werden. Irgendwie war das ein Sieg, aber inzwischen dämmerte allen, dass das Ende des Ruhrbergbaus nur aufgeschoben und nicht aufgehoben war.

In jenen aufwühlenden Tagen wurde in den Stadien etwas sichtbar, das in dieser Form neu war. Von da an gehörten die »Ruhrpott«-Rufe jahrelang zum Standardrepertoire beim Anfeuern in den Stadien im Revier.

Und dann kamen die Siege.

Zweifellos war es ein Zufall, dass in jenen Wochen gleich drei Klubs aus dem Revier auf die bis dahin größten Erfolge ihrer Vereinsgeschichte zusteuerten. Der VfL Bochum, gerade erst wieder aus der zweiten Liga in die Bundesliga zurückgekehrt, erreichte in der Bundesliga einen sensationellen fünften Platz und damit erstmals den UEFA-Pokal.

Schalke begründete den Mythos der »Eurofighter«, als sie sich im UEFA-Cup gegen eigentlich überlegene Konkurrenz durchsetzten – und das trotz Rückschlägen durch schwere Verletzungen. Vor den Halbfinalspielen gegen CD Teneriffa etwa hatten sich die beiden Stürmer Martin Max und Youri Mulder verletzt und Schalke auf den Kanaren mit 0:1 verloren. Beim Rückspiel kam es zu einer längst legendären Volkserhebung. Nach der 1:0-Führung standen die Schalker Hooligans in Block I auf der Haupttribüne auf und sangen zur Melodie von »Go West«: »Steht auf, wenn ihr Schalker seid«. In einem magischen Moment pflanzte sich der Gesang durchs ganze Stadion fort, bis alle standen. Schalke siegte in der Verlängerung mit 2:0 und hatte das Finale gegen Inter Mailand erreicht. Die Underdog-Story bekam ihr Happy End, als sich Schalke im Finale als krasser Außenseiter gegen die Italiener durchsetzte.

Borussia Dortmund war zu jener Zeit kein Außenseiter, sondern gerade zweimal hintereinander deutscher Meister geworden und im Vergleich zur regionalen Konkurrenz reich. Zumindest gaben sie viel Geld für deutsche Nationalspieler aus, die sie vornehmlich aus Italien zurückgeholt hatten. Doch im Finale der Champions League gegen Juventus Turin, die Borussia zuvor in sechs Begegnungen nur einmal hatte schlagen können, waren die Dortmunder klarer Außenseiter. Dass den Treffer zum 3:1 kein zurückgeholter Italien-Legionär, sondern mit Lars Ricken ein 17-jähriger Junge aus Dortmund schoss, gab dem Triumph einen besonderen Zauber.

Nach diesen internationalen Erfolgen schrieb die *Frankfurter Allgemeine Zeitung*: »Wer könnte ungerührt bleiben angesichts dieses Ereignisses, das die Region belebt wie kaum ein zweites. Die *Frankfurter Rundschau* ergänzte:

»Diese in einer angeblichen Industriewüste lebenden Elenden hatten erst vor wenigen Wochen den großen Deutschbankern und den Krupp-Herren gezeigt, dass sie so saft- und kraftlos nicht sind, um sich wie Vieh verschachern zu lassen.« Und *Der Spiegel* schließlich schrieb: »Der überraschende internationale Erfolg der zwei Ruhrgebietsmannschaften aus Schalke und Dortmund hat zwischen Kamp-Lintfort im Westen und Unna im Osten ein lang verschüttetes Ruhrpott-Gefühl neu aufleben lassen. Dass jetzt ›das Herz des Fußballs‹ im Ruhrgebiet schlägt (Bayern-München-Präsident Franz Beckenbauer), so wie einst in den goldenen Wiederaufbaujahren ›das Herz der deutschen Industrie‹, hat praktisch über Nacht die Zersiedlung des Ruhrgebiets vergessen gemacht.« Das traf es, wenn auch die Behauptung falsch war, dass ein Ruhrpott-Gefühl *wieder*gefunden wurde, es war in dieser Form neu.

Es waren übrigens nicht alle im Ruhrgebiet bereit dazu, die politische Geschichte der Kämpfe um Arbeitsplätze und die Fußballgeschichte der überraschenden Siege miteinander zu verbinden. Hans-Josef Justen, der einflussreiche Kommentator der *Westdeutschen Allgemeinen Zeitung*, hatte eine andere Sicht darauf. »Ich habe versucht, das runterzufahren. Das war für mich nur ein Fußballspiel, ich hab das Hurra nicht mitgemacht«, erinnert er sich. Sogar die Chefredaktion der WAZ bedrängte ihren Sportchef, die Fußballwunder des Frühjahrs '97 als Beweis für die Stärke des Ruhrgebiets zu interpretieren, aber Justen weigerte sich, dabei mitzumachen: »Mir hat das nur gezeigt, wie sehr das Ruhrgebiet unter einem ständigen Minderwertigkeitskomplex leidet.«

Für Justen war Fußball einfach nur Fußball, ein Sport und ein Freizeitvergnügen. So wie er beharrlich dagegen wetterte, dass Fußball in immer größerem Maße zu einem Geschäft wurde, wollte er dem Fußball auch keine Bedeutung als Indikator für soziale Veränderungen oder als Agent politischer Prozesse sehen. Aber ab Mitte der Neunzigerjahre zeigte sich, dass das eine und andere unmittelbar zusammenhingen. Fußball wurde eine Bedeutung für die Erklärung der Welt zugemessen, nicht nur in Kaiserslautern 1996 und im Ruhrgebiet 1997. Ein Jahr später bei der Weltmeisterschaft in Frankreich musste das französische Team als Beleg für die gelungene Integration herhalten, weil hier schwarze Spieler und die Nachkommen der Migranten aus dem Maghreb entscheidend für den Titelgewinn gewesen waren.

Im Ruhrgebiet sollte sich nach dem Hoch von 1997 das Ruhrpott-Gefühl jedoch erst einmal nicht als besonders tragfähig erweisen. Das zeigte sich schon 1998 angesichts der Streitereien um eine Imagekampagne des *Kommunalverbands Ruhr*. Als Nachfolger der erfolgreichen Kampagne »Ein starkes Stück Deutschland«, die verblüffend moderne und grüne Seiten des Ruhrgebiets herausgestellt hatte, hieß es nun »Der Pott kocht«. Das sollte, so meinte der damalige KVR-Chef Gerd Williamowski, »das Schmuddelimage des Ruhrgebiets proaktiv aufgreifen und mit Witz und Selbstbewusstsein ins Positive ummünzen«. Doch selbst Schalkes Manager Rudi Assauer fand das kontraproduktiv. Ein Werbemotiv, das ihn mit Zigarrenstumpen im Mund zeigte, DFB-Pokal auf den Schultern unter dem Slogan »Der Pott ist Schalke«, wurde gar nicht erst veröffentlicht. Dortmunds Oberbürgermeister Günter Samtlebe behauptete im Frühjahr 1998 sogar, man habe den BVB-Anhängern den Schlachtruf »Ruhrpott« nur in den Mund gelegt. »Für uns hat der BVB den Europapokal nach Westfalen geholt. Da fühlen sich auch die Fans im Münster- und Sauerland angesprochen.«

In den Fankurven des Ruhrgebiets (auch in Dortmund) wurde das übrigens anders gesehen. Das zeigte sich, als kurz nach den Erfolgen des Jahres 1997 erstmals eine Kollektivschmähung gegnerischer Fans zu hören war, wenn es gegen Teams aus dem Ruhrgebiet ging: »Ruhrpottkanaken, ihr seid die Ruhrpottkanaken.« Donnernd kam dann prompt die Antwort: »Ruhrpottkanaken, wir sind die Ruhrpottkanaken.« Offensichtlich hatte die »Lebenswelt« die »Systemwelt« überholt.

Ein Beleg dafür kam 1997 auch von außerhalb des Ruhrgebiets, vom Kölner Wolfgang Petry, der dem Ruhrgebiet eine Hymne schrieb. Petry machte Schlager, präsentierte sie aber mit dem Echtheitsgestus eines Rockstars, etwa indem er Hunderte von Freundschaftsbändern seiner Fans am Arm mit sich herumtrug. In seiner Hymne an das Ruhrgebiet hieß es: »Euer Herz ist aus Gold, Eure Seele aus Stahl/Ihr seid das Ruhrgebiet/die Droge, die mich süchtig macht./Wo nur die Freundschaft zählt/Ihr seid das Ruhrgebiet/Und das Ruhrgebiet bin ich.« Und schließlich erklärte der Kölner das Ruhrgebiet sogar noch zu seiner neuen Heimat: »Hier kannst Du leben bei Fußball und bei Bier/bist nie alleine bei uns hier im Revier/Wir geh'n gemeinsam durch dick und dünn,/hier ist meine Heimat, hier gehöre ich hin.«

Das hörte sich so an, als ob man sich seine Heimat – z. B. das Ruhrgebiet – aussuchen kann. Sozusagen als den Ort, der der eigenen Seelenlandschaft am meisten entspricht.

# Schalke auf Schwäbisch

*Fußball-Pop seit 1992*

2001 begleitete ich den damaligen Schalke-Manager Rudi Assauer an einem Freitagabend nach Weinstadt-Strümpfelbach. Am nächsten Tag sollte Schalke beim VfB Stuttgart mit einer Niederlage die Grundlage für das Drama der Vier-Minuten-Meisterschaft legen, aber jetzt war Glückseligkeit angesagt. Neben der Gaststätte *Zum Sorgenbrecher* war die kleine, holzgetäfelte Turnhalle mit Kaskaden blau-weißer Luftballons und blau-weißem Krepppapier geschmückt. Fans aus dem Allgäu hatten an der Wand ein großes Transparent aufgehängt, auf dem eine Kuh vor Alpenkulisse abgebildet war, die das Emblem des S04 auf ihrer Hinterseite trug. Bevor die Feier losging, erzählten Schalker aus dem Schwarzwald mit badischem Zungenschlag von ihrer jahrzehntealten Treue zum Klub. In breitem Schwäbisch ließen die Böblinger und Reutlinger viele Hundert Stunden auf der Autobahn zu den Spielen ihrer Lieblinge auferstehen. »Schalke ist Religion«, sprudelte Stefan hervor, der Chef des Fanklubs Filderpower ist. Auch die Umstehenden wollten noch unbedingt ihre Sätze loswerden, in denen vom »Mythos« die Rede ist und vom »blau-weißen Bazillus«, den man nie wieder loswird. Alle waren im Trikot gekommen, und als Assauer, sein damaliger Assistent Andreas Müller und Charly Neumann beim Regionaltreffen der Fanklubs des Bezirks 7 Einzug hielten, jubelten ihnen 150 Blau-Weiße an den langen Tischen enthusiastisch zu. Mochte draußen auch die schwäbische Provinz sein, hier drinnen war Schalke.

Im Schnitt aus 120 Kilometern reisen die Fans heute zu den Spielen von Schalke an, bei Borussia Dortmund ist es nicht viel anders. Beide Klubs haben Hunderte Fanklubs in ganz Deutschland, oft viele Hundert Kilometer vom Stadion entfernt. Ähnlich ist es beim FC Bayern München, bei Borussia Mönchengladbach, dem Hamburger SV und Dynamo Dresden. Diese Klubs haben ein großes »Drawing Potential«, wie Marketingleute sagen, Zugkraft also. Damit man sie entwickelt, bedarf es Phasen mit sportlichen Erfolgen, muss ein Verein Meisterschaften und internationale Titel gewinnen. Bei Gladbach sind viele Fans von heute in den Siebzigerjahren jung gewesen, in der Zeit von Netzer, Heynckes und Vogts. Beim HSV waren es die Achtziger mit Hrubesch, Keegan und Kaltz, in Dortmund die Neunziger mit dem Gewinn der Champions League, und beim FC Bayern gibt es Triumphe sowieso im Dauerbetrieb.

Interessant ist aber nicht nur die absolute Zahl von Fans oder Sympathisanten, sondern auch ihre regionale Verteilung. Für den VfB Stuttgart, zu Bundesligazeiten immerhin dreifacher deutscher Meister, interessiert man sich so richtig nur in Baden-Württemberg. Ähnlich ist es bei Werder Bremen, selbst wenn der Klub in seinen guten Jahren mit Diego, Micoud und Ailton auch etliche Fans jenseits des Nordens gewinnen konnte. Dynamo Dresden hingegen hat Fans in ganz Deutschland, weil viele, die aus dem Osten weggegangen sind, die Anhänglichkeit an den einst populärsten Klub der DDR mitgenommen haben.

Bei Dortmund und Schalke ist das »Drawing Potential« bundesweit riesig und reicht sogar weit über Deutschland hinaus. Die Homepage des BVB gibt es deshalb auch auf Englisch und Japanisch, die von Schalke überdies auch noch auf Russisch und Chinesisch, um die globale Anhängerschaft zu informieren.

Aber warum Schalke? Der Klub hat zwar 1997 den UEFA-Cup gewonnen und einige Male den DFB-Pokal, aber er wartet seit mehr als einem halben Jahrhundert auf den achten Meistertitel. Es musste also etwas anderes verhandelt werden als nur Erfolg, wenn man in Weinstadt-Strümpfelbach für Schalke schwärmt.

Zweifellos war Schalke durch die Meisterschaften in den Dreißigerjahren einer der ersten Vereine in Deutschland, die eine überlokale und sogar überregionale Bedeutung hatten. Als die Mannschaft 1934 zum ersten Mal deutscher Meister wurde, hielt der Zug mit den Siegern auf dem Rückweg in Bielefeld, Hamm und Dortmund, man feierte die Gelsenkirchener als Vertreter Westfalens. In Dortmund wollten sie den Schalkern nicht nur zujubeln, die Mannschaft musste sich auch ins Goldene Buch der Stadt eintragen. (Als die Schalker Mannschaft 2012 vom Pokalsieg nach Hause fuhr, wurde der Zug an Dortmund vorbeigeleitet, weil BVB-Fans ihn angeblich mit Steinen bewerfen wollten.)

Diese ganz alte Begeisterung für Schalke ist in einigen Familien auch jenseits des Reviers über Generationen weitergegeben worden. In Weinstadt-Strümpfelbach wurde dazu die besondere Geschichte des Klubs beschworen. »Nirgendwo kann man so schön leiden«, sagte Stefan vom Fanklub Filderpower an jenem Abend. Wie viele Fans seiner Generation war er mit einem Klub aufgewachsen, der über Jahrzehnte das Scheitern zur Kunstform erhoben hatte. Sie hatten die Zeiten der Wirren erlebt, die in den

Achtzigerjahren als »Schalker Verhältnisse« sprichwörtlich wurden, mit bizarren Präsidentschaftswahlen und vielfältigem Chaos. Trotzdem hatten sie sich von ihrem Klub nicht abgewendet, wie man das vielleicht hätte erwarten können. »Da wird die Arbeit eben noch geschätzt«, erklärte Stefan beim bierseligen Fantreff im Schwäbischen, warum er viele Hundert Kilometer von Gelsenkirchen entfernt gerade dem FC Schalke 04 verfallen war.

Im Grunde kam es mir vor wie beim Pop, wo die Geschichte der Musik und der subkulturellen Moden immer wieder auf Vorlage kommt, es aber nicht um historische Korrektheit geht, sondern darum, aus Halbverstandenem, Viertelverdautem oder völlig Missverstandenem etwas Interessantes zu machen. Denn genau das passierte in Weinstadt-Strümpfelbach. Die Geschichte von Schalke 04 lieferte Anekdoten und Geschichtspartikel, aus denen sich die Fans gleichsam frei bedienen konnten.

Pop und Fußball pflegen eine Reihe von Schwippschwagerschaften von denen die unwichtigste die ist, dass manche Musiker auch Fußballfans sind und teilweise auch darüber singen. Interessant hingegen ist, dass Popkultur und Fußball-Fantum im ungefähr gleichen Moment aus der gleichen Quelle entstanden, als Anfang der Sechzigerjahre an der Anfield Road die jungen Zuschauer auf dem Kop bei den Spielen des FC Liverpool begannen, gemeinsam die Songs der Beatles zu singen und daraus Fangesänge wurden und sich im Laufe der Zeit alles ableitete, was man heute Fankultur nennt. Fankultur heißt in diesem Zusammenhang, dass sich über die Jahrzehnte diverse Formen des Fanseins entwickelten, teilweise überlagerten oder ersetzten, ob in Fanklubs mit Kutten, gewalttätig als Fußballskins und als Hooligans oder heute als Ultras, der wahrscheinlich größten Subkultur, die es in Deutschland gibt. Im Pop ist die Ausdifferenzierung der Vorlieben, Geschmäcker, Stile und Gruppenzusammenhänge wesentlich weiter vorangeschritten als im Fußball, aber auch hier gibt es sie.

Die Vorstellung jedenfalls, dass es im Stadion *den* Fan gibt, ist falsch. Die meisten Besucher eines Spiels im Dortmunder Westfalenstadion mag der Wunsch einen, dass Borussia Dortmund gewinnt. Wie sie aber das Spiel erleben, ob in einer Gruppe, einem Fanklub etwa oder nur mit den immer gleichen Kumpels, der Familie oder allein, ob in Trikot und Schal oder nur mit einer Vereinsnadel im Anzugrevers, ob sie einfach mal etwas Druck der Woche herausschreien oder tief versunken dem Spiel folgen wollen, ob sie in die Südtribüne eintauchen oder auf einem bequemen Ledersitz Platz nehmen, inzwischen gibt es im Stadion eine Fülle ganz verschiedener Formen des Fanseins.

Der englische Soziologe John Williams, zugleich einer der frühesten Fanaktivisten auf der Insel, hat mal gesagt: »Was wäre ein Spiel der Premiere League ohne Zuschauer? Ein Kick im Park, nur mit besseren Spielern.« Fußballfans gestalten das Ereignis mit. Indem sie emotional mitgehen, geben sie den Ereignissen auf dem Rasen einen Rahmen – und Bedeutung. Nur eben nicht eine Bedeutung, sondern eine Fülle von Bedeutungen.

»Ich bin ein peinlicher Schalke-Fan, der keine Verantwortung übernimmt«, sagte Schorsch Kamerun und meinte damit, dass er keine weiten Bustouren nach Gelsenkirchen auf sich nehmen würde wie die Leute, die ich in Schwaben getroffen hatte. Er war sogar noch nie in der Arena gewesen, was nicht nur daran liegt, dass er es widerlich findet, dass sie nach einer Biermarke benannt ist. Dennoch: »Fußball ist für mich eine Auszeit und in meinem Dasein als Konstante mindestens so stark wie Rockmusik. Es ist ein Teil der Identität, die man hat. Das sind die Sex Pistols auch, das bleibt. So viele entscheidende Identitätsfragen stellt man sich im Leben nicht.«

Bei einem Konzert in Berlin hatte Schorsch Kamerun sich einen rätselhaften Fummel angezogen, der wie das Abendkleid einer Hippiebraut aus dem Laurel Canyon der Siebzigerjahre aussah. Manchmal kletterte er darin von der Theaterbühne des HAU, schweifte durch den Zuschauerraum und sang, während im Hintergrund seine drei Mitmusiker unbeeindruckt an ihren elektronischen Geräten herumwerkelten: »Ich weine um Kabul, wegen Schalke 04.« Das war Teil einer längeren Aufzählung von aktuellen Betroffenheitsthemen: von Fukushima bis Ai Wei Wei. »Ich klage an, beschwere mich aufrichtig. Ich weine um mich, ich weine an sich.«

Schorsch Kamerun ist Sänger der Goldenen Zitronen, Kunstdozent an der Akademie für Bildende Künste in München, macht Hörspiele, ist Mitgründer des Pudel Club in Hamburg und arbeitet viel als Theaterregisseur. Wobei die Bezeichnung Theaterregisseur für seine Bühnenarbeit irreführend ist, denn er inszeniert zumeist keine fertigen Stücke, sondern schreibt oder entwickelt sie vor Ort, mehrfach bereits im Ruhrgebiet, zweimal davon in Oberhausen.

Zur Premiere von seinem Stück »Abseitsfalle« war ich an einem kalten Märzabend 2010 nach Oberhausen gefahren, wohin zu meiner Überraschung auch Die Toten Hosen gekommen waren. Aber mag man sich im Laufe der Jahre auch künstlerisch weit auseinanderentwickelt haben, die gemeinsame Herkunft aus der Punkszene der frühen Achtzigerjahre verbindet bis heute.

Gemeinsam wurden wir vom Theater Oberhausen in großen Gelenkbussen zu einer Schule gefahren (das war schon Teil der Inszenierung), wo uns in der Turnhalle ein seltsamer Wettkampf erwartete. »Die Idee war, dass ein Sponsor von außerhalb kommt, sich die Region anschaut und sagt: Da möchte ich investieren, aber dafür will ich etwas haben. Im Stück guckt man dann: Hier gibt es den Fußballklub und Theater, beides ist identitätsstiftend – wer hat das Geld mehr verdient?«, erklärte mir Schorsch Kamerun später.

Sponsor war ein reicher Araber mit seiner Firma *Arab Petrol*, er sollte nun überzeugt werden. Die Schulturnhalle war deshalb geteilt, die Leute vom Theater und die von Rot-Weiß Oberhausen warben parallel für sich. In der Pause tauschte das Publikum die Plätze, wer zuerst den Fußballern zugeschaut hatte, ging nun zu den Theaterleuten und umgekehrt. Dann zeigten beide Seiten ihre Vorführungen noch einmal. Hajo Sommers, der Präsident von Rot-Weiß Oberhausen, spielte King Lear, auch Fans machten mit und Spielerfrauen. Die Leute vom Theater, unter ihnen auch Pförtner und Statisten, versuchten sich ihrerseits ein bisschen in Leibesertüchtigung. Im Nachspann lief ein Video, in dem man sah, wie Schorsch Kamerun vor dem Theater Oberhausen gegen Sponsoring protestierte: »No Arab Petrol!«

Die Inszenierung hatte, auch weil so viele Amateure mitmachten, einen besonderen Charme. Im Kern des Stücks ging es aber um eine Demütigung. Dass man sich um Sponsoring balgen und dabei anbiedern muss, stößt nicht nur vielen Fußballfans auf. Auch in der Kultur ist das längst üblich, und die Räume, in denen darauf verzichtet werden kann, sind rar geworden. Am ehesten findet man sie noch am Theater oder im öffentlich-rechtlichen Rundfunk. In »Abseitsfalle« schwang aber noch ein Thema mit, das einen lokalen Bezug hatte. »Die Frage nach Identität interessiert mich einfach. Was sind denn im Strukturwandel die Wünsche, was sind die Utopien, die den Leuten geblieben sind? In Oberhausen gibt es, verkürzt gesagt, nur noch das Theater und den Fußballverein«, sagte Schorsch Kamerun.

Er ist dem Ruhrgebiet aber eben nicht nur über das Theater, sondern auch über den Fußball verbunden, obwohl er von der Ostsee kommt, aus Timmendorfer Strand. Ein Weg, sich als Teenager Anfang der Siebzigerjahre von dort wegzuträumen, war Fußball, genauer gesagt: Schalke 04. »Ich war Fan mit Bettwäsche, allem Pipapo, und weiß noch, dass ich damals diese ganze Ruhrnummer in einem verklärenden Draufblick klasse fand. Auch Rot-Weiss Essen fand ich super. Diese ganzen Vereine haben es für mich gebracht. Du gehst durch eine enge Straße, rechts und links sind die Arbeiterhäuser, und am Ende der Straße steht das Stadion. Diese Verklärung, dass es dort ist, wo man auch lebt, die hat mich gepackt. Das war die Idee ›Schalke‹, dass das Viertel der Verein sein kann.« Wobei es dieses Schalke, als Schorsch Kamerun es zu verklären begann, schon nicht mehr gab, denn 1973 verließ der Klub die Glückauf-Kampfbahn und den Stadtteil und zog ins Parkstadion, in die Weiten des Berger Felds im Stadtteil Gelsenkirchen-Erle.

Ich fand es immer komisch, dass Menschen nicht Fans von Klubs aus ihrer Nachbarschaft waren. In England kursierte sogar mal der Slogan »Support your local team«, als immer mehr Leute aus dem ganzen Land Fans von Manchester United oder dem FC Liverpool wurden. Aber längst ist das Einzugsgebiet von erfolgreichen Klubs nicht mehr nur national, ihre Zugkraft ist global. In Ländern wie Thailand interessiert sich kaum jemand für den lokalen Fußball, aber alle für die Premier League. Der MSV Duisburg und Rot-Weiß Oberhausen konkurrieren um die Aufmerksamkeit in ihrer Stadt nicht nur mit Schalke, Dortmund oder dem FC Bayern, sondern auch mit dem FC Barcelona, Real Madrid oder Manchester United, weil man deren Mannschaften regelmäßig im Fernsehen erleben kann und weil deren Geschichten erzählt werden, von katalanischem Eigensinn, von königlicher Größe oder britischer Gradlinigkeit. Aber genauso finden Dortmund und Schalke Anhänger in Tokio oder Shanghai. Wie im Pop, wo man in Oberhausen auch Fan von Detroit-Techno werden kann und in Duisburg von brasilianischem Punkrock. Immer geht es dabei um Geschichten und Bedeutungen, an die man sich andocken kann, wie es Schorsch Kamerun und die Leute aus Weinstadt-Strümpfelbach bei Schalke getan hatten.

# Schottenmuster der Gentrifizierung

*Vom Underground zum Mainstream*

Für den Künstler Schorsch Kamerun ist Gentrifizierung ein immer wiederkehrendes Thema seiner Arbeit. »Um es mal völlig zu überspitzen: das Getto ist geheimnisvoll. Du weißt nicht, was da drin ist in diesem Dunkel. Es verspricht Überraschung, weil du es nicht kennst. Das ist Exotik, ganz simpel. Das Versprechen einer gewissen Rauheit, wie in Hamburg mit dem Hafen. Ich bin aus demselben Grund zum Schalke-Fan geworden, aus dem ich später nach St. Pauli gezogen bin, oder mit 18 Jahren an den Fischmarkt. Da war zwar nix, aber ich fand es wildromantisch.«

Diese Rauheit und das Wildromantische haben einen Wert. Man kann das verkaufen. Dazu müssen Künstler, Studenten oder Bohemiens eine runtergekommene, aber interessante Ecke einer Stadt entdecken, häufig mit industrieller Vergangenheit, wo es viel Platz gibt, niedrige Mieten und kaum soziale Kontrolle. Mit der Zeit entsteht dort eine Infrastruktur aus Bars, Restaurants und Läden, die auch etwas weniger abenteuerlustige Leute anlockt. Investoren beginnen das Potenzial der Gegend neu zu bewerten und renovieren Häuser in der Hoffnung, dass deren Preis steigt. Die Gegend lockt nun immer mehr Publikum an, das die Rauheit der Gegend und die Exotik eines nonkonformistischen Lebensstils reizt. Oft ist es so, dass sich jene, die ursprünglich dort gewohnt haben, es sich irgendwann nicht mehr leisten können. Dass also die, die für die Rauheit gestanden haben, gar nicht mehr da sind. Der Begriff Gentrifizierung beschreibt den Umbau von städtischen Arealen und die damit oft verbundene Vertreibung der Armen und der ehemaligen Bewohner. »Ich weiß das, weil ich selbst natürlich ein Top-Gentrifizierer bin. Mit dem Goldenen Pudel habe ich in Hamburg an einer Stelle einen Klub aufgemacht, an die sich kaum jemand hingetraut hat. Jetzt sind da mit die teuersten Wohnungen. Aber das macht nichts. Es ist ultramenschlich, jeder mag das Historische, jeder mag es, wenn man sich die Geschichten erzählt«, sagte Schorsch Kamerun.

Ich fuhr dorthin, wo ich früher gewohnt hatte: Bochum, Zechenstraße 5, 1. OG rechts, zwei Zimmer, Bad, 39 Quadratmeter, Baugenossenschaft. Auf der anderen Straßenseite war lange eine Brache gewesen, wo vor vielen Jahrzehnten mal eine der vielen kleinen Bochumer Zechen gestanden hatte. Irgendwann wurde dort ein ziemlich hässliches Wohnhaus gebaut, im Erdgeschoss ein Supermarkt, davor ein Parkplatz. Mein Lieblingsnachbar wohnte in der zweiten Etage, linke Seite, wo die Wohnungen etwas größer waren. Herr Faubel war Rentner, früher Bergmann gewesen und zu Oberligazeiten oft zu Westfalia Herne gegangen. Seine Frau war schwerhörig, und mindestens zweimal in der Woche stand er vor seiner Wohnungstür und bollerte dagegen, weil er beim Müllwegbringen den Schlüssel vergessen hatte und seine Frau ihn nicht hörte. Die beiden schauten viel Fernsehen, hatten aber zwei Geräte, an ihres war ein Kopfhörer angeschlossen.

Bochum-Hamme war ein Stadtteil der kleinen Leute, wie man immer sagt, aber das muss nichts Gutes heißen. Das bedeutete auch latenten Groll auf Studenten, die sich erst um halb zehn aus dem Bett quälten oder nicht rechtzeitig die Treppe wischten. Um die Ecke, auf der Dorstener Straße, einer dieser Ausfallstraßen vom Stadtzentrum weg, die alle die Richtung klar benennen (Herner, Castroper, Hattinger, Essener Straße), hatte irgendwann ein China-Imbiss aufgemacht. Ich aß am liebsten Nr. 57, gebratene Ente mit Erdnusssoße. Wahrscheinlich hatte ich dort im Laufe der Jahre ganze Ententeiche weggespachtelt, bis auch mir klar war, dass die Enten von Nr. 57 nie einen Teich gesehen hatten.

Zehn Jahre lang hatte ich hier am Rand der Innenstadt gewohnt, und als ich wiederkam, hatte sich kaum etwas geändert. Sogar den Imbiss gab es noch und Nr. 57, gebratene Ente mit Erdnusssoße. Nur hatte die Gegend zu meiner Verblüffung einen anderen Namen, sie hieß nun *Speckschweiz*. Denn so hatte das Areal zwischen Dorstener und Herner Straße angeblich früher (ich hatte keine Ahnung, welches Früher gemeint war) geheißen, weil hier wohl mal eher Wohlhabende gelebt hatten. Auch das konnte ich kaum glauben, aber der Sportplatz an der Hofsteder Straße hieß inzwischen sogar *Speckschweiz-Arena*.

Ich hörte den Begriff *Speckschweiz* zum ersten Mal, als ich die Stationen des *Bochumer Rundlaufs* abging. Einige Kulturaktivisten, vor allem Künstler und Theatermacher, hatten ihn organisiert und schrieben dazu: »Leider ist der Stadtteil, obwohl innenstadtnah und kulturell vielfältig, geprägt von vielen Leerständen. In Geschäften und Gastronomie und auf den Straßen, auf schönen Plätzen und Grünflächen findet kaum Leben statt. Das will das Team des Rundlaufs Bochum ändern. Indem es Programm im öffentlichen Raum, in Leerständen und bestehenden Orten wie Traditionsgastronomien (etwa der leer stehenden

Eckkneipe »Haus Steden«) veranstaltet. Aber auch, indem es schon seit Monaten gemeinsam mit Anwohnern neue Orte entdeckt und entwickelt. Zum Beispiel den Bunker an der Zechenstraße / Ecke Haldenstraße, der seit Jahrzehnten ungenutzt ist und vom Rundlauf-Team leer geräumt wurde – was auf sehr viel Neugier und auch Hilfsbereitschaft der Anwohner stieß.«

Toll, der Bunker, an dem ich jahrelang vorbeigefahren war, war plötzlich ein Kunstraum! Mir gefiel das, besonderen Charme hatte auch die zeitweilige Wiedereröffnung des alten Textilwarenladens *Feldhaus* auf der Schmechtingstraße, der wie eine Zeitkapsel wirkte, weil er seit Jahrzehnten geschlossen und nie ausgeräumt worden war. Es gab dort noch unausgepackte Waren aus den Siebzigerjahren.

Die ganze Aktion war ein großer Erfolg, weil die Anwohner bereitwillig mitmachten und die Bochumer auch sonst in großer Zahl durch das übersehene Viertel streiften, von einem temporären Kunstraum zum nächsten. Im Grunde war, was da passierte, wie das erste Kapitel aus einem Handbuch zur Gentrifizierung. Eine Gegend in nicht unattraktiver Lage, Leerstand, billige Mieten, die Kreativen kommen und beleben den Stadtteil. Vermutlich war es auch so gemeint. Doch ich konnte mir den zweiten Schritt nicht vorstellen, dass nämlich irgendwann die Investoren kommen, Wohnungen modernisieren und eine neue, zahlungskräftige Klientel anlocken. Gerne wären die sympathischen Aktivisten des *Bochumer Rundlaufs* vermutlich eine ähnliche Vorhut des Wandels gewesen, wie es Schorsch Kamerun auf St. Pauli gewesen war. Es gibt einige Stadtviertel im Ruhrgebiet, bei denen ansatzweise so etwas wie Gentrifizierung passiert ist, das Kreuzviertel in Dortmund oder das Wasserviertel in Duisburg etwa oder einige der hübschen Arbeiterkolonien, die heute nicht mehr Orte eines harten Lebens sind, sondern idyllische Kulissen für Lehrer und Sozialarbeiter. Daneben gibt es Großprojekte wie in Dortmund-Hörde, wo auf dem Gelände des Stahlwerks Phoenix der Phoenix-See angelegt worden ist und am Ufer schicke Townhouses entstanden sind. Auf mich wirkte das etwas angestrengt, ich konnte mir nicht recht vorstellen, dass jemand mit viel Geld dort wirklich wohnen will und nicht lieber in die klassisch guten Gegenden im Ruhrgebiet zieht, die es auch schon immer gab, im Süden von Dortmund, von Bochum, Essen und Mülheim.

Das Ruhrgebiet wird seine Gentrifizierung vermutlich so wenig erleben wie der Osten Deutschlands. Es gibt allerdings eine Ausnahme: den Fußball. Vor der schrecklichen Saison 2012/13 hatte etwa der VfL Bochum zwar insgesamt weniger Jahreskarten verkauft, die Zahl der verkauften VIP-Karten indes war gleichbleibend hoch geblieben. Auch Rot-Weiss Essen hatte in seinem neuen Stadion selbst in der vierten Liga keine Schwierigkeiten, die VIP-Ebene zu füllen, obwohl es weiterhin gegen Velbert oder die zweite Mannschaft des 1. FC Köln ging. Bei Schalke und Borussia Dortmund gab es sowieso einen unablässigen Run auf teure Plätze und Logen.

Den neuen Typus Fußballzuschauer, der etwa im Westfalenstadion verkehrt, konnte ich bei einem Besuch im Dortmunder »Aqua« vor einem Bundesligaspiel des BVB beobachten. Das exklusive und ziemlich teure Restaurant liegt in einem Gewerbegebiet in der Nähe des Stadions und ist Teil eines Design-Shoppingcenters, in dem man teure Möbel und andere Inneneinrichtung kaufen kann. Hier waren drei Stunden vor Anpfiff alle Plätze mit Fußballfans besetzt, die aber keine Trikots trugen, sondern ein Fanutensil, an dem man den neuen Mittelklasse-Anhänger in Dortmund gut erkennen kann: ein kurzer Wollschal mit Schottenmuster in den Grundfarben Schwarz und Gelb – plus Weiß und Grau. Das Raffinierte daran ist, dass ihn Fußballfans gleich als Fanschal erkennen, Nicht-Fußballfans allerdings nicht.

Als Schorsch Kamerun an der Ostsee von Schalke träumte, ging es auf den Rängen noch rau zu, es wurde laut geflucht, gesoffen und sich oft genug auch geprügelt. Fußball war fest in der Hand von Proleten und murrenden Kleinbürgern, nur auf den besseren Plätzen saßen ein paar bürgerliche Honoratioren, die es reizte, sich mit dem Volk gemein zu machen, selbst aus der Rolle fallen zu dürfen oder zumindest in der Nähe derer zu sein, die das taten. Fußball war eine »Enklave«, hatte Uli Homann vom *RevierSport* gesagt, als er sich so aufregte, dass ihn sich die »Drecksschweine das unter den Nagel gerissen« hatten und nun alles käuflich und unverbindlich sei. Im Grunde war das eine Gentrifizierungsbeschwerde, dass nun die Wohnungen doppelverglaste Fenster haben und Badezimmer mit Granitfußboden statt Klos auf halber Treppe, aber das Gefühl des Zusammenhalts nicht mehr da ist.

Dass Fußball eine wilde Seite hat, hatten schon Lindner/Breuer in ihrem Buch »Sind doch nicht alle Beckenbauers« beschworen. Eine Großargumentation daraus machte Dietrich Schulze-Marmeling mit seinem 1992 erschienenen Buch »Der gezähmte Fußball. Zur Geschichte eines subversiven Sports«. Er schrieb darin eine Geschichte des Fußballs als widerständig-kreativ sowohl auf dem Platz wie auf den Rängen und die Domestizierungsversuche durch Verbände und andere Feinde des Fortschritts. Obwohl Schulze-Marmeling eher von der Politik als vom Pop kam, war das eine klassische Pop-Argumentation: Fußball war Underground, aber nun in den Fängen des Mainstreams.

Im gleichen Jahr erschien in England das erste Buch des damals 35 Jahre alten Autors Nick Hornby. »Fever Pitch« trug den Untertitel »A Fan's life« und war genau das: die Lebensgeschichte eines Fußballfans. In England steckte der Fußball damals in den Nachwehen einer existenzbedrohenden Krise nach den Toten von Heysel und Hillsborough. Hornby schrieb in diese Zeit hinein ein Buch, in dem es zunächst um die Bande zwischen einem Sohn und seinem zumeist abwesenden Vater ging, die über Fußball geknüpft wurden. Mit großer Offenheit und Selbstironie legte er die Entwicklung der obsessiven und bizarren Gefühlswelten eines Fans offen. Er beschrieb ein Museum der Fan-Gefühle und eine Welt, die gerade unterging.

1992 war in der Geschichte des Fußballs ein entscheidendes Jahr. Damals begann von England ausgehend die Ära des modernen Fußballs, den man auch gentrifizierten Fußball nennen kann. In jenem Jahr wurde dort die Premier League gegründet, d. h., die besten Klubs spalteten sich zu Ungunsten des Rests ab. Zugleich wurden die Stadien entschlossen modernisiert, die oft nur noch Slums zum Fußballgucken gewesen waren. Zugleich war in England damit das Zeitalter der Stehplätze, der Orte einer entgleisten Wildheit, vorbei. Über die Preisgestaltung für Tickets wurde Stück für Stück das Publikum in den Stadien ausgetauscht.

In Europa wurde anstatt des alten Europapokals der Landesmeister erstmals die Champions League ausgetragen, um den Klubs über sichere Gruppenspiele mehr Einnahmen zu garantieren. Diese Entwicklung wurde angetrieben von den neuen Fernsehmärkten, die es wegen des Satellitenempfangs und der neuen Möglichkeiten von Pay-TV gab. Auch in Deutschland tat sich Einschneidendes: Die Fernsehrechte wechselten zu *SAT.1*, wo in der Sendung *ran* aus Fußball eine Show gemacht wurde. Mit Premiere begann ein Pay-TV-Anbieter zu senden, wodurch sich erstmals die Möglichkeit des immer verfügbaren Live-Fußballs abzeichnete.

Hornbys Buch markierte einerseits das Ende einer Ära von Fankultur, zugleich stand es aber auch für den Beginn einer neuen. Mit den blutigen Schlachten und den Toten in den Stadien ging die alte Fankultur zu Beginn der Neunzigerjahre unter. Einfach gesagt: Die Proleten flogen raus, andere sollten kommen.

Dass sie wirklich kamen, hatte nicht zuletzt mit einer veränderten Aufbereitung des Spiels in den Medien zu tun. Fußball wurde nicht mehr einfach öffentlich-rechtlich weggesendet, sondern musste neu dargestellt werden, weil es nun wirtschaftliche Interessen gab: Satellitenschüsseln zu verkaufen, Werbeblöcke oder Abonnements für Pay-TV-Sender. In der Fußballberichterstattung der Privatsender wurden Geschichten erzählt, etwa die vom Trainer, der um seinen Job kämpft, oder von einem Spieler, der es seinem alten Verein zeigen will. Auch das Publikum wurde dabei zum Mitspieler. Die Crazyness der Fans lud die Berichterstattung emotional auf, solange sie sich nicht darin entlud, mit Baseballschlägern und Quarzsandhandschuhen aufeinander loszugehen. Insofern wurde der Fan, den Hornby in »Fever Pitch« vorführte, zu einem Role-Model, ein Nerd (auch wenn man das damals noch nicht so nannte), dessen Obsession für seinen Klub zugleich durchgeknallt und intelligent war. Er stammte aus einer untergehenden Zeit, war aber bereit für die neue.

In den Siebzigerjahren hatte es mal die Fantasie gegeben, dass eines Tages niemand mehr ins Stadion gehen würde, weil man doch alle Spiele im Fernsehen würde schauen können. Zur gleichen Zeit wurde die Übertragung von Europapokalspielen oft erst wenige Stunden vor Anpfiff angekündigt, um möglichst viele Zuschauer im Stadion zu haben (oder sie fand eben nicht statt, wie bei Borussia Mönchengladbachs legendärem 7:1 gegen Inter Mailand, das wegen einer geworfenen Büchse, die den Italiener Roberto Bonisegna traf, annulliert wurde). Doch ab Beginn der Neunzigerjahre sollte sich zeigen, dass die Präsenz von Fußball im Fernsehen den Stadionbesuch nicht verminderte, sondern den Anreiz steigerte. Die Zuschauer wollten das live erleben, was sie sonst nur im Fernsehen sahen: die großen Spiele, die großen Stars und die Live-Atmosphäre mit Stimmung und Gesängen.

Im Zuge dieser Entwicklung begannen sich Menschen für das Spiel zu interessieren, denen es vorher peinlich gewesen wäre oder bestenfalls egal. In dem verrotteten Stadtviertel, das der Fußball gewesen war, zogen neue Leute ein. Der Grundstein für die im vorangegangenen Kapitel beschriebene Ausdifferenzierung der Fankultur war gelegt.

Ich selbst war natürlich auch »Top-Gentrifizierer«, wie Schorsch Kamerun sagen würde. Auch mich hatte – wie Hornby – einmal das Raue und Wilde angezogen, und nun bereitete ich den Fußball für ein anderes Publikum auf, etwa bei der kurzlebigen Zeitschrift *Hattrick*, als Kolumnist der Berliner *tageszeitung* oder später als Fußballkorrespondent der *Süddeutschen Zeitung* und beim *Spiegel*. Ich schrieb gemeinsam mit meinem *Hattrick*-Kollegen

Ulrich Fuchs ein Buch über Fußballtaktik und später eines über die Wunderwelten der Optimierung des Spiels durch Wissenschaft, die vielleicht gerade auch von den Leuten mit den dezenten BVB-Schals im Schottenmuster gelesen wurden.

Und ich versuchte einen Witz – und nahm eine Platte auf.

# Woanders ist auch scheiße!

## Lach-Folklore im bayerischen Ruhrgebiet

1990 besang ich zu Ehren des VfL Bochum eine Schallplatte. Das Lied hieß »Deutscher Meister wird nie der VfL«. Die Musik dazu machte mein Freund Günther Janssen und war ziemliches Lo-Fi: lustig vor sich her holpernde Rhythmusmaschine und Billig-Posaunen aus dem Synthesizer. Dass ich nicht singen kann, sei nicht verschwiegen. Ich sang trotzdem: »Grad 8000 sind im Stadion, pfeifen frierend durch die Nacht / ohne Hoffnung, wie so häufig, und von Freunden ausgelacht / wieder mal 'ne schwere Zeit mit Abstiegskampf ist angesagt / doch daran sind wir gewöhnt, und so singen alle Mann: Deutscher Meister wird nie der VfL ...« Okay, das war nicht der Stoff, aus dem man Stadionhymnen macht, zu denen die Menschen ihre Schals in den Himmel strecken und inbrünstig mitsingen.

Wir nannten uns *Sammy Pochstein Experience*, nach dem langjährigen und leider früh verstorbenen VfL-Spieler Hans-Joachim Pochstein, der seinen Spitznamen Sammy der Ähnlichkeit mit Sammy Davis Jr. verdankte. Namensgeber wurde er als der Bochumer Profi, der am häufigsten ein- oder ausgewechselt wurde – ein Anti-Held. Ich ließ 500 Singles pressen und gab sie Freunden bei einer Plattenfirma zum Vertrieb. Als alles fertig war, riefen sie beim VfL Bochum an, um anzufragen, ob der Klub die Platte eventuell auf seinem Stand auf dem Weihnachtsmarkt verkaufen wollte. Einen Fanshop gab es damals noch nicht. Der Klub lehnte ab, was ein Sportredakteur der Bochumer WAZ mitbekam und den VfL Bochum wegen mangelnder Humorfähigkeit in seiner Zeitung kritisierte. Daraufhin wurde eine Vorstandssitzung einberufen und beschlossen, das umstrittene Machwerk doch zu verkaufen. Es wurde sogar im Stadion gespielt. Allerdings die völlig alberne B-Seite, auf der wir uns *Jochen Abel Band* nannten, mit dem Titel »Deutscher Meister wird *nur* der VfL«. Ungefähr eine Stunde vor Anpfiff eines Bundesligaspiels gegen Bremen, als fast noch niemand im Stadion war. Es war trotzdem einer der peinlichsten Momente meines Lebens.

Man könnte nun meinen, dass die Posse eines Vorstandsbeschlusses über die Single Ausdruck der besonderen Popelhaftigkeit des VfL Bochum war, aber ich behaupte, dass damals fast alle Klubs so reagiert hätten. Fußball und Humor gingen nicht zusammen, das Konzept der Selbstironie war weitgehend unbekannt. Das sollten wir, aber auch etliche andere Fanzine-Macher, ab Mitte der Neunzigerjahre erfahren. Ein paar Freunde und ich hatten ab 1993, als der VfL Bochum zum ersten Mal nach 22 ununterbrochenen Jahren in der Bundesliga abstieg, ein Fanzine namens *VfouL* gegründet, das sich der Misere eher ironisch annahm. Wir waren damit in Deutschland nicht allein und auch nicht die Ersten, denn bei vielen Vereinen feierten Fans auf diese Weise den Irrsinn ihrer Klubs und ihre eigene Irrationalität. Noch so ein Pop-Phänomen.

Wenn wir unser Heft vor dem Stadion verkauften, waren zwar etliche VfL-Fans begeistert über unseren humorvollen Angang. Andere hassten uns aber, weil wir für sie doofe Studententypen waren, die offensichtlich Fußball nicht richtig ernst nahmen. Oder vielleicht auch, weil sie rochen, dass wir Top-Gentrifizierer waren.

Von daher mag es zunächst seltsam sein, den folgenden Satz zu schreiben: Ein wichtiges Mittel der Selbstvergewisserung der Menschen im Revier ist neben dem Fußball der Humor. Inzwischen ist das aber wirklich so. Wenn es um Witzigkeit geht, finden wir uns ziemlich gut. Das gilt sowohl für die Witzigkeitsproduktion als auch die Witzigkeitsrezeption.

Deshalb war das Publikum auch mit einer gewissen Grundaufgepeitschheit ins Theater Ebertbad nach Oberhausen gekommen, um sich »Pommes oder: das fünfte Element« anzuschauen. Viele Zuschauer waren wohl vorher schon mal da gewesen, denn sie konnten mitsingen. Die Story des Theaterstücks mit Gesangseinlagen war nicht übermäßig kompliziert und stellte die Frage: Was ist eigentlich aus uns geworden? In diesem Fall aus den vier Freunden, von denen drei im Ruhrgebiet geblieben sind, um ein Trio von Losern zu werden. Der vierte ist nach Düsseldorf gegangen, was in Oberhausen gut als Feindbild funktioniert, um als Immobilienmakler (noch ein Feindbild) Karriere zu machen. Nun hat er allerdings im Italienurlaub eine bezaubernde Italienerin kennengelernt, die er nicht durch seinen Reichtum beeindrucken will, weshalb er behauptet, in einer Stadt, deren Namen nicht genannt wird und nur Oberhausen sein kann, eine Pommesbude zu haben. Also muss er zurück nach Hause, die leer stehende Pommesbude seiner Familie wiedereröffnen und die alten Kumpels zu seinen Komplizen machen. Das liefert viel Potenzial für Situationskomik, die Diskussion der Verhältnisse. Platz für den ein oder anderen Song ist auch, von Herbert Grönemeyers »Currywurst« bis hin zum Schimanski-Thema »Faust auf Faust«, das man prima umtexten kann: »Zu blöd für Köln / zu arm für Berlin / zu ängstlich für New York / – Wo gehsse da hin?«

Es geht in dieser Komödie also um gut gepflegte Vorurteile, die Resozialisierung eines nach Düsseldorf verirrten Oberhauseners und um »das fünfte Element« – die Liebe. Welche Funktion dieses Vergnügen hat, kann man sehr schön auf der Website des Theaters nachlesen: »Wenn man wie wir in Oberhausen lebt, zu alt ist, um wegzuziehen, und auch sonst nix geschenkt kriegt, muss man es sich eben schön machen. Und darin sind wir Profis: im Schönmachen, im Vorgaukeln, im Nicht-Aufgeben. Wir betrachten es sportlich. Möge sich direkt vor unserer Tür jegliche Form von Tristesse breitmachen, in unserer Fliesenbude ist Stimmung.« Auch der Intendant Hajo Sommers ist aus Oberhausen nicht weggekommen, eine Stadt, deren Zentrum wirklich beeindruckend runtergekommen ist, seitdem 1996 auf dem Gelände eines ehemaligen Stahlwerks das Einkaufszentrum CentrO eröffnete wurde, die größte Shoppingmall in Deutschland. Eigentlich fehlt nur noch, dass Tumbleweed durch die leeren Straßen der Innenstadt rollt.

Sommers hatte am Vorabend auf der Bühne gestanden – als einer der drei Verlierertypen. Dabei ist er selbst keiner, im Gegenteil. Er ist halt nur nicht weggekommen. »Ich wollte mal nach Hamburg, das hat aber nicht funktioniert. Also bin ich hier hängen geblieben und hatte immer was zu tun. Meine Eltern haben mir immer eingebläut, dass man Sachen zu Ende macht. Gute preußische Werte.«

So hat er das Theater Ebertbad mitaufgebaut, und weil er ebenfalls Präsident von Rot-Weiß Oberhausen ist, kann man mit ihm sowohl über Fußball als auch über Humor im

Ruhrgebiet sprechen (über ganz viele andere Dinge auch noch). Sommers ist von kranichhafter Hagerkeit und ein talentierter Sprücheklopfer, weshalb man manchmal fast überhört, wie schlau das ist, was er sagt.

Als ich ihn samstagmorgens in der Fußgängerzone Oberhausens in einem Café traf, wo er noch seine Selbstgedrehten rauchen konnte, fragte ich ihn, warum es um die Humorproduktion fast noch besser bestellt zu sein scheint als um den Fußball, wenn man sich die Zahl der rund 30 Theater mit Bühnen für komische Künstler anschaut und die große Zahl erfolgreicher Kabarettisten, Comedians und sonstiger Witzemacher aus dem Ruhrgebiet. »Das ist doch einfach: Man hat in dieser Region nicht viel zu lachen gehabt«, antwortete Sommers. Eine eher mittelgute Pointe, zumal er auch behauptete, dass im Revier erst seit drei Jahrzehnten Humor in bemerkenswerter Quantität und Qualität hergestellt wird: »Vorher gab es im Ruhrgebiet nichts Lustiges.«

Na ja, fast nichts.

Als Kind fuhr ich gelegentlich ehrfürchtig am Bungalow von Jürgen von Manger vorbei, der irritierenderweise in der Nähe der Herner Müllkippe gebaut worden war. Von Manger war der größte Star, den die Stadt zu bieten hatte. Er hatte mit Adolf Tegtmeier erstmals eine Figur auf die Bühne gebracht, die das Deutsch sprach, das im Revier gesprochen wurde. Dieser Tegtmeier, der umständlich durch die Sätze stolperte, verkörperte das zugleich verklemmte und eigentümlich schräg denkende Kleinbürgertum im Ruhrgebiet. Nicht alle im Revier fanden das gut, wie auch die Figur des Kumpel Anton nicht unumstritten war. Erfunden hatte sie bereits 1954 Wilhelm Herbert Koch, ein Sportredakteur der WAZ, der für die Wochenendbeilage samstags halb komische, halb alltagsphilosophische Betrachtungen im Ruhrgebietsdeutsch schrieb. Das passte jenen nicht, die sich für ihre eigenen Grammatikfehler oder die der anderen schämten, vor allem die Verwechselung von »mir« und »mich«. Genau damit fing jede der Kolumnen an: »›Anton‹, sächte Cervinski für mich«.

Die Idee, dass das Ruhrgebietsdeutsch nicht nur eine sprachliche Trümmerwüste sein könnte, sondern eine Art eigener Dialekt, war noch fern. Cooles Selbstbewusstsein im Umgang damit gab es schon gar nicht. Dann kam Tana Scharanza, die ab den Siebzigerjahren am Bochumer Schauspielhaus in komischen Rollen selbstbewusste Ruhrpotttypen verkörperte und damit sicherlich auch ein Vorbild für die Journalistin und Autorin Elke Heidenreich war, als sie Else Stratmann aus Wanne-Eickel erfand. Die Metzgermeistergattin räsonierte aus Kleinbürgersicht über aktuelle Themen, im Radio und im Fernsehen beim *Aktuellen Sportstudio* während der Olympischen Spiele 1984 und 1988 in Los Angeles und Seoul.

Sie bereitete den Boden für einen regelrechten Boom des Lustigen im Ruhrgebiet. Für Hajo Sommers etwa ist Uwe Lyko der legitime Nachfolger von Jürgen von Manger. Mit seiner Figur des Herbert Knebel stelle er »jemanden dar, den es nicht mehr gibt, aber die Leute kennen solche Figuren noch und sagen: ›So war dat früher.‹« Daneben konnten Piet Klocke, Sommers Ehefrau Gerburg Jahnke und die Missfits, Hans-Werner Olm, Helge Schneider, Ludger Stratmann große Erfolge feiern, teilweise bis heute. Ihre Kunstfiguren sind an der Sprache sofort als Ruhrgebietler zu erkennen, ihre Geschichten beziehen ihre Inspiration aus dem Ruhrgebiet. Besonders gelungen ist das bei

Helge Schneider, der das fahrige Gerede im Revier mit oft falschen grammatikalischen Bezügen und schiefen Metaphern in einen kunstvoll dadaistischen Superquatsch verwandelt hat. Genau das Zeug, das dann von Teenagern auf Schulhöfen nachgespielt wird.

Einige im Ruhrgebiet aufgewachsene Comedians machten Karriere in der großen, weiten Welt, ohne sich als Männer ihrer Heimat zu inszenieren: Hape Kerkeling aus Recklinghausen, Ingo Appelt aus Essen oder Ralph Morgenstern, der aus Mülheim an der Ruhr stammt.

Nun hat es in den letzten Jahren in Deutschland generell einen Boom des Komischen gegeben, Comedians sind Fernsehstars, und einer wie Mario Barth füllt sogar das Olympiastadion in Berlin. Aber warum gibt es gerade im Ruhrgebiet so überproportional viele Spaßmacher jeglicher Provenienz? Eine Antwort darauf hat mit der »Hardware« zu tun. Ab den Achtzigerjahren gab es im Ruhrgebiet immer mehr Auftrittsmöglichkeiten und Bühnen, wo sich junge Nachwuchskünstler ausprobieren konnten. Vor allem in soziokulturellen Zentren wie der Zeche Karl in Essen, der Kaue in Gelsenkirchen, dem Zentrum Altenberg in Oberhausen, der Altstadtschmiede in Recklinghausen, dem Bahnhof Langendreer in Bochum oder dem Ringlokschuppen in Mülheim. Fast alles im Rahmen des Strukturwandels umgenutzte Orte der Industriekultur.

Parallel dazu entstand eine Szene aus freien Bühnen, Kneipen und Klubs, die bespielt werden konnten. Die Bochumer Frank Goosen und Jochen Malmsheimer zogen zunächst als »Tresenlesen« durch die Region, bevor Goosen mit eigenen Texten erfolgreich war. Aus dieser Szene kam auch Atze Schröder, eine Überzeichnung des Typus prolliger Ruhrpott-Macho mit Goldkettchen.

Zwischen der Humoristen-Szene und dem Fußball im Ruhrgebiet gibt es etliche Verbindungen. Und das weit über den Umstand hinaus, dass die Dortmunder Faninitiative »Fußball muss bezahlbar bleiben«, die sich seit 2010 unter dem Slogan »Kein Zwanni für 'nen Steher« für maßvolle Eintrittspreise engagiert, in ihrem Logo das Konterfei von Jürgen von Manger führt. Oder dass der Stiefvater von Ingo Appelt die Essener Fußballlegende Günter »Nobby« Fürhoff ist.

Der Dortmunder Kabarettist Bruno Knust, der das Theater Olpketal leitet, wurde mit seiner Handpuppe *Günna* einer der Stars des frühen Privatfernsehens in Deutschland. Dieser *Günna* hätte mit seiner angedeuteten Prinz-Heinrich-Mütze auch der Neffe von Adolf Tegtmeier sein können und interviewte erst bei *Premiere* und dann bei *SAT.1* in der Sendung *ran* die Stars des Fußballs. Zwischendurch war Knust auch mal Stadionsprecher von Borussia Dortmund und schrieb die inzwischen schon klassische Stadionhymne »Boooooorussia«. Auch beim Dortmunder Kabarettisten und Bühnenautor Fritz Eckenga, der die Musik-Theater-Gruppe N8chtschicht mitgründete, ist Fußball eines der Standardthemen. Der BVB-Fan erfand die Figur des Fußballmanagers A, schrieb unter dem Titel »Mein Freund ist aus Leder« Texte fürs Radio und ist einer der ganz wenigen Autoren, der wirklich gelungene Fußballgedichte geschrieben hat. Von ihm ist im Ruhrmuseum in der Zeche Zollverein zudem eine hinreißende Einführung ins Ruhrgebietsdeutsch zu sehen, die Christoph Schurian geschrieben hatte und mit allen Fallstricken und Absurditäten versehen ist, die das Ruhrgebietsdeutsch zu bieten hat.

Ausdrücklich auf Fußball setzt MSV-Duisburg-Fan

Markus Krebs, der angeblich früher sogar mal Hooligan war. Vielleicht ist das auch nur PR in eigener Sache, aber Krebs tritt bei seinen Stand-ups mit schwarzer Wollmütze (Aufschrift: »Ruhrpott«) und schwarzem T-Shirt (Aufschrift: »Ruhrpottjunge«) im Hoolstyle auf. Auf die Kombination von Fußball und Humor setzt seit Jahren auch der Bochumer Ben Redelings, einerseits bei seinen Veranstaltungen unter dem Titel »Scudetto« oder beim Samplingwesen seiner Fußballbücher, die lustige Fußballschnipsel versammeln.

Theo Grütter, der Leiter des Ruhrmuseums, hatte mir gesagt: »Eine Region ist in dem Moment mit sich im Reinen, in dem sie sich selbst gegenüber witzig sein kann. Das Zweite ist: Das Ruhrgebiet war immer eine Region von unten. Es war nie eine Region mit übertriebenem Stolz, sondern immer Underdog. Es war immer dreckig, hatte ein Scheißimage, und das kann man nur durchstehen, wenn man es humorvoll sieht. Das zeigt, dass die Identifikation mit der Region in den jüngeren Generationen da ist. Und dass man es eigentlich mag, in dieser uneitlen, unkapriziösen, nicht überteuerten Welt zu leben. Es ist auch schwer durchzuhalten, wenn man manche Sachen nicht ironisch sieht.«

Vielleicht ist es wirklich beides: Wir sind schon in Ordnung, und wir können auch über uns lachen. Dafür sprechen auch bekannte Ruhrgebietskomödien wie »Theo gegen den Rest der Welt«, »Kleine Haie« oder »Big Bang Boom«, die alle interessant schräge Ruhrpotttypen feierten. Gleichzeitig aber ist es hier so bizarr, da bleibt nur Gelächter.

Notwehr-Lachen kannte ich aus der Zeit an der Uni, als ein Kommilitone mir von einem Filmprojekt erzählte,

das er mit Wolfgang Wendland, dem Sänger der Punk-
band *Kassierer* und späteren Vorsitzenden der *Anarchisti-
schen Pogo Partei Deutschlands*, umsetzte. Gedreht wurde
»Der Störfall« auf Super 8 in der Ästhetik alter Schulfilme.
Zu Beginn des 70 Sekunden langen Films wurden technische Errungenschaften bis zum Atomkraftwerk gezeigt,
dann kommt es zum Störfall. Zu Mönchsgesängen schub-
sen drei seltsame Gestalten einen über zwei Meter langen
Stör von einer Brücke, und der Fisch schlägt unten klat-
schend auf der Straße auf. Puh! Man findet diesen Quatsch
bei YouTube.

Im Bookzine *Ruhrbarone*, einer Mischung aus Buch und
Magazin, fand ich noch was zum Notwehrhumor. Alex
Schwers, der seit 1999 Organisator des Festivals *Punk im
Pott* und seit 2007 des Open-Air-Festivals *Ruhrpott Rodeo*
und selbst Schlagzeuger bei den Punkbands *Hass* und
*Slime* war: »Der Ruhrpott ist eher die Schwachsinns-Area
in Deutschland. Hier ist alles total sinnlos. Hier geht nichts.
Aber genau deshalb geht es hier dann doch ab, und deswe-
gen macht sich hier der Schwachsinn breit. Die *Kassierer*
und die *Lokalmatadore* würden nicht aus Hamburg kom-
men. Die stehen mir persönlich sehr nahe, weil ich dieses
›Sich-nicht-wichtig-Nehmen‹ so geil am Ruhrgebiet finde.
Es ist hier einfach viel ironischer und selbstkritischer.«

Wichtig ist, dass die Witze oft auf eigene Kosten gemacht werden. Etwa bei meinem Lieblingsspruch, der den
Bochumer Autor Frank Goosen schon heute hat unsterblich werden lassen. Davon zeugt allein der Umstand, dass
20 000 T-Shirts damit bedruckt worden sind, dass es ihn
auf Kühlschrankmagneten, Tassen, Schlüsselanhängern,
Fußmatten, Koffergurten und, das ist am beliebtesten, als
Autokennzeichenhalter gibt:

»Woanders ist auch scheiße« ist ein derart doppelbödig geniales Bekenntnis zur Heimat, dass der Erfolg nicht verwundert. Oder eben doch, weil es zeigt, wie verquer das Verhältnis der einheimischen Ethnie zu ihrem Lebensraum ist. Frank Goosen meinte dazu: »Er zeigt, wie viel Selbstironie wir hier haben. Die Leute wissen doch objektiv, dass es hier nicht schön ist. Wenn man in Bochum-Stahlhausen abfährt und als Erstes hier die Wattenscheider Straße hochfährt, denkt man wirklich: Wo bin ich denn hier gelandet!«

Wir saßen im Garten seines Hauses am Bochumer Stadtpark, in bester Lage sozusagen, das er sich von den Tantiemen seines ersten Romans »Liegen lernen« kaufen konnte. Manchmal hat man das Gefühl, dass Goosen kein Autor ist, der bei Lesungen seine Texte vorträgt, sondern ein Vortragskünstler, der seine Texte aufschreibt. Er sagte: »Man kann sich hier im Ruhrgebiet wohlfühlen und es sogar lieb haben. Das ist wie bei einem alten Onkel, der nach 60 Jahren Ehe denkt: Na, mit einer anderen ist es doch auch nicht besser. Aber es ist auch die Einsicht der Tatsache, dass man sich die Sache hier nicht schönreden kann.«

Seine rhetorische Wucht und seine Begeisterung für den VfL Bochum haben Frank Goosen 2010 einen Platz im Aufsichtsrat des Klubs eingetragen, denn in vielen Interviews und Kolumnen hatte er zuvor die Vereinspolitik und den damaligen Aufsichtsratsvorsitzenden Werner Altegoer kritisiert. Als dieser überraschend zurücktrat, war Goosen plötzlich in der Verantwortung. Ich hatte damals ernsthafte Zweifel, ob ich das für eine gute Entwicklung halten sollte, aber dann wurde mir klar, dass er nicht nur auf der Bühne, sondern auch im Stadion einen besonderen Sinn für die Stimmungen des Publikums hatte, um die sich der Klub jahrelang nicht richtig geschert hatte.

Ein Spruch wie »Woanders ist auch scheiße« ist im besten Sinne britisch, wo schon lange eine Tradition harten Lachens auf eigene Kosten gepflegt wird, aber er offenbart auch eine dunkle Seite, die man im Fußball sowieso wiederfindet. Eine bleischwere Bereitschaft, enttäuscht und dann wütend zu werden.

Neben den imposanten Kulissen der untergegangenen Montanindustrie haben Fußball und die regionale Humorproduktion entscheidend dazu beigetragen, dass auch Leute jenseits des Ruhrgebiets die Region und ihre Leute irgendwie prima finden. Das ist einerseits ein Fortschritt gegenüber den Zeiten, als brave Schwaben ihr Entsetzen kaum verbergen konnten, wenn man ihnen erzählte, woher man kam. Ihre Blicke schienen immer zu sagen: »Oh Gott, kann man da leben?«

An die Stelle ist das Bild eines Fantasieruhrgebiets getreten, wo die Leute reden wie Helge Schneider, immer noch Rallyestreifen und Fuchsschwänze an den Autos haben, gerne geil rumrollen oder stundenlang in Ballonseide und Trikot anne Trinkhalle stehen und über nix anderes am Labern sind als über Fußball. Das ist die populärkulturelle Seite einer komischen Neo-Folklore, in der »Ruhris« so was wie Bayern unter anderen Vorzeichen sind: Arschleder statt Lederhosen, Bergmannschor statt Blaskapelle, Grubenhelm statt Gamsbart.

Genauso wie die bajuwarische Folklore nicht mehr viel mit dem Bayern des 21. Jahrhunderts, aber viel mit der Beschwörung von Traditionen und Identitäten zu tun hat, ist das auch im Ruhrgebiet. Nur, so richtig traue ich der Sache nicht. Ich hatte nämlich manchmal das Gefühl, dass Leute im Ruhrgebiet inzwischen im Leben das nachspielen, was sie von Comedians auf der Bühne gesehen haben. Außerdem verbirgt sich unter der ganzen Witzigkeit auch eine Menge schlechter Laune.

Ich würde jetzt gern behaupten, dass mir ein Schalke-Fan folgenden Witz erzählt hat, aber das stimmt nicht. In ihm geht es um einen ehrlichen Mann, der auf eine Fee trifft: »Du warst immer ehrlich, deshalb hast du jetzt einen Wunsch frei.« Der Mann überlegt einen kurzen Moment und sagt: »Ich möchte unsterblich sein.« – »Oh, der Wunsch ist zu groß, den kann ich nicht erfüllen.« Der Mann überlegt etwas länger: »Also gut, ich möchte so lange leben, bis Schalke wieder deutscher Meister wird.« – »Raffinierte Sau.«

Schalke 04 wartet schon seit 1958 auf die achte deutsche Meisterschaft, in 50 Jahren Bundesliga wurde der Klub sechsmal nur Zweiter und verpasste den Titel 2001 besonders knapp. Aber das ist es nicht, was dem Witz die Schärfe gibt. Auch Bayer Leverkusen war in einem halben Jahrhundert sechsmal Zweiter und darunter mit Mannschaften, die zweifellos den Titel verdient gehabt hätten. Aber Schalke leidet extrem darunter.

Peter Peters arbeitet bereits seit 1993 als Geschäftsführer für den Klub und ist fast so lange auch im Vorstand. Er sagt: »Das Ruhrgebiet ist in seinen Gedanken manchmal negativ. Das ist einer der ganz entscheidenden Faktoren, die es jedem Vorstand und jeder Geschäftsführung bei Schalke erst mal schwer macht. Ich habe oft versucht, herauszufinden, warum eine so tolle und lebenswerte Region eine so negative Grundeinstellung hat. Es gibt hier dieses negativ Zerstörerische: Wenn wir etwas kaputt machen, dann machen wir es richtig kaputt, ohne Sinn und Verstand. Die

Fähigkeit, bei aller Emotion auch Kompromisse zu schließen und zu sehen, dass das Glas halb voll ist, fehlt.« Peters erzählte mir davon, was Hansi Flick, dem ehemaligen
Assistenten von Bundestrainer Joachim Löw und jetzi-
gen DFB-Sportdirektor, aufgefallen war. Flick hatte gesagt:
»Wir fahren zu vielen Vereinen, treffen dort die Vorstände,
aber wenn Schalke 04 ein wichtiges Spiel hat, habt ihr alle
Angst und lauft mit hängenden Köpfen rum.«

Der Eindruck täuscht nicht, bei Schalke 04 gilt die Um-
kehrung des rheinischen Grundgesetzes »Et hätt noch em-
mer joot jejange!« Das königsblaue Grundgesetz müsste
heißen: »Dat wird doch sowieso nix!« Wobei es oft genug
gar nicht um reale Ergebnisse geht. Im Vergleich zu den
grauen Sechziger-, den weitgehend trüben Siebziger- und
deprimierenden Achtzigerjahren hat sich Schalke kon-
tinuierlich nach oben gearbeitet und gehört seit einem
Jahrzehnt zu den Top vier der Bundesliga, anders als der
Hamburger SV, Werder Bremen, der VfB Stuttgart oder
Eintracht Frankfurt. Doch Schalke misst sich zumeist nicht
am Erreichten, sondern am Verpassten. Vielleicht machte
das sogar einen Teil seiner Attraktion aus, wie ich Jahre
zuvor in Weinstadt-Strümpfelbach erfahren hatte, wo sich
nicht wenige mit diesem selbst verschuldeten Scheitern
identifiziert hatten.

Aber darin steckt eine Negativität, wie man sie im Ruhrgebiet generell beobachten kann. »Da wird nichts geprägt
von Zuversicht und Anpacken, sondern hier wird ziemlich
vieles problembehaftet beurteilt. ›Kannste doch nicht machen, das geht doch nicht! Jetzt drehen die völlig durch!‹«,
sagte Peters. »Genau so war es, als wir die Arena bauen
wollten. Da hat keiner gesagt: ›Wow, die haben den Mut,
eine unternehmerische Entscheidung zu fällen.‹ Die beglei-

tenden Reaktionen von Stadt und Umfeld waren eher, dass wir größenwahnsinnig werden und sie nicht mehr alle haben. Die Finanzierung lief nicht zufällig über die Hamburgische Landesbank, die großen Banken aus NRW haben gesagt, sie unterstützen keine Spinner.«

Dass einer ein Spinner ist, das ist im Ruhrgebiet ein sehr ernsthafter Vorwurf. Ein Spinner ist eher gefährlich als harmlos, er ist nicht spinnert oder versponnen oder mutig und kreativ, sondern bringt die bestehende Ordnung in Gefahr. Da allerdings hört der Spaß auf. Wo kommen wir da hin, wenn es bei uns weniger scheiße ist als woanders.

# Kumpels, Liebe, Leidenschaft

## *Im Land der Arbeiterfußballer*

Ich bin in Krefeld geboren, wenn auch eher zufällig, weil mein Vater dort gerade seine Ausbildung machte. Zehn Monate später waren wir zurück im Ruhrgebiet, ansonsten verbinde ich mit Krefeld wenig Gutes.

Als mein Vater, mein Bruder, mein Klassenkamerad Udo und ich Westfalia Herne Mitte der Siebzigerjahre zu einem Zweitligaspiel bei Bayer Uerdingen begleiteten, bauten sich plötzlich zwei Jungs vor Udo auf, der eine große blau-weiße Fahne trug und mit etwas Abstand hinter uns herging. Sie holten einen Schlagring raus, zogen ihm den Schal ab und waren schon verschwunden, bevor wir reagieren konnten. Verloren haben wir dann auch noch.

Später machte ich meine erste Auswärtsfahrt im eigenen Wagen nach Uerdingen. Wahrscheinlich hatte der VfL Bochum an diesem Freitagabend dort wieder einmal verloren, und obwohl nicht mehr als die üblichen 8000 Zuschauer gekommen waren, steckten wir nach dem Spiel auf dem Parkplatz fest. Weil absolut nichts voranging, entschied ich mich für eine Offroad-Lösung. Ich fuhr übers Grün und den Bürgersteig auf die Straße, nur war das für Offroad-Einsätze nicht ausgelegte Auto plötzlich sehr laut. Sogar unglaublich laut, wie ein Panzer. Beim Aufsetzen auf der Straße war der Auspuff an der Bordsteinkante abgebrochen, direkt hinterm Krümmer. (Man kann übrigens ohne Auspuff ganz prima fahren, macht abends allerdings ganze Straßenzüge wach.)

Nein, auf Krefeld lag kein Segen! Oder kennt jemand noch Peter Loontiens, den in meiner Erinnerung schlimmsten Schwalbenkönig der Bundesligageschichte, der Elfmeter und gegnerische Platzverweise in Serie herausholte? Komisch, auch die Uerdinger von heute hatten einige fallsüchtige Heulsusen, vor allem die Nummer 19 und der Langhaarige mit der 25 auf dem Rücken fielen mir unangenehm auf, als ich mit den Fans von Rot-Weiß Oberhausen auf der Gegentribüne stand. Die alte Gästekurve war gesperrt, aber ansonsten hatte sich seit meinem letzten Besuch vor zwei Jahrzehnten im Stadion nichts geändert. Für Uerdingen war das keine gute Nachricht.

Der Klub war ab 1995 in immer tieferen Versenkungen verschwunden, nachdem der Bayer-Konzern entschieden hatte, nur noch den Klub in Leverkusen zu alimentieren. Bayer Uerdingen benannte sich um, heißt inzwischen KFC Uerdingen und ist fast populärer als zu seinen besten Zeiten. Zum Viertelfinale im Niederrheinpokal waren an einem Dienstagabend jedenfalls 4500 Zuschauer gekommen, obwohl es zur gleichen Zeit ein Halbfinalspiel des DFB-Pokals live im Fernsehen gab. Wir Oberhausener (natürlich war ich an diesem Abend Oberhausener) waren mit 500 Mann da, was durchaus wörtlich zu verstehen ist, weil es unter uns fast keine Frauen gab.

Am Eingang hatten wir Oberhausener ein kleines Flugblatt in die Hand gedrückt bekommen, überschrieben mit »Choreo Uerdingen«.

*Hallo RWO Fans,*
*Beim heutigen Pokalspiel gibt es als besonderen Hingucker*
*eine aufwendig gestaltete Choreo.*
*Um diese durchzuführen, benötigen wir EURE Unterstüt-*
*zung.*
*Die Choreo besteht aus sechs einzelnen Bahnen, die im*
*Block hochgezogen und zusammengehalten werden müs-*
*sen, damit ein Gesamtbild entsteht (RWO-Logo/Bergmann/*
*Stadtwappen). Um einen reibungslosen Ablauf zu gewähr-*
*leisten, bitten wir euch, nicht an der Plane zu reißen oder*
*zu schütteln!*
*Rot-weiße Grüße*
*Flammeninferno 2000*

Blöd war nur, dass viele Fans erst auf den letzten Drücker
kamen oder noch am Bierstand herumlungerten und von
einem »reibungslosen Ablauf« zu Spielbeginn nicht annähernd die Rede sein konnte. So zeigten die Uerdinger uns
stattdessen ihre Choreografie, ohne dass wir etwas entge-
genzusetzen hatten. Der Reim auf ihrem Transparent (»In
Blau und Rot zu allen Zeiten / werden wir Dich voller Stolz
begleiten«) holperte zwar etwas, aber dafür zogen sie immerhin über ein Drittel der Haupttribüne blaue und rote
Planen, dazu wedelten sie mit blauen und roten Plastik-
fähnchen, die ein großes Vereinsemblem umrahmten. Wir
beschimpften sie als »Bauern«, wobei das Quatsch war, weil
wir auf den 40 Kilometern von Oberhausen nach Krefeld
nicht annähernd im Ländlichen gelandet waren, der Stadtteil Uerdingen ist nach wie vor vom Bayer-Werk geprägt.

Zu Beginn der zweiten Halbzeit konnten wir den blöden
Krefeldern endlich zeigen, was Sache ist. Als die Mannschaften wieder auf den Platz liefen, waren genug Leute

beisammen, um unsere sechs mitgebrachten Bahnen zu entrollen. Wir zeigten den »Bauern« ein Motiv, auf dem im Hintergrund das RWO-Vereinsabzeichen und das Stadtwappen von Oberhausen zu sehen waren. Im Vordergrund stand ein stolzer Proletarier, dessen muskulöse Arme eine Schaufel hielten, die er mit dem rechten Fuß fest in den Boden stieß. Auf dem Kopf trug er einen Helm mit Grubenlicht. Auf einer Parade zum 1. Mai in Moskau 1955 hätte das nicht schöner aussehen können. Dazu hieß es auf Spruchbändern: »Nur wo Kumpels malochen gehn, kann aus Liebe Leidenschaft entstehn«. Das war zwar auch nicht unbedingt besser gereimt, aber inhaltlich ein ganz anderes Kaliber als das austauschbare Bekenntnis der Uerdinger zu ihren Vereinsfarben.

Das Ruhrgebiet ist besessen von der Idee des Malochens. Umgekehrt gilt: Arbeit, die nicht physisch ist, ist keine. Oder hat man je einen Beamten im Rathaus, einen Lehrer in der Schule, einen Ingenieur in seinem Büro, einen Professor an der Universität oder einen Journalisten an seinem Text malochen sehen? Maloche ist Muskelkraft, Schweiß und kaputter Rücken. Also das, was unsere Ahnen unter Tage gemacht haben, mit dem Presslufthammer im Flöz oder vor tausend Grad heißem, flüssigem Stahl am Hochofen.

»Kär, haben wir früher malocht«, ist neben »Woanders ist auch scheiße« ein weiterer Klassiker von Frank Goosen, dem Kabarettisten und Vorstandsmitglied des VfL Bochum. Ein todsicherer Lacher bei seinem Publikum zwischen Duisburg und Dortmund, das nicht mehr malocht, sondern irgendwelchen zweifelhaften Beschäftigungen im Sitzen nachgeht. Ein Publikum, das dennoch spätestens beim nächsten Besuch im Stadion lautstark einfordern wird, dass die faulen Säcke da unten mal malochen sollen: »Wir woll'n euch kämpfen sehen.«

Rot-Weiß Oberhausen hat die Maloche auf seinen schlingernden Wegen durch die Ligen zum Vereinsmotto gemacht. 2007 wurde eine Saison zur »Malocherschicht« erklärt und unter den Slogan »11 Kumpel sollt ihr sein« gestellt. Als die Mannschaft 2008 völlig überraschend in die Zweite Bundesliga aufstieg, gab es die »Malocherschicht, die II.«, und der neue Slogan dazu hieß: »Wir haben alles außer Kohle«. Die »Malocherschicht, die III.« schließlich propagierte »Echte Kumpel«. Das Maskottchen hieß »Underdog«, und die Bewegtbilder des Klubs liefen auf der Homepage im »underdog.tv«.

Ausgedacht hat sich das vor allem Hajo Sommers, der an diesem Abend nicht nach Krefeld kommen konnte, weil er bei der Planung seines fünftägigen Jahresurlaubs die Termine im Niederrheinpokal übersehen hatte. Der Impresario des Theaters Ebertbad in Oberhausen und seit 2006 Vereinspräsident von RWO sagte: »Wir haben damals etwas gesucht, was alle Oberhausener verbindet. Womit kriegen wir die begeistert? Da kommt man sehr schnell auf dieses Ruhrgebietsthema und auf Maloche.« Damals war die Mannschaft gerade in die vierte Liga abgerutscht. Sie schaffte den Wiederaufstieg ohne namhafte Spieler, die dafür auf dem Rasen unübersehbar malochten.

Seit 2005 hat Rot-Weiß Oberhausen sieben Mal die Ligen gewechselt, es war also selten langweilig. Zunächst stieg der Klub aus der Zweiten Bundesliga ab, ein Jahr später aus der Regionalliga West in die viertklassige Oberliga und war ein Sanierungsfall, als Sommers und seine Leute einstiegen. Ein Jahr später gelang die Rückkehr in die Regionalliga und sogar der Durchmarsch in die Zweite Bundesliga, von der aus Rot-Weiß Oberhausen nach drei Jahren Zweitklassigkeit gleich wieder zweimal in Folge abstieg.

Sommers erklärte mir, dass der größte Teil der Fans, mit denen ich in Krefeld auf der Gästetribüne gestanden hatte, wirklich körperlich arbeitete, als Handwerker etwa. »Aber selbst wenn einer im Finanzamt sitzt, wird er das mit Arbeit verbinden. Das haben die Leute verinnerlicht, selbst bei uns im VIP-Zelt. Alle glauben daran, dass gearbeitet werden muss, auch die mit richtig viel Kohle. Nicht gearbeitet wird in Düsseldorf, da gibt es gar keine richtige Arbeit.«

Für Sommers ist das Malochen auf dem Rasen ein Mittel der Armen. In der vierten Liga, erklärte er mir, gäbe es viele gute junge Spieler, die in den zweiten Mannschaften von Schalke, Mönchengladbach oder Köln davon träumen, dass die vierte Liga für sie nur eine Durchgangsstation in den großen Fußball ist. Sie sind in den Nachwuchsleistungszentren ausgebildet, können am Ball vieles und sind taktisch gut geschult. Dann müssen sie nach Oberhausen und begegnen der Realität. »Wenn wir gegen solche Mannschaften antreten, gilt: Lass sie nicht spielen, sonst machen sie dich fertig! Gib denen keinen Platz, das zu tun, was sie können! Es geht immer auf den ballführenden Mann, rennen, rennen, rennen, um die nicht ins Spiel kommen zu lassen. Ein Fußballästhet muss natürlich sagen: Mein Gott, ist das furchtbar. Fehlpässe, Stoppfehler und, und, und.« Das hörte sich so an, als würde sich eine gut ausgebildete Armee unversehens in einem Guerillakrieg wiederfinden.

Mir hatte sich in Uerdingen durchaus die Frage gestellt, warum man sich das anschaut. Denn irgendwann fand ich, um es nicht zu unhöflich zu formulieren, dass das Spiel sehr lange dauerte. Und da war noch nicht einmal die Verlängerung angepfiffen worden. »Man geht zu Oberhausen gegen Uerdingen, weil man entweder aus Oberhausen oder aus Krefeld kommt. Nicht, weil man wunderschönen Fußball sehen will, sondern weil man mit seiner Stadt gegen die andere Stadt gewinnen will. Das ist das Grundprinzip des Ganzen«, erklärte mir Sommers.

Die von der anderen Rheinseite wehrten sich übrigens lange, aber RWO gewann im Elfmeterschießen. Ein Arbeitssieg, was sonst. Sommers hatte recht, das war Fußball in der Grundausstattung ohne alle Extras. Wahrscheinlich hatte ich das Gebolze in Uerdingen trotz aller Längen auch deshalb romantisch gefunden. Der Reiz war einfach und lokal. Unsere Straße gegen deren Straße, unser Viertel gegen deren Viertel, unsere Stadt gegen deren Stadt. Wir gegen die. So wie damals am Schloss Strünkede in Herne, als wir den blöden Arschlöchern aus Erkenschwick und Wanne-Eickel gezeigt hatten, was 'ne Harke ist (oder 'ne Schüppe).

Der Fußball in der Bundesliga ist inzwischen von solcher Schlichtheit weit entfernt. Das ist einerseits in Ordnung so, aber zugleich gibt es eine Sehnsucht nach Fußball in der Grundausstattung und nach Typen auf dem Platz, die aus einer solchen Welt stammen. Solche wie Joachim Hopp, der letzte Arbeiterfußballer. Und das ist wörtlich zu verstehen, denn er malochte im Trikot des MSV Duisburg nicht nur vorbildlich auf dem Platz, sondern war auch der letzte Bundesligaprofi, der zugleich einer körperlichen Arbeit nachging – in einem Stahlwerk.

Als Joachim Hopp mir seine Geschichte in einer Duisburger Kaffeebar noch einmal erzählte, dachte ich manchmal, dass sie nur ausgedacht sein konnte, so unglaublich war das alles. Aber ich hatte seine Karriere miterlebt, und nein, da war nichts erfunden. Allein, dass er 1989, noch mit 22 Jahren in der Bezirksliga gespielt hatte, oder um ehrlich zu sein: gerade aus der Bezirksliga abgestiegen war – nicht zu fassen!

»Ich habe bei Thyssen eine Lehre als Verfahrensmechaniker gemacht, wurde mit 18 Jahren direkt übernommen und habe Wechselschichten gemacht: morgens von halb sechs bis halb zwei, dann von halb zwei bis halb zehn oder von halb zehn bis halb sechs. Nach zwei Jahren am Ofen und beim Abstich wurde ich zum Wassermann befördert. Der ist für die Kühlung zuständig, und man hatte auch etwas mehr Ruhe, aber ich war Teil einer Kolonne, zusammen mit den Schmelzern und Vorarbeitern. Wenn man gesehen hat, dass gerade viel zu tun war, hat man sich gegenseitig unterstützt. Wenn das Eisen zu kalt oder die Schlacke scheiße war, gab es viel Arbeit. Ein schlechter Ofengang ist Knochenarbeit. Also, wenn du Diät machen wolltest, war das perfekt, da lief dir die Suppe am Arsch hinunter. Besonders in den heißen Sommermonaten war das brutal.«

Joachim Hopp erzählte seine Geschichte immer noch mit dem Stolz, den alle Leute haben, die über Jahre körperlich extrem fordernd gearbeitet haben. Außerdem schwärmt Hopp von der Gemeinschaft, die aus diesen harten Arbeitsbedingungen erwachsen ist. Aber es war ein Leben, zu dem es nicht viele Alternativen gab. Hopp hat sechs Brüder, er selbst ist das vorletzte Kind, sein Vater war 45 Jahre lang Bergarbeiter auf verschiedenen Zechen im Ruhrpott. Hopp fing bei Thyssen an, weil das einfach nahelag und weil er eine eigene Wohnung und ein eigenes Leben wollte.

Als das Angebot des MSV Duisburg kam, in der Amateurmannschaft des Klubs zu spielen, war er unentschlossen. »Ich habe erst mit meinem Chef, meinem Meister und mit den zuständigen Ingenieuren gesprochen, ob ich statt Wechsel- nur noch Frühschicht machen könnte. Die waren alle bis hin zu den Direktoren MSV-Fans und also dafür. Ich kam in eine Frühschichtkolonne, die für Reparatur und Instandsetzung zuständig war, und habe dem MSV zugesagt.« Hopp vereinbarte zudem, seine freien Tage nicht mehr unter der Woche, sondern immer am Samstag oder Sonntag zu nehmen.

Nach drei Monaten bekamen die MSV-Amateure 1989 einen neuen Trainer: Ewald Lienen. »Der war für mich ein Idol. Den fand ich schon in Gladbach klasse, wie er mit Zunge raus seine Dribblings machte. Das war für mich richtiger Fußball und hat mir noch mal zehn Prozent mehr gegeben. Ich hatte bis dahin als Stürmer nur ein Tor geschossen. Unter Lienen erzielte ich 14 Tore.« In der Winterpause wurde beschlossen, dass Hopp mit den Profis trainieren sollte. Er musste Urlaub nehmen, um ins Trainingslager fahren zu können. Dort sah der damalige Cheftrainer Willibert Kremer, wie Hopp im Kraftraum 120 Kilo in den Rücken stemmte, und entschied spontan, aus ihm einen Verteidiger zu machen. »Ich wurde zum Manndecker, weil ich so viel Kraft und gute Ausdauer mit immer den besten Laktatwerte hatte. Die Power kam durch die Arbeit – durch das ganze Stemmen und Heben.«

Hopp kam immer häufiger in den 16er-Kader der Bundesligamannschaft und wurde oft eingewechselt: als Manndecker, defensiver Mittelfeldspieler, Außenverteidiger rechts und auch auf der linken Seite. »Dann kam eine weitere Freistellung, eine weitere Vereinbarung. Ich musste zweimal die Woche um zehn zum Training und

habe mir einen Schein geholt, dass ich die Schicht unter-
brechen und um neun zum Training gehen darf. Das war
schon Weltklasse, und die Kollegen waren super. Aber
wenn Feiertag und kein Training war, bin ich arbeiten gegangen. Ich habe teilweise auch schon um drei Uhr morgens anfangen müssen. Als Uwe Reinders unser Trainer
wurde, konnte ich manchmal morgens nicht zum Training. Als ich einmal erst mittags kam und er fragte, wo
ich jetzt herkomme, konnte er gar nicht glauben, dass ich
arbeiten musste. Gegen den 1. FC Nürnberg hat er mich
trotzdem mitgenommen, da habe ich mein erstes Tor gemacht, vor 25 000 Zuschauern, da kriege ich jetzt noch
Gänsehaut. Ich bin dann zum Trainer und meinte: ›Na,
jetzt kennen se mich, oder?‹«

Vollprofi wurde Hopp erst mit 24 Jahren, Lienen, inzwischen Cheftrainer bei den Profis, riet ihm dazu. »Ich
habe lange überlegt, was ich mache. Es war eine schwierige Arbeitslage, und ich hätte nie von mir aus gekündigt. Ich hätte eine Vorarbeiterschule machen können und
wäre heute vielleicht Meister, wer weiß. Mit meinem Chef
habe ich dann vereinbart, dass Thyssen mir den Arbeitsplatz drei Jahre lang frei hält. Mir sind nach den drei Jahren letztlich 50 000 DM Abfindung verloren gegangen. Ich
habe bei Thyssen danach gefragt, aber die wussten, dass
ich regelmäßig spiele, und haben das ausgeschlagen. Also
habe ich gesagt, sie sollen meinen Arbeitsplatz jemandem
geben, der ihn braucht, einem Familienvater oder was
weiß ich.«

Insgesamt acht Jahre spielte Joachim Hopp in der Bundesliga und in der zweiten Liga für den MSV Duisburg,
zum Ende seiner Karriere ging er noch für zwei Jahre zu
Rot-Weiß Oberhausen. Würde einer wie er heute noch

in der Bundesliga spielen können? Die dazu notwendige Schnelligkeit, eine ausgeprägte Physis und sicherlich auch sein Wille würden ihn weit bringen. Aber unter den Bedingungen von damals würde auch er es heute nicht schaffen, niemand würde das. Weil er der letzte Spieler war, der Arbeit und Fußball auf diese Weise vereinen konnte, wurde er in die Jahrhundertmannschaft des MSV Duisburg gewählt und genießt bis heute Verehrung. »Ich war neulich im Stadion, da kam ein Fan der Gastmannschaft zu mir. Der war vielleicht 30 Jahre alt und wollte mir einfach mal die Hand drücken, weil sein Vater so begeistert von mir war. Die Leute finden es beeindruckend, was ich damals gemacht habe, dabei war das für mich etwas ganz Normales, wie aufstehen, essen, trinken. Aber ich weiß auch: diese Geschichte ist einmalig und wird sich nicht wiederholen.«

Spieler wie Joachim Hopp sind heute Sehnsuchtsfiguren, weil sie für etwas stehen, was aus dem Fußball fast verschwunden ist. Das kantig Ungeschmeidige, die proletarische Härte gegen sich selbst und andere. Als der FC Schalke 04 sein Fußballmuseum auszustatten begann, kam Klaus Fischer mit einem Exponat vorbei: einem 34 Zentimeter langen Metallnagel aus seinem Schienbein, der ihm nach einem Bruch eingesetzt wurde und mit dem er zwei Dutzend Tore schoss.

Solche Hartmacherstorys kommen immer noch super an. Sie wirken verlässlicher als das, was die Supertalentierten mit den Kindergesichtern oft vermitteln. Harte Jungs, ehrliche Burschen, echte Maloche, wenig Geld. Das funktioniert nicht nur im Ruhrgebiet. »Wenn ich dazwischengrätsche und der Ball auf die Tribüne fliegt, jubeln die Zuschauer«, hat Joachim Hopp mal gesagt, als er noch spielte.

Männer wie er feierten auf dem Platz noch einmal die untergehende Welt der körperlichen Arbeit. Damit konnten sich die identifizieren, die das Gefühl hatten, dass ihre Jobs und sie selbst langsam überflüssig wurden. Und auch die, die längst im Büro saßen und dort vielleicht zweifelten, ob sie wirklich eine ehrliche Arbeit machen. Denn so intensiv der Fußball auch geworden ist, so körperlich unglaublich fordernd, auf dem Rasen ist kein Platz mehr für engagierte Hilfsarbeiter mit einer Schaufel in der Hand und kräftigen Oberarmen. Dafür ist das Spiel zu komplex und anspruchsvoll, wilde Grätschen sind in der Bundesliga nicht mehr erwünscht.

Joachim Hopp bedient gerne die Nostalgie nach den Zeiten, als einer wie er auch in der Bundesliga noch mitmachen durfte, aber er tut das auf eine nicht unangenehme Art und Weise. Vielleicht, weil es in dieser Geschichte noch eine besondere Wendung gibt, oder eher: eine verblüffende Verzweigung. Denn Hopp pflegte schon als Jugendlicher eine Leidenschaft für ausgefallene Musik. »Keine Hitparade, keine Charts. Früher hat man gesagt, es sind Importsachen. Ich wollte Clubsound hören.« In einem Essener Plattenladen hatte er zu Beginn seiner Profikarriere quasi ein Erweckungserlebnis. Er freundete sich mit dem Besitzer an, der auch noch MSV-Fan war. »Ich bin da jeden Donnerstag um 12 Uhr hin, weil mittwochs die Ware kam. Dann haben sich alle DJs des Ruhrgebiets dort getroffen, die Platten wurden angespielt, und ich durfte auswählen. Ich habe zu Hause viel geübt, und irgendwann war ich so weit, dass ich auflegen konnte. Das war eine unheimliche Entspannung für mich. Der eine war im Puff, der andere auf der Rennbahn zocken – ich habe eben Musik gehört.« Erst als 1998 seine Tochter geboren wurde, räumte er sein Musikzimmer mit fast 10 000 Platten aus. Heute legt er also schon lange nicht mehr auf, dafür interessiert er sich aber für guten Rotwein. Und selbstverständlich weiterhin für Fußball, nach unserem Gespräch wurde er Trainer bei Hamborn 07, einem traditionsreichen Arbeiterklub aus dem Norden Duisburgs, wo die Stahlwerke nicht fern sind.

# Die Malocherlüge

*Vergessenes Tiki-Taka in Königsblau*

Willi Koslowski malocht noch immer, als würde er alle Sehnsucht nach der großen Kommunion von Fußball und Arbeit auf ewig mit Leben füllen wollen. Seit 1981 ist er auf der Poststelle von Schalke 04 angestellt. »Post vom Meister« steht auf seinem kleinen Lieferwagen, denn Koslowski spielte in der Schalker Mannschaft, die 1958 zum letzten Mal einen Meistertitel nach Gelsenkirchen holte. Die ersten beiden Tore beim 3:0-Sieg im Endspiel über den Hamburger SV bereitete er per Flanke vor. Nun sitzt er, Jahrgang 1937, vormittags immer noch in dem kleinen Postzimmer, links hinter dem Eingang des alten Teils der Geschäftsstelle, obwohl er schon 2002 in Rente hätte gehen können.

Koslowski ist ein unglaublich freundlicher Mann, dessen Bescheidenheit den Glanz eines Menschen hat, der in seinem Leben große Erfolge feiern konnte. Morgens holt er in Gelsenkirchen-Buer die Post ab, Schalke hat dort fünf Postfächer, anschließend verteilt er sie im Klub. Danach bereitet er mit seinem Kollegen den Postausgang vor. Einen Teil davon nimmt Koslowski mittags auf dem Weg nach Hause zur Post mit, danach ist Feierabend. »Wenn man noch halbwegs fit ist, ist es schön, morgens hierherzufahren und Zeit mit Schalke und mit Schalkern zu verbringen«, sagt er.

Der »Schwatte«, wie ihn hier fast alle nennen, hat sein ganzes Leben lang gearbeitet, auch als er noch Fußball spielte. Koslowski wurde in Gelsenkirchen geboren, sein Vater fiel im Zweiten Weltkrieg, und die Familie wurde evakuiert, weil sie in der Nähe der Benzinwerke lebte, die ein bevorzugtes Ziel der englischen und amerikanischen Bomberstaffeln waren. Als sie 1952 wieder nach Hause zurückkamen, begann Koslowski auf der Zeche zu arbeiten, er war 15 Jahre alt. »Ich wollte immer Bergmann und Fußballspieler werden, und das ist beides eingetreten. Ich habe drei Jahre gelernt, die Knappenprüfung gemacht und den Knappenbrief bekommen. In der Zeit habe ich bei Schalke in der Jugend gespielt, die westdeutscher Meister geworden ist. Nach zwei Jahren in der A-Jugend bin ich mit 18 in die erste Mannschaft gekommen.«

Der Fußball beendete aber auch sein Berufsleben als Bergmann. Mit 18 Jahren erhielt er eine Einladung des DFB zu einem Jugendturnier in Italien. Er hätte Urlaub nehmen müssen, aber sein Fahrsteiger hatte kein Interesse am Fußball und gab ihm nicht frei. Ernst Kuzorra, damals Spielobmann bei Schalke, heute würde man Sportdirektor oder Manager sagen, forderte Koslowski auf, es noch mal zu versuchen. Als der Vorgesetzte wieder ablehnte, forderte Kuzorra den jungen Koslowski auf, am nächsten Tag zum letzten Mal einzufahren. »Ich habe dem Fahrsteiger schöne Grüße von Kuzorra bestellt, aber er kannte den gar nicht. Ich habe gesagt, er soll den Schein fertig machen, dass ich mit Personenförderung nach oben fahren darf. Damit hatte ich gekündigt. Kuzorra sagte, ich solle zum Turnier fahren und danach würde ich bei einer anderen Firma anfangen. So war ich fast dreißig Jahre Versandmeister in der Glasverladung.«

Wie schon beschrieben, ging es in den Fünfzigerjahren darum, dass die Klubs den Spielern interessante Jobs anbieten konnten, die zu den Anforderungen des Fußballs passten. »Wir hatten wirkliche Berufe: beim Versand, im Büro, als Gelderheber, als Selbstständiger, als Schlosser. Günter Siebert war Kaufmann, er hat erst Muscheln verkauft und hatte später zehn, fünfzehn Trinkhallen«, sagt Koslowski. Bei den Vertragsspielern gab es eine Staffelung der Bezahlung. Wer direkt aus der Jugend kam, erhielt zunächst 80 Mark im Monat, nach zwei Jahren steigerte sich das auf 160 Mark, der Höchstsatz waren 320 Mark – brutto. Davon allein konnte man auch damals nicht leben. Manfred Kreuz war es als Finanzbeamtem nicht mal erlaubt, einen Vertrag zu unterschreiben. Er durfte nur Spesen abrechnen: sieben Mark für ein Heim-, vierzehn Mark für ein Auswärtsspiel. Als Belohnung für den Gewinn der Meisterschaft 1958 konnten sich die Spieler in einem Kaufhaus einkleiden, das einem Mitglied aus dem Präsidium gehörte. Alle Spieler bekamen zudem einen goldenen Ehrenring und tausend Mark in bar.

Von Ernst Kuzorra gibt es ein in Schalke früher immer wieder beschworenes Zitat: »Fußball und Arbeit waren Brüder.« Doch wenn Ludger Claßen sich in einigen Jahren vom Schreibtisch erheben wird, um seine Arbeit als Verleger des Klartext-Verlages zu beenden, wird er endlich das Buch schreiben, das diese Behauptung als Missverständnis darstellen wird.

Fußball war in Deutschland zu Beginn ein bürgerliches Spiel, und um die Wende zum 20. Jahrhundert waren Städte wie Berlin, Hamburg, Hannover, Leipzig, Dresden, Düsseldorf, Köln oder Frankfurt die Hochburgen und nicht etwa das Ruhrgebiet. »Die Spieler waren Juristen, Ärzte, Journalisten, Universitätsprofessoren, Offiziere, vor allem aber technische und kaufmännische Angestellte«, schreibt Claßen in seinem Aufsatz »Fußballmetropole Ruhrgebiet. Mythos Fußball und Arbeiter«, aus dem sein Buch erwachsen soll. Bis zum Beginn des Ersten Weltkriegs blieb es dabei, danach wuchs das Interesse am Fußball fast explosionsartig. Wo vorher nur ein paar Hundert Spieler gekickt hatten, taten es nun Tausende. Wo tausend zugeschaut hatten, waren es nun Zehntausende – auch in den Industrierevieren an der Ruhr. Bislang wurde diese Entwicklung vor allem durch die Einführung des Acht-Stunden-Tages erklärt und dass die Arbeiter mehr Freizeit hatten. Doch das passierte erst 1923, und da war die Initialzündung schon längst passiert.

Claßen glaubt, dass für diese Entwicklung maßgebend ein Militärerlass aus dem Jahr 1910 war, der Fußball in den Ausbildungsplänen für Soldaten verankerte. Daher stammt auch die militärische Begrifflichkeit »Schuss«, »Flanke«, »Deckung«, »Sturm«, »Flügel«, »Feld« oder »Schlachtenbummler«, worauf die Historikerin Christiane Eisenberg als Erste hingewiesen hat. Kurzum: Viele Soldaten kehrten als Fußballspieler aus dem Krieg zurück, weil sie das Spiel dort kennengelernt hatten.

Wie die Entwicklung im Ruhrgebiet genau war, das will Claßen noch genauer erforschen. Wobei er sich schon jetzt darüber im Klaren ist, dass ein Teil des Geschichtsbildes nicht mehr zu halten ist. »Der Gründungsmythos des Ruhrgebiets, das ›wilde‹ Kicken auf Straßen und Hinterhöfen sei adäquater Ausdruck des Lebensgefühls und habe den Fußball quasi naturwüchsig hervorgebracht, bedarf einer Überprüfung, wenn nicht gar eines Widerrufs.«

Nun muss der Umstand, dass Fußball auch im Ruhrgebiet zu Beginn ein bürgerliches Spiel war, nicht heißen, dass es diesen Malocherfußball im Ruhrgebiet nicht gegeben hat. Ob er auf der Straße entstand oder im Verein, ist ebenfalls egal. Dass man mit »solch ehrlicher Maloche jede Mannschaft der Welt schlägt«, hatte Manager Rudi Assauer gesagt, als Schalke 1997 sensationell den UEFA-Pokal gewann. Schloss sich beim Finalsieg im Giuseppe-Meazza-Stadion, beim Erfolg im Elfmeterschießen gegen Inter Mailand, nicht der Kreis zu den Spielern, die Schalke 04 in den Dreißigerjahren hatten groß werden lassen? Waren die »Eurofighter« um Marc Wilmots, genannt »Willi, das Kampfschwein«, nicht die legitimen Nachfolger jener Mannschaft um Fritz Szepan und Ernst Kuzorra, die mehr als sechs Jahrzehnte zuvor die erfolgreichste Periode der Vereinsgeschichte bestimmt hatten? Und die Erben von Willi Koslowski.

Als ich bei ihm auf der Schalker Poststelle saß, wollte ich wissen, wie viel Malocherfußball im Schalker Meisterteam von 1958 eigentlich gesteckt hatte. »Wir haben uns den Ball zugespielt, bis der Gegner sagte, es lohnt nicht mehr, hinterherzulaufen. Deswegen haben auch die Trainer hier auf Schalke viel Wert auf technischen Fußball und Arbeit am Ball gelegt«, erzählte er. Als im zweiten Bundesligajahr Fritz Langner als neuer Trainer kam, ein legendärer Schleifer, der mit Westfalia Herne Westmeister geworden war, widersprachen seine Ideen der Schalker Spielkultur. Medizinbälle und 400-Meter-Läufe waren nicht das richtige Trainingsprogramm. »Das hat nicht gepasst. Ihm war die Kondition sehr wichtig, darunter haben unsere technisch guten Spieler sehr gelitten«, sagt Koslowski. Der richtige Mann hingegen sei Meistertrainer Edi Frühwirth gewesen, ein Österreicher, der 1954 mit der österreichischen Nationalmannschaft WM-Dritter geworden war. »Er hat Wert aufs Stellungsspiel und auf taktisches Verhalten gelegt. Die Außen mussten immer auch mit nach innen arbeiten, denn wenn der Ball nach innen geht, kannst du nicht nur außen decken. Die Gefahr ist in Tornähe. Das hat der uns so beigebracht, deshalb haben wir die Abwehr verschoben. Es war nicht die knallharte Manndeckung.«

Also spielte Schalke 1958 einen für damalige Zeiten taktisch innovativen Fußball, bei dem die Ballzirkulation wichtig war, »Schalker Kreisel reloaded« sozusagen. Denn auch jene Mannschaft, die zwischen 1934 und 1942 sechsmal deutscher Meister wurde und den Mythos von Schalke 04 begründete, folgte bei aller Bodenständigkeit und lokaler Verbundenheit einer Spielidee, die mehr mit Ballkunst zu tun hatte als mit Kampf. Der »Schalker Kreisel« war das Tiki-Taka der Dreißigerjahre und ging auf die Brüder Ernst und Fred Ballmann zurück, die in England gelebt und von dort die Maximen des modernen Fußballs der frühen Zwanzigerjahre nach Gelsenkirchen mitgebracht hatten. Es war ein erster Zivilisierungsschritt, denn auf dem Sportplatz an der Grenzstraße wurde aus wildem Gebolze fortan geordneter Fußball. Bereits im Mai 1928 lobte die *Wattenscheider Zeitung* nach einem Spiel bei Wattenscheid 09 die Gastmannschaft: »In der Präzision des Zuspiels dominierten die Schalker.«

Wozu das führte, erzählte Hans Bornemann, der als Verteidiger bei den sechs Titelgewinnen dieser Epoche dabei war, in der Jubiläumsschrift zum 50. Geburtstag des Klubs. Schalkes Gegner hätten sich in den Spielen der Gauliga zumeist mit acht Spielern am eigenen Tor verbarrikadiert, weil sie so rettungslos unterlegen waren. »Da durchzukommen, war nicht einfach. Wir spielten daher im Mittelfeld, ließen den Ball vom linken Verteidiger über den Mittelläufer zum rechten Verteidiger, von dort zum Außenläufer in den Sturm und wieder zurück in die Verteidigung laufen, mit dem Ziel, die massierte gegnerische Deckung aufzulockern und herauszulocken und die Gegenspieler sich ›totlaufen‹ zu lassen, um später leicht zum Erfolg zu kommen. Dieses Hin- und Herspielen wurde von den Sportberichterstattern als ›kreiseln‹ bezeichnet, und der ›Kreisel‹ war geboren. Anfangs eine taktische Maßnahme, später der Stilbegriff Schalkes, dann beinahe Selbstzweck«, erzählt Bornemann. Könnte das nicht auch die Beschreibung einer in den letzten Jahren von Pep Guardiola trainierten Mannschaft sein?

Allerdings beschränkte sich das »Kreiseln« nicht auf die Begegnungen mit unterlegenen Gegnern. Ende Mai 1932 erreichte Schalke zum ersten Mal ein Halbfinale um die deutsche Meisterschaft, das auf neutralem Platz in Dresden gegen Eintracht Frankfurt mit 1:2 verloren ging. Der Berichterstatter des *Kicker* geriet geradezu ins Schwärmen: »Wenn es etwas an den Knappen zu bewundern gab, war es ihre geradezu raffinierte, an Artistik grenzende Balltechnik und ihre meisterhafte Körperbeherrschung. Mit glänzender Körpertäuschung und famosem Kopfspiel dirigierten sie den Ball so ausgezeichnet, dass die Frankfurter minutenlang kaum den Ball erwischen konnten.«

Schalke wurde in jenen Jahren ungeheuer populär. Aber die Zuschauer bewunderten die Spieler nicht, weil sie rackerten, sondern weil sie zauberten. Dazu bedurfte es großer Ballfertigkeit, wie Hans Bornemann in seinen Erinnerungen bestätigte: »In unermüdlichem Training mit dem Ball erreichten alle Spieler eine vollendete Technik.« Und genau die war Voraussetzung dafür, dass sich der Kreisel in Bewegung setzen konnte. »In direktem Flachpassspiel lief der Ball von Mann zu Mann. Es stand nicht immer einer frei, sondern wir huldigten dem Grundsatz, dass, wenn ein Spieler in Ballbesitz war, sich mindestens drei Mann freilaufen müssten, damit der Ballführende auch Gelegenheit zum Abspiel hätte. Nicht der, der in Ballbesitz war, bestimmte das Spiel, sondern die, die freigelaufen waren, zwangen den Ballführenden zum Abspiel.«

Das sind noch heute die Grundvoraussetzungen des Fußballs: Auf der Basis souveräner Ballbeherrschung zu agieren und dem Mitspieler stets mehrere Optionen zum Abspiel anzubieten, nur so kommt der Kurzpass- und Kombinationsfußball in Gang. Als Schalke 1939 auf dem Weg zum fünften Titelgewinn war, beschrieb die *Fußball-Woche* nach dem Halbfinal-Wiederholungsspiel gegen den Dresdner SC, wie man sich das Schalker Spiel vorzustellen hat: »Zuspiel und Zuspiel ist zweierlei, und damit sind die Abstufungen von gutem zu weniger gutem bis zu ausgesprochen schlechtem Abspiel noch nicht erschöpft. Schalke 04 ist groß im Fußball geworden durch die Sorgfalt, die es von jeher dem Weiterleiten des Balles an den Nebenmann zuwendete. Niemals ist bei Schalke gebufft, immer ist mit Verstand und offenem Auge zugespielt worden. Die Schalker haben aus dem Zusammenspiel eine Kunst gemacht, eine Fertigkeit, die von Spielergeneration zu Generation übertragen wurde, in deren Geist schon der eigene Nachwuchs erzogen wird.«

Und Ernst Kuzorra erklärte, wie das Spiel auf diese Weise in Gang kam: »Wir haben immer gesagt, der Ball muss laufen. Unser Spiel lief hinterher fast maschinenmäßig – wie eine Uhr.« Eine Woche nach erwähntem Halbfinale 1939 gegen Dresden schlug Schalke im ersten »großdeutschen Endspiel« Admira Wien mit 9:0. Es war der höchste Sieg in der Geschichte deutscher Meisterschaftsendspiele, der Höhepunkt der Schalker Mannschaft und der ihres Kreiselspiels. Die *Fußball-Woche* titelte: »Schalke – die vollkommene Fußball-Mannschaft.«

In einer Sendung des WDR zum 50. Geburtstag des Klubs hieß es: »Diese Mannschaft wollte nicht kämpfen, sie wollte spielen und spielend siegen.« Genau das machte sie angreifbar. Denn so sehr das Team gefeiert wurde, war in allen Jahren der Erfolge die immer gleiche Beschwerde zu hören, wie sie anlässlich des verlorenen Endspiels 1938 gegen Hannover 96 in der *Fußball-Woche* beileibe nicht zum einzigen Mal laut wurde: »Es wurde wunderschön kombiniert, aber über lauter Abspielen und Quergepasse wurde das Schießen vergessen, zum großen Verdruss des Publikums, das bei aller Sympathie für Hannover 96 mit seiner Enttäuschung über das erfolglose Kreiselspiel nicht zurückhielt.« Wenn man die strenge Kritik hört, muss man fast den Eindruck gewinnen, dass Schalke im Berliner Olympiastadion nicht getroffen hätte. Dabei war diese Partie das Wiederholungsspiels des Finales vom Samstag zuvor gewesen, das mit 3:3 schon recht torreich ausgefallen war. Auch dieses zweite Endspiel ging wieder mit 3:3 in die Verlängerung. Hannover hatte erst drei Minuten vor Schluss den Ausgleich durch einen umstrittenen Handelfmeter erzielt und kurz vor Ende der Verlängerung den Siegtreffer zum 4:3. Mochten die Gelsenkirchener also in beiden Spielen zusammen sechs Tore erzielt haben, die *Fußball-Woche* blieb streng: »Schalke ist in der zweiten Halbzeit wieder in seine beliebte Kreiselmanie verfallen und hat über dem Kreiseln den Meistertitel eingebüßt.« Kurzum: Die Mannschaft aus dem Kohlenpott stand unter dem Verdacht, aus Schönspielern zu bestehen.

Durchaus selbstironisch beschreibt Hans Bornemann ihr Selbstverständnis: »Nur wenn einer absolut nicht mehr abspielen konnte, haute er den Ball einfach in den Winkel, musste dann aber noch viel Geschimpfe über sich ergehen lassen, dass er das getan hatte. Denn ins Tor schießen, das hätten Ernst Kuzorra, Pörtgen oder Szepan schon einige Minuten vorher tun können, das war wahrhaftig nicht der Zweck des Spieles. Schön spielen, zaubern und kreiseln sollten alle. Tore wollten die Zuschauer gar nicht sehen, die waren lächerlich.« Die zweifellos übertriebene Darstellung legt nahe, dass sich die Schalker Spieler als Artisten sahen. Fritz Szepan hingegen begründete die Spielweise eher durch den Teamgeist: »Wir haben früher oft gesagt, dass wir noch erfolgreicher sein könnten, also noch mehr Tore schießen könnten. Aber die Mannschaft war so in sich verwachsen, dass der eine dem anderen das Tor gönnte. Wenn der andere besser stand, bekam der den Ball abgespielt. Es ist klar, dass der Ball nicht immer auf den Millimeter genau dahin kommt, und es konnte auch mal sein, dass er durch eine Unebenheit des Platzes so verkehrt sprang, dass der Betreffende, der wohl eine gute Torchance hatte, jetzt auch nicht schießen konnte und noch mal abspielte.«

Ob nun einer Artistenseele entsprungen oder dem Mannschaftszusammenhalt, der Schalker Kreisel war zirzensisch. So wurde schon früh Klage geführt, dass die Mannschaft nicht genug Härte und Entschlossenheit zeigte. In einem reichlich verschwurbelten und von Nazi-Ideologemen durchsetzten Beitrag in der Zeitschrift *Deutscher Fußball-Sport* ging es um den Gegensatz von Herz und Verstand, Kampf und Spiel im Fußball. Das »Alleinige amtliche Organ des Fachamtes für Fußball im Deutschen Reichsbund für Leibesübungen, herausgegeben vom DFB«

verglich im Mai 1935 die deutsche Nationalmannschaft mit dem Meisterteam von Schalke 04. »Während unsere Nationalmannschaft in nationaler Herzensglut, aber mannschaftlich-taktisch mit nordischer Verstandeskühle ihre Kämpfe bestreitet und damit durch ein methodisch-sachliches ›System‹ einen Platz unter den führenden festländischen Fußballländern erobert hat, gibt es einen Meister, der, um einen abgedroschenen Ausdruck zu gebrauchen, mit dem Ball umgeht wie ausgelassene Buben mit einem Spielzeug.«

Die größte Mannschaft des Ruhrgebiets war also eine Truppe von zirzensischen Schönspielern, denen man eine Neigung nachsagte, in Schönheit zu sterben? Das muss man sich mal auf der Zunge zergehen lassen. Jeden Fußballspieler, jeden Trainer, Vereinsfunktionär und Fan im Ruhrgebiet kann man wahrscheinlich mitten in der Nacht wecken und ihn dazu zwingen, den Satz »Ein Fußballspieler im Ruhrgebiet muss vor allem …« zu beenden. Die Antwort wird sicherlich heißen »… malochen und kämpfen«. Nur die Begründer des Ruhrgebietsfußballs taten es nicht, und ihre direkten Nachfolger in den Fünfzigerjahren auch nicht, wie Koslowski erzählt hatte.

Oder war Schalke nur eine Abweichung vom sonst proletarischen Gebolze der Oberliga West? Koslowski schüttelte den Kopf: »Es gab schon Mannschaften, die nicht die technischen Möglichkeiten hatten wie andere, aber Kloppertruppen würde ich die nicht nennen.«

Wie aber kann es dann sein, dass heute jeder Fan von Schalke 04 als das Erbe des Klubs und den Kern aller fußballerischen Tugenden das Malochen auf dem Platz sieht? Koslowski zuckt mit den Achseln: »Das wurde immer gesagt, weil die Arbeit unter Tage oder auch am Eisen sehr

hart war. Die glaubten immer, dass die Spieler das mal gemacht oder gesehen haben, diese Knochenarbeit im Kohlenpott, und dementsprechend verhalten sich die Spieler.
Das ist natürlich Quatsch. Wir hatten keine allzu schwere
Arbeit. Aber der Kohlenpott allgemein, Bergleute, Stahlwerke, das war harte Arbeit, daher kam der Glaube, hier
werde auch verbissen und hart gespielt.« Jene Spieler und
Mannschaften, die den Ruhm von Schalke 04 erst be-
gründeten, standen für das genaue Gegenteil: für Eleganz,
Leichtigkeit und Spielerisches.

Ich hatte auch Julian Draxler gefragt, der trotz seiner
Jugend so prima in die Ahnenreihe großer Schalker Spieler passt, ob er sich noch als Ruhrgebietsfußballer sehen
würde. »Ich glaube nicht, dass ich von meiner Spielweise
her typisch für das Ruhrgebiet bin. Für mich ist der Ruhrgebietsfußballer eigentlich der klassische Kämpfer und Tre-
ter. Aber ich bin keiner, der herumgrätscht, ich habe eine
andere Spielweise«, sagte er. Dass Schalkes größte Triumphe auf ganz andere Weise erreicht worden waren, wusste
Draxler nicht. Er erzählte eben von dem Schalke, von dem
immer geredet wird. »Schalke war immer eine Arbeiter-
mannschaft, die viel über den Kampf erreicht hat. Damit
identifizieren sich die Fans, vor allem die älteren«, sagte er.

Aber gäbe es diese klassischen Malocher heute noch,
fragte ich ihn. »In meiner Jugendmannschaft hatte ich
schon noch einige. Ich glaube aber, dass der Fußball sich in
eine Richtung entwickelt hat, die bewirkt, dass sie eher aus-
sterben. Selbst Innenverteidiger sind heutzutage gute Fußballer, weil die ein Spiel aufbauen müssen. Der klassische
Fußballer aus dem Ruhrgebiet ist nicht mehr so gefragt,
denke ich.« Wie hartnäckig diese Idee eines Ruhrgebiets-
fußballers dennoch ist, dazu brauchte Julian Draxler nur

mit seinem Vater zu sprechen. »Wenn er der Meinung ist, dass ich auf Schönspielerei gesetzt habe, erinnert er mich immer gern daran, dass Schalke ein Malocherverein ist und dass man sich hier erst mal den Arsch aufreißen muss, bevor man Hacke, Spitze, eins, zwei, drei spielen darf.«

Deshalb wird heutzutage oft – gerade im Ruhrgebiet und vor allem bei Schalke – die Charakterfrage gestellt, wenn es sportlich nicht läuft. Weil man doch in schweren Zeiten zumindest auf dem Platz malochen kann. Manchmal stimmt der Vorwurf, häufiger aber tut er es nicht. In solchen Zeiten bricht die ganze Wut über die Trennung der Welten zwischen Spielern und Fans auf. »Wir woll'n euch kämpfen seh'n« heißt es dann oder schlimmer noch »Wir sind Schalker und ihr nicht«. Dann wird es schwer, sich auf die Tugend des guten Fußballs zu besinnen.

# Staublungenfußball und Pöhler 3.0

## *Strukturwandel auf dem Rasen*

Dem Ruhrgebiet wird inzwischen viel Sympathie entge-
gengebracht. Ein Sympathisant ist der Berliner Autor Thomas Kapielski. Aber wie das so ist: Mit denen, die man
liebt, ist man oft strenger. Also schreibt er: »Nun pflegt der
Mensch aus dem Ruhrgebiet einen ganz eigenen Makel;
es ist dies eine gänzlich verkitschte, rückwärtsgewandte
Staublungenromantik, irgendwie auch mit elegischer Tau-
benscheiße verquirlt, immer sauber verbrämt mit glitschi-
ger Jammerei über das verlorene Idyll. Nichts und nie geht
es ab ohne romantischen Stahl-, Kohle-, Kanalmuff! Auch
das Bedürfnis nach staatsväterlicher und versicherungs-
mütterlicher Vollversorgung wurzelt tief bis auf die ver-
ödeten Flöze. Auf der ganzen mir bekannten Welt habe ich
nie einen Zeitungsladen bemerkt, der, so wie hier, erst um
neun öffnet, dann aber schon wieder, wie eigentlich alle
hier, gegen halb eins in eine zweistündige Mittagspause
eskapiert. Und dann rauschen sie hier auf ihren Rollato-
ren oder Motorrollern rum, faulabern ständig nur gedrückt über ein geheimnisvolles Früher, bemäkeln die hie-
sige Ereignislosigkeit und das Fehlen von Kultur und dann
kommen bei freiem Eintritt nur zwei Figuren zum Orgel-
konzert: der Mann mit dem Hörgerät und der Mann aus
Berlin. Oh, Mann!«

Es ist bislang auch hier viel von Kohle und Stahl und vom

Gestern (allerdings nicht von Brieftauben und Orgelkonzerten) die Rede gewesen und inwiefern die Beschwörung des Gestern angesichts eines galoppierenden Strukturwandels heilend gewirkt hat. Aber auch mich überfielen auf der Reise durch meine Heimat solche Kapielski-Momente, wo ich das alles nicht mehr hören konnte. Es kam mir dann vor, als würde ich mich durch einen großen Schwindel bewegen. Ich lief durch meine alte Heimat, aus der die Arbeit verschwunden war, die doch alle schlimm fanden, als sie sie wirklich hatten machen müssen. Und nun wurde sie in diesen ganzen Gebläsehallen, Kohlebunkern und Fördertürmen andächtig gefeiert – und im Stadion erst recht. Dann hatte ich das tiefe Bedürfnis, auf den höchsten Turm zu klettern und über den wattstärksten Lautsprecher zu verkünden: »So Freunde, Schluss jetzt! Die Museen in den Köpfen sind ab sofort geschlossen! Jetzt schauen wir mal nach vorne.«

Mir war im Ruhrgebiet schon immer auf die Nerven gegangen, was mir auch jetzt wieder begegnete: Eine weitverbreitete, oft nur auf zweitem Blick wahrnehmbare Haltung, derzufolge man sowieso nichts machen kann. Gerne kombiniert mit dem Hinweis, dass »die da oben« das sowieso verhindern würden. Gleichzeitig »staatsväterlich und versicherungsmütterlich«, wie Kapielski treffend gespottet hatte, darauf setzend, dass »die da oben« schon für einen sorgen.

Das drückte sich auch im Fußball aus. Etwa in dem im Ruhrgebiet schon früh besonders ausgeprägten Hass auf den FC Bayern, der bereits in den Siebzigerjahren zu so unschönen Vorfällen führte wie dem Wurf eines Messers an der Hafenstraße in Essen, das damals Sepp Maier fast getroffen hatte. Schon damals waren die Bayern »die da oben« des Fußballs, die Geld hatten und Macht und auf dem Rasen verdächtig elegant spielten. Franz Beckenbauer galt zu seiner Zeit als Spieler deshalb auch als arrogant. Dass sein Spiel leicht war, stellte ihn unter Verdacht. Auch die andauernde Verherrlichung des Goldenen Zeitalters der Fünfzigerjahre hatte etwas Träges, ohne dass jemand genauer wissen wollte, wie das damals eigentlich mit dem Geld so funktioniert hatte, und lieber davon erzählt wird, wie man in der Kneipe zusammen sang. Als ich dem Historiker Ralf Piorr meine Klage knurrend vortrug, verstand er sofort, was ich meinte. »Es stimmt definitiv, dass die Mythenproduktion in dieser Region besonders ausgeprägt ist. Der Ruhrgebietsfußball hat geschafft, sich zum Kult zu machen.« Nur, Kult allein reicht nicht, nirgends.

Die irrwitzige Verdrehung der Geschichte des Ruhrgebietsfußballs als eine des Malochens war ein schlagendes Beispiel dafür. Es gab sie nicht nur in Schalke, im Bochumer Stadion wurde einer der besten Spieler, der in den letzten zehn Jahren für den VfL Bochum gespielt hat, immer wieder angemurrt und ausgebuht. Zvejzdan Misimović, genannt »Zwetschge«, war ausnehmend langsam, und wenn ihm einer seiner minder talentierten Mannschaftskollegen den Ball nicht in den Fuß, sondern in den Lauf spielte, konnte das erbarmungswürdig aussehen. Er rannte auch sonst nicht übermäßig viel, war kein Mann für schneidige Tacklings oder krachende Kopfballduelle. Der Rest allerdings war von Weltklasse nicht weit entfernt: Ballbehandlung, Passspiel – ein Traum. Allerdings maßen ihn erstaunlich viele Zuschauer an dem, was er nicht gut konnte. So, als sei Kunst ohne Arbeit nichts wert, anstatt dafür dankbar zu sein, dass Misimović wegen seiner Schwächen in Bochum und nicht in Barcelona spielte.

Zugegeben, auch ich selbst hatte lange geglaubt, dass es im Fußball vor allem ums Malochen ging, denn wie anders hätte der VfL Bochum mehr als zwei Jahrzehnte die Klasse halten und sich in der Bundesliga den Ruf der »Unabsteigbaren« erarbeiten können. In Bochum wurde jahrelang das Selbstbild eines Klubs gepflegt, dessen Protagonisten auf dem Platz ein verschworener Haufen von Spielern war, die fehlendes Talent durch Arbeit und Kampf ausglichen. Und sie tun es heute noch, wie ich an einem warmen Frühlingsabend im VIP-Raum des Bochumer Stadions erfahren sollte. Ralf Zumdick war zu einer lauschigen Nostalgieplauderei gekommen, der wahrscheinlich beste Torwart, der je beim VfL Bochum gespielt hat. Links an einem Bistrotisch saß Klaus Franke, der dem Klub sechs Jahre lang als verlässlicher Innenverteidiger gedient hatte, und in der Mitte Dieter Bast, der einer der besten Liberos der Vereinsgeschichte war.

»Kämpfen, rackern, arbeiten, das zeichnete uns aus«, sagte Klaus Franke, und Dieter Bast nickte so demonstrativ, dass ich ihn nach der Veranstaltung ansprach. Bast hatte zu den technisch besten Fußballern gehört, die jemals beim VfL Bochum gespielt hatten. Als ich ihm gegenüber darauf bestand, dass er sich einfach falsch erinnerte, gab er das nur unentschlossen zu, denn offensichtlich wollte er sich als Teil eines Kollektivs von tapferen Arbeitern in Erinnerung behalten.

1993 war der Mythos der »Unabsteigbarkeit« zerbrochen und der VfL Bochum zum ersten Mal aus der Bundesliga abgestiegen. Ein Jahr später kehrte der Klub zwar direkt in die Bundesliga zurück, geriet aber sofort wieder in den Abstiegskampf. Als Klaus Toppmöller Trainer wurde, konnte er den erneuten Abstieg nicht mehr verhindern, doch das erneute Jahr in der Zweitklassigkeit nutzte er zu einer Kulturrevolution. Er verabschiedete Spieler, deren Kernkompetenz Kraft und Ausdauer, Einsatz und Kampf gewesen waren, und verpflichtete Spieler wie den Außenverteidiger Thomas Stickroth, der nicht nur verdächtig gut aussah, sondern auch ganz selbstverständlich den Übersteiger beherrschte. Vor allem brachte er seiner Mannschaft eine zuvor ungekannte taktische Flexibilität bei. Irgendwann konnte sie im Laufe des Spiels flüssig und ohne Probleme das Spielsystem wechseln.

Das fiel in eine Zeit, in der ich mich für Taktik und Strategie zu interessieren begann, und Toppmöllers Arbeit machte mich doppelt glücklich. Man konnte sehen, welchen Plan er verfolgte – und der ging oft genug auch noch auf. Erneut kehrte der VfL Bochum direkt in die Bundesliga zurück, marschierte zur besten Platzierung der Vereinsgeschichte durch und spielte im Jahr 1997 drei Runden lang im UEFA-Pokal. Klaus Toppmöller war ein Konzepttrainer, bevor dieses Wort gebräulich wurde, auch wenn er eher seinem hoch entwickelten Instinkt folgte als theoretischen Entwürfen.

Das Ruhrgebiet selbst hat in 50 Jahren Bundesliga nur wenige große Trainer hervorgebracht. Otto Rehhagel aus Essen, den Großwesir des Pragmatismus, der mit Werder Bremen und dem 1. FC Kaiserslautern drei deutsche Meisterschaften, dreimal den DFB-Pokal und einmal den Europapokal der Pokalsieger gewann – und als Krönung die Europameisterschaft mit Griechenland. Willi Multhaup aus Essen war 1965 deutscher Meister ebenfalls mit Werder Bremen geworden, Helmut Benthaus aus Herne 1991 mit dem VfB Stuttgart und Karl-Heinz Feldkamp aus Oberhausen 1994 mit dem 1. FC Kaiserslautern. Der in

Dortmund geborene Dettmar Cramer gewann 1975 und 1976 mit dem FC Bayern München zweimal den Europapokal der Landesmeister.

Neben diesen Meistertrainern gab es einige, die überraschend arbeiteten und für teils sensationelle Erfolge sorgten. Hannes Bongartz etwa, der als einer der ersten Trainer in Deutschland mit der Viererkette in der Abwehr spielen ließ. Im ersten Bundesligajahr verblüffte Rudi Gutendorf beim Meidericher SV mit raffinierter Riegel-Taktik, die den No Names aus Duisburg die Vizemeisterschaft eintrug. Es gab Ivica Horvat aus der jugoslawischen Trainerschule, der Schalke Anfang der Siebzigerjahre zu einem Zwischenhoch führte, und Heinz Höher, der beim VfL Bochum in der Bundesliga die Abseitsfalle einführte. Oder eben Klaus Toppmöller und später Marcel Koller in Bochum. Doch von Bongartz abgesehen war keiner von ihnen im Ruhrgebietsfußball sozialisiert worden.

Eine Erklärung für diesen Umstand sollte ich erstaunlicherweise dort finden, wo ich mal Germanistik und Geschichte studiert hatte. Die Ruhr-Universität die Grotenburg-Kampfbahn der deutschen Universitäten zu nennen, mag eine etwas billige Pointe sein, aber im Gebäude GC hat sich, seit ich in Bochum vor einem Vierteljahrhundert mein Studium beendet hatte, auch nicht viel mehr geändert als im Krefelder Stadion. (Angeblich ist es aber das letzte nicht modernisierte Gebäude.) Doch was hatte ich erwartet? Dass man den Laden in eine Wohlfühloase umgebaut hatte? Die Bochumer Uni bestach immer schon durch einen eher industriellen Charme. Mich hatte das nie gestört, und ich hatte auch nie die Behauptung geglaubt, dass sich hier mehr Studenten das Leben nehmen würden als anderswo, weil der Anblick der riesigen, betonierten

Lernquader Depressionen auslöst. Ich selbst wollte aber auch nie in einer traditionsreichen Uni-Stadt mit romantischen Kopfsteinpflasterstraßen tagsüber in Vorlesungsräumen sitzen, in denen schon Wilhelm von Humboldt gesprochen, und nachts in Schänken, wo schon Schiller gebechert hatte. Ich fand, dass die Ruhr-Universität, so wie sie ist, bestens in die Gegend passte.

1966 wurde sie als erste Uni im Ruhrgebiet eröffnet, was im Umkehrschluss bedeutet, dass es hier bis 1965 keinen Studenten gab. Heute sind an den diversen Hochschulen und Fachhochschulen 170 000 Studenten eingeschrieben. Insofern ist diese Universität selbst ein Beispiel für das, was im Gebäude GC auf Ebene 05 in der Fakultät für Sozialwissenschaft erforscht wird: der Strukturwandel im Ruhrgebiet.

Ich besuchte Prof. Rolf Heinze, der ein umtriebiger Mann mit der Lust auf Debatten ist und ein Interesse daran hat, dass seine Forschungen nicht nur in Fachzeitschriften landen, sondern auch von den Entscheidungsträgern gehört werden. Ende der Neunzigerjahre war der Sozialwissenschaftler vier Jahre lang Mitglied der Enquete-Kommission des Landes Nordrhein-Westfalen zur »Zukunft der Erwerbsarbeit«. Von 1998 bis 2002 war er Mitglied der Benchmarking-Gruppe des »Bündnis für Arbeit« und wissenschaftlicher Berater des Bundeskanzleramtes, seit 2011 ist Heinze Mitglied der Expertengruppe »Zukunftsdialog« des Bundeskanzleramtes.

2012 hat Heinze zusammen mit drei Kollegen eine Situationsbeschreibung des Ruhrgebiets geliefert. Ihr Buch »Viel erreicht, wenig gewonnen« behauptete im Untertitel »Ein realistischer Blick aufs Ruhrgebiet« zu sein. Es ist das Buch, das man lesen sollte, wenn man die soziale

Situation im Ruhrgebiet verstehen will. Die Autoren versuchen keine steilen Thesen, sondern entwickeln ihre Ideen aus differenzierten Beschreibungen, in denen es um die Folgen des montanindustriellen Wandels geht, um die demografische Entwicklung, um regionale Clusterpolitik, um die Gefährdung von Humankapital und interkommunale Zusammenarbeit und Zukunftschancen. Die Sache ist komplex und ehrlich gesagt: Die Lektüre löst keinen Überschwang aus.

Für Heinze ist die tiefe Sehnsucht nach Pütts und Stahlwerken ein Problem. »Es muss qualmen und groß sein. Das gehört im Ruhrgebiet zur Mentalität. Man hat hier viele Leute, die stark dem altindustriellen Denken verhaftet sind«, sagte er. Als Heinze 1989 nach Bochum kam und den Lehrstuhl für Allgemeine Soziologie übernahm, prognostizierte er, dass der tertiäre Sektor der Gewinner des Strukturwandels sein würde. Dass es also weg von Bergbau, Energiewirtschaft und Baugewerbe ginge hin zu Handel, Banken und Versicherungen, Verkehr, Informationswesen, Forschung und Entwicklung, Werbung, Design, persönlichen und sozialen Dienstleistungen sowie staatlichen Diensten. »Da wurden die Leute böse, niemand wollte das hören, denn das Herz des Ruhrgebietes war nun einmal die Industrie.« Es ist eben nicht so, dass die Obsession mit der Maloche, die hart und schwer ist und die es nur in der Industrie gibt, allein in den Köpfen von Fußballfans herumspukt.

»In einem Bereich gibt es ausschließlich Rückgänge, das ist die Industrie«, sagte Heinze. Ich schaute aus dem Fenster, auf der anderen Seite ein kleines Waldstück. Im Grunde hatte er einen Satz gesagt, der im Ruhrgebiet seit Dekaden richtig ist.

Und nun?

Bochum war einst die größte Zechenstadt Europas, 1929 gab es hier 70 Schachtanlagen. Weil aber auch die Kohleflöze früher erschöpft waren, nahm schon 1963 auf dem Gelände der ehemaligen Zeche Dannenbaum das Opel-Werk die Produktion des Kadetts auf. Ein Wagen, der jahrzehntelang das Auto des Reviers war. Als ich Heinze besuchte, war die Schließung des Opel-Werks in Bochum gerade bekannt geworden. Die Nachricht war auch deshalb ein Schock, weil Opel ein Symbol des Strukturwandels war und nun jedem klar wurde, dass es noch einen weiteren Strukturwandel braucht oder der Strukturwandel ein Prozess ist, der nie abgeschlossen ist. Heinze hatte schon länger darauf hingewiesen, dass Autos, aber auch Elektrotechnik oder Medizintechnik derselben Qualität heutzutage woanders genauso schnell und wesentlich günstiger produziert werden können als in Deutschland. Bochum hatte das bereits bitter erfahren müssen, als der finnische Handyhersteller Nokia sein Werk 2008 nach Rumänien verlegte und fast 3000 Festangestellte und Leiharbeiter arbeitslos wurden.

»Inzwischen ist in Bochum die Ruhr-Universität der größte und sicherste Arbeitgeber. Der normale Bochumer hat ihre Bedeutung erst bemerkt, als Opel halb tot und Nokia tot war. Das erkenne ich an den Taxifahrern, die mir erzählen, wie viele Leute hier an der Uni arbeiten. Das wäre vor 20 Jahren niemals passiert«, sagte Heinze. 5000 Leute verdienen inzwischen ihr Geld an der Ruhr-Universität, insgesamt gibt es in Bochum fünf Hochschulen. Relativ stabil sind im Ruhrgebiet auch die Beschäftigungszahlen im Gesundheitsbereich, weil es hervorragende unfallchirurgische Kliniken und allgemein Topkliniken gibt. Zudem gibt es eine weitere erfolgreiche Branche, die zudem das tief verwurzelte Bedürfnis nach Größe befriedigt: Logistik. Auf dem Gelände des Stahlwerks Rheinhausen, dessen Schließung 1993 das Ruhrgebiet noch in Aufregung und für Massenproteste gesorgt hatte, gibt es inzwischen einen Logistikpark. Bei seiner europaweiten Suche nach einem Logistikschwerpunkt hat sich der schwedische Möbelhersteller IKEA für den Dortmunder Norden entschieden.

Als Heinze über Lösungen fürs Ruhrgebiet nachdachte, ging es ihm nicht um einen Gegensatz zwischen Industrie und Dienstleistung, zwischen qualmenden Fabriken und qualmenden Köpfen. Heinzes Lehrstuhl hatte gerade eine Studie über Südwestfalen erarbeitet und dort vor allem Städte wie Arnsberg oder Lüdenscheid untersucht. Dort und in Ostwestfalen sei der »industrielle Kernsektor in NRW«. Diese Unternehmen bräuchten allerdings das Wissen, das an den Hochschulen im Revier vorhanden ist. Das Revier wiederum bräuchte diese findigen Unternehmer, die mit spezialisierten Produkten oft große Erfolge auf dem Weltmarkt feierten. »Man müsste auf Entgrenzung setzen und sollte das Ruhrgebiet nicht zum Mythos werden lassen. Wir müssen die Kreativen aus dem südlichen Westfalen vermischen mit den Hochschulen, die wir hier haben, und so versuchen, wirtschaftliche Wertschöpfungsmuster in Gang zu setzen.«

Für mich war das ein neuer, frischer Blick aufs Ruhrgebiet, irgendwie klang das fast schon schwäbisch, wo mittelständische Weltmarktführer auf der Ostalb weitgehend unbemerkt prosperieren. Zugleich klang es so, als würde man viel Geduld brauchen, weil auf diese Weise hier mal hundert und da mal dreihundert neue Arbeitsplätze entstehen würden, wo früher im Revier doch immer gleich tausende unter dem Dach einer Firma gearbeitet hatten. »Meine Sorge ist, dass wir unsere Stärken vergessen, wenn wir immer nur an Großprojekte wie Dortmund und Schalke denken. Die Stärken liegen darin, dass wir Tüftler haben, dass wir Leute haben, die, vielleicht ohne darüber zu reden, geschickt neue Märkte erobert haben. Wenn man da nur auf die Großen guckt und dieses Image vom dicken Mann wie bei Rudi Assauer pflegt und den Fußball nur auf dieser Ebene behandelt, dann fallen die kleinen Tüftler raus«, sagte Heinze und verband dabei Fußball mit Standortpolitik.

Ruhrgebiet – Region der Tüftler? Auch für den Fußball im Revier hat das selten gegolten. Bei den Vereinen haben lange Haltungen überlebt, die dem »altindustriellen Denken« entsprechen, wie Heinze es nennt. Dem entspricht eine lange Tradition von Vereinsbossen vom Typus des patriarchalischen Machers, wie Assauer ihn verkörperte und auch heute bei Schalke noch Clemens Tönnies, früher Klaus Steilmann in Wattenscheid und noch weiter zurück Georg Melches in Essen, in etwas gemütlicherer Form bis vor wenigen Jahren Werner Altegoer in Bochum und schon umstritten Wolfgang Hellmich beim MSV Duisburg. Kein Wunder also, dass weder der VfL Bochum noch der MSV Duisburg, Rot-Weiss Essen oder Wattenscheid 09 nachhaltig zu schlauen Nischenklubs wurden, die geschickt finanzieller Übermacht trotzten, wie das der SC Freiburg oder der 1. FSV Mainz 05 schon lange tun oder zuletzt der FC Augsburg. Kreativbuden waren die Klubs im Ruhrgebiet nie so richtig.

Mitten im langen Niedergang des VfL Bochum wurde im Winter 2012 der Spielertunnel im Ruhrstadion mit einer Fototapete zum Kohleflöz umgestaltet, und ich konnte es nicht fassen. Klar, Bochum war mal eine große Zechenstadt, und selbstverständlich hatte es über den Vorgängerverein Germania 08 viele Verbindungen zum Bergbau gegeben. Doch als der VfL Bochum 1971 die nationale Bühne betrat, war das Zeitalter der Kohle in Bochum schon so gut wie vorbei. Für den Aufstieg des Klubs hatte er kaum eine Rolle gespielt. Zwei Jahre später schloss die letzte Zeche. Doch vor dem Stadion steht trotzdem schon länger eine Zechenlore, wo vielleicht besser ein Kadett hätte stehen müssen. Hätte man in dem Spielertunnel nicht eher ein Fließband von Opel zeigen sollen, wenn man den Spielern signalisieren wollte, dass es jetzt an die Maloche ging? Aber hinter der Staublungenromantik kann man sich halt immer verstecken.

Die Fixierung aufs Malochen ließ im Ruhrgebietsfußball, wie schon festgestellt, auch wenig Raum für den Typus des ungewöhnlichen Tüftlers oder gar Innovatoren auf der Trainerbank. Sie kamen erstaunlicherweise (oder eben nicht) in den letzten Jahren vor allem von da, wo auch in der Industrie getüftelt wird und neue Wege gegangen werden: aus Baden-Württemberg. Im deutschen Fußball stellen sie jedenfalls einen verblüffend großen Anteil auf den Trainerbänken, wenn man an Joachim Löw, Thomas Tuchel, Robin Dutt, Jens Keller, Markus Gisdol, Christian Streich, Tayfun Korkut oder an Ralf Rangnick denkt.

Auch Jürgen Klopp ist Schwabe, und ihm gelang schon als Trainer von Mainz 05 die Versöhnung von Tradition und Moderne – Malocherfußball 3.0 sozusagen. Auch bei Borussia Dortmund war er damit weitaus erfolgreicher, als es mit den finanziellen Mitteln eigentlich möglich hätte sein dürfen. Unter seiner Leitung wurde der BVB sportlich und dadurch auch finanziell saniert und kehrte nicht nur in die nationale Spitze zurück, sondern sogar in die internationale. Dort ist Borussia im Grunde ein Nischenklub, weil der Konkurrenz im Highend-Bereich der Champions League ungleich mehr Geld für Transfers, vor allem aber für Gehälter zur Verfügung steht.

Wir trafen uns in einer ungeheizten Loge des Westfalenstadions, bevor Jürgen Klopp zu einem PR-Termin musste, zwischendurch kamen Besucher einer Stadionführung draußen vorbei, die es nicht fassen konnten, dass dort wirklich der Trainer des BVB saß. Es macht fast immer Spaß, Interviews mit Klopp zu führen, weil er sich trotz größter öffentlicher Präsenz kaum einmal wiederholt. Bei ihm kommt nichts von der Stange, und sicherlich ist das auch einer der Gründe für seinen Erfolg.

Er war 2008 als Trainer nach Dortmund gekommen, nachdem er vorher acht Jahre lang Trainer und elf Jahre Spieler bei Mainz 05 gewesen war. Als der Klub im April 2008 den Wiederaufstieg in die Bundesliga verpasste, kündigte Klopp seinen Abschied an, ohne zu wissen, wohin es gehen würde. Es gab etliche Interessenten wie den Hamburger SV, Bayer Leverkusen und schließlich auch Borussia Dortmund. »Ich habe, wenn wir früher im Ruhrgebiet gespielt haben, immer etwas Besonderes gespürt. Als dann damals die Angebote kamen, hat Dortmund nicht am meisten Geld geboten, die hatten auch nicht die beste Mannschaft. Die hatten sogar vieles, was nicht so gut war. Aber Željko Buvač und ich hatten ein ganz spezielles Gefühl, dass das genau das Richtige für uns sei.« Klopp und sein Assistent entschieden sich aus ihrer Sicht für etwas, das sie für sich als »das Besondere im Ruhrgebiet« ausgemacht hatten, nämlich »die Leidenschaft und die Emotion.«

Es ist eine interessante Frage, ob Klopp in seiner leidenschaftlichen Art gut zum Ruhrgebiet passt oder ob seine Persönlichkeit durch die von außen herangetragene Leidenschaft noch bestärkt wurde. Er selbst meint: »Es wäre immer sehr emotionaler und heruntergebrochen auf die Möglichkeiten der Mannschaft auch immer derselbe Fußball, definitiv. Und zwar nicht, weil ich das für so geil, sondern weil ich es für richtig halte.«

Aber würde das auch für einen Klub wie Real Madrid der richtige Fußball sein? »Nein, da wird anderer Fußball erwartet. Man kann dort als Trainer nicht hinkommen und sagen: Schön, ihr habt hier jetzt zwar hundert Jahre weißes Ballett gemacht, aber jetzt ist Maloche angesagt. Die wollen schönen Fußball und haushoch gewinnen, kein Gerade-mal-eins-zu-null, sondern 8:0. Das könnten wir als Trainerteam auch bedienen. Aber es geht darum, was einem am nächsten ist.«

War ihm die Obsession, dass im Ruhrgebiet auf dem Platz malocht werden muss, bewusst, bevor er nach Dortmund kam? »Das deckt sich eins zu eins mit meiner Auffassung. Das hat nichts damit zu tun, dass ich selbst einst auf dem Platz nur arbeiten konnte. Malochen ist für mich arbeiten mit allem, was man hat. Aus einer Alltagslaune heraus kann niemand Höchstleistungen bringen. Du musst dich auf das einlassen, was du machst. Beim Fußball ist das: Kontaktsport und Laufspiel. Otto Rehhagel hat mal gesagt: ›Wenn man immer ein leichtes Spiel erwartet, wird man nie eins haben. Wenn man aber nie eins erwartet, wird man ab und zu eins vorfinden.‹«

Klopp hatte mal vor einem Spiel von Borussia Dortmund beim FC Bayern München gesagt: »Wir müssen den Gegner auf unser Niveau hinunterziehen.« Im Grunde meinte er damit zum Teil auch das, was Hajo Sommers, der

Präsident von Rot-Weiß Oberhausen, mir erklärt hatte: dass Malochen bei seinem Klub heißt, einem überlegenen Gegner auf quasi partisanenhafte Art und Weise sein Spiel kaputt zu machen. In diesem Sinne war das ein Ausdruck spielerischer und damit kultureller Armut. Doch Klopp begnügte sich damit nicht. Die Intensität der Dortmunder Defensivarbeit ist zwar die Basis des Spiels, aber jedes Jahr entwickelte Klopp es mithilfe geglückter und glücklicher Transfers weiter. »Wir sind nicht überlegen, wir haben uns einfach mehr abverlangt, als vorher für möglich gehalten wurde. Von jedem Einzelnen«, sagte Klopp.

Er hatte in den drei glücklichen Jahren zwischen 2011 und 2013 sogar einen Fußball erschaffen, der zu fast jedem Fußballfan auf der Welt sprach, auch in Pjöngjang und Key West. (Übrigens selbst in Gelsenkirchen, wo ein Sponsor von Klopp dessen Sympathiewerte abfragen ließ und zu dem Ergebnis kam, dass sie selbst in der Schalker Heimat überwältigend positiv waren.) »Es gibt auf diesem Planeten viele Trainer, die so viel besser sind als ich. Die gehen das viel analytischer an. Wir sind auch akribisch, aber wenn das Spiel losgeht, steht für uns das Ursprüngliche im Mittelpunkt. Das Raue, das Ungeordnete des Spiels – das mag ich.«

Klopp hatte eine Zeit lang fast schon programmatisch eine Kappe mit der Aufschrift »Pöhler« getragen, die ein Freund entworfen hatte ohne finanziellen Anreiz, worauf Klopp extra hinwies. »Pöhlen passt zu uns, und ich möchte uns das Gefühl bewahren, das man beim Pöhlen hat. Es geht nicht darum, wie gut du bist, sondern dass du das ausreizt, was du kannst. Du kannst vielleicht keinen Ball stoppen, aber hinterher sind alle kaputt und haben aufgekratzte Knie. Pöhlen imitiert nicht. Pöhlen ist der Anfang.«

Vielleicht war es wirklich so: Klopp hatte das Raue und Einfache, das Pöhlen, also etwas Archaisches zum Antriebsmoment von seiner Form des Spitzenfußballs gemacht. Damit hatte er auch die Idee vom Malocherfußball gerettet, weil er ihn auf den neuesten Stand brachte. So wurde ein Modell für den heutigen Fußball daraus und sogar eines für das Ruhrgebiet.

# Jürgen Klopp und Fußball,
# um davon zu erzählen

*Von den Geschichten zur Geschichte und zurück*

Während des Gesprächs mit Jürgen Klopp war mir aufgefallen, wie oft er den Begriff »Geschichte« benutzte. Nicht im Sinne von Historie, sondern als Story, die man sich erzählt. »Ich liebe es, mit Fritz, Josef und Aki im Trainingslager am Tisch zu sitzen und Geschichten zu erzählen«, sagte Klopp. Fritz ist Teammanager Fritz Lünschermann, der seit mehr als 25 Jahren für die Borussia arbeitet, Josef ist der ehemalige Pressesprecher Josef Schneck, der Klopp heute noch ein wenig bei der Terminorganisation hilft, und Aki ist der BVB-Vorstandsvorsitzende Hans-Joachim Watzke. Ich hatte mal erlebt, wie sie in der Bar ihres Mannschaftshotels in einer Ecke saßen und sich Dönekes, Anekdoten und Geschichten erzählten und immer wieder in lautes Gelächter ausbrachen.

»Man lernt Leute kennen, erlebt Sachen, macht zusammen Urlaub, und wenn man sich 20 Jahre später darüber unterhält, sind die Geschichten noch mindestens genauso lustig. Jetzt geht es darum, dass wir beim BVB gerade dabei sind, Geschichten zu schreiben, die wir uns in 20 Jahren erzählen können«, sagte Klopp, »da gehört eben dazu, Malaga so zu schlagen, wie wir sie geschlagen haben. Da wird in 20 Jahren keiner mehr sagen, na, das war aber Abseits. Wir waren doch schon weg. Ganz einfach. Und dann dreht sich dieses Spiel. Ich war dabei, und ich kann es bis heute nicht glauben.«

Malaga war wirklich eine unglaubliche Geschichte, als seine Mannschaft zwei Minuten vor Schluss noch zwei Tore schießen musste, um im Viertelfinale nicht aus der Champions League auszuscheiden, und diese beiden Tore wirklich schoss, obwohl das eigentlich gar nicht mehr möglich war. Natürlich stand Felipe Santana beim 3:2 in der Nachspielzeit im Abseits, aber Malaga war auch durch ein Abseitstor in Führung gegangen. Aber egal, da hatte Klopp schon recht, dieses Spiel würde niemand je vergessen, der dabei war. »Das ist mein Antrieb. Solches Zeug zu sammeln, damit man es erzählen kann, das macht diesen Verein aus. Die wichtigste Säule besteht aus den Geschichten, die er im Laufe seines Bestehens geschrieben hat. Deshalb finde ich diese Zeit, die wir gerade haben, auch so geil. Weil wir eben die Möglichkeit haben, diese Geschichten zu schreiben.«

Vielleicht ist Jürgen Klopp deshalb ein so guter Geschichtenerzähler, weil er ein so guter Geschichtenerzeuger ist. Wo er ist, ist das dramatische Moment nie weit. Als Trainer von Mainz 05 war er bester und zweitbester Nichtaufsteiger, das tragische Scheitern in letzter Minute wurde begleitet von Tränenströmen und sogar einer Nichtaufstiegsfeier vor 20000 Menschen, und als Aufsteiger mit den wenigsten Punkten klappte es für ihn in Mainz dann doch.

Wie Klopp sagte, geht es bei seiner Arbeit nicht nur darum, für ihn selbst Geschichten zu sammeln, sondern auch für den Verein und damit auch für seine Anhänger. Denn selbst wenn wir nie die Gelegenheit haben werden, mit Fritz, Josef, Aki und Jürgen am Tisch zu sitzen, sind wir als Zuschauer an ihre Geschichtenproduktion angeschlossen. Wo warst du, als Santana das Tor schoss? Schon nach Hause gegangen? Gerade Bier geholt? Auf dem Klo? Oder einfach nur im Delirium? Denn natürlich produziert Fußball für jene, die ins Stadion gehen, über die Jahre ein Füllhorn von Geschichten, die man sich mit seinen Freunden beim Bier erzählen kann. Auch wir träumen doch, solche Geschichten erzählen zu können.

Klopp sagte: »Das Einzige, das, wenn man will, nicht an Wert verliert, ist die Geschichte. Der Rückblick ist immer wohlwollender. Wenn ich zurückdenke, habe ich ein wohliges Gefühl, und wir wollen uns wohlfühlen. Wir haben alle genug mit alldem anderen, dem Alltagskram zu tun, und wenn es nur ein Brief der Krankenversicherung ist, dass der Tarif geändert wird, und man das nicht versteht, weil diese ganzen Dinge nicht zu verstehen sind. Im Fußball dagegen ist man aufgehoben. Man kann gewinnen oder verlieren, aber man ist mit den Leuten zusammen, die man mag. Man ist wie zu Hause. Das ist das, was wir alle haben wollen. Wir wollen wissen, wohin wir gehören. Und knapp zehn Millionen Leute wollen hierhin gehören.«

Selbst die Spieler wollen das. »Mats Hummels hat diesen Verein zum Beispiel komplett verinnerlicht«, sagte Klopp, »der hätte in den letzten vier Jahren in jeder Transferperiode zu jedem Verein auf diesem Planeten wechseln können. Hat er aber nicht gemacht, ganz einfach, weil das die Art Fußball ist, die er mag. Die ganze Art, damit umzugehen, ist sein Ding. Er möchte auch spezielle Titel gewinnen: den vierhundertsten mit irgendeiner Mannschaft oder den vierten mit dieser, das ist schon ein Unterschied. Im Rückblick hätte ich überhaupt nicht verstanden, wenn wir die Champions League auch noch gewonnen hätten.

Das wäre doch ein Film gewesen, den niemand sehen will, weil es unrealistische Kacke gewesen wäre.«

Vor diesem Finale hatte die englische Fußballzeitschrift *FourFourTwo* Borussia Dortmund als »Hottest Team in Europe« beschrieben und damit gemeint, dass diese Mannschaft gerade die heißeste Geschichte schrieb. Vielleicht geht es im Fußball wirklich darum, möglichst viele gute Geschichten zu sammeln. Es können auch mal die vom Scheitern sein, wenn man damit in Würde umgeht und danach wieder aufsteht. Wir wollen uns einfach was Aufregendes zu erzählen haben.

Auch in den nicht eben glamourösen Räumen des Bochumer Stadtarchivs ging es am 14. April 2013 darum, Geschichte zu erzählen, aber als Historie, ja um einen Gründungsmythos. Es ging also nicht um Tore und Siege oder verrückt gedrehte Spiele, sondern wie alles anfing mit dem VfL Bochum. Und es ging um falsche Gesänge im Stadion:

*Unsre Heimat, unsre Liebe,*
*in den Farben Blau und Weiß*
*achtzehnhundertachtundvierzig*
*nur damit es jeder weiß*

Nur damit es jeder weiß, der VfL Bochum wurde nicht 1848 gegründet, und auch sonst ist die Geschichte so kompliziert, dass man sich fragt, ob es nicht besser wäre, gar keine zu haben. Deshalb wurde die Feier zum 75. Geburtstag des Klubs auch in ziemlich kleinem Kreis begangen. Doch das Jubiläum war sowieso weniger als Feier gemeint als als historisches Seminar. Gut hundert Menschen hatten sich eingefunden, saßen still unter Schwarz-Weiß-Fotos aus der Geschichte Bochums und hörten zu, was ihnen drei junge

Historiker der Ruhr-Universität zu erzählen hatten, die sich durch die Gründungsgeschichte des VfL Bochum gearbeitet hatten. Frank Goosen kündigte in seiner Begrüßung ein »unbequemes Jubiläum« an. Man konnte das ahnen, wenn man 75 Jahre zurückzählte, ins Jahr 1938, also mitten in die Nazizeit.

1998 war ein Jubiläumsbuch mit dem schmucklosen Titel »150 Jahre VfL Bochum« erschienen. Das leuchtete damals ein, schließlich heißt der Klub mit vollem Namen *Verein für Leibesübungen Bochum 1848*. Nur ist diese Jahreszahl gleich doppelt falsch. Der VfL Bochum hat sie von einem seiner Vorgänger übernommen, dem Turnverein zu Bochum von 1848. Der allerdings wurde auch nicht 1848 gegründet, sondern am 18. Februar 1849. Gut zwei Jahre später wurde der Turnverein verboten, 1860 erneut gegründet, die Jahreszahl 1848 aber erst 1904 wieder in den Vereinsnamen aufgenommen.

Man sieht, die Sache ist verworren. Dabei sind wir damit erst bei der Vorgeschichte zu jener Vereinsgründung, deren Hintergründe genauer erklärt werden sollten. Genau 75 Jahre zuvor waren in Bochum nämlich drei bestehende Vereine zu einem neuen Großverein zusammengelegt worden. Es stellte sich nur die Frage, was die sehr ungleichen Partner zusammenbrachte. Germania 06 Bochum war ein klassischer Arbeiterklub, in dem vor allem Fußball gespielt wurde, und zwar auf dem damals höchsten Niveau der Gauliga Westfalen. Der Turn- und Sportverein Bochum 1908 war eher bürgerlich. Seine Fußballer hatten es zwischendurch in die Gauliga geschafft, doch 1938 waren sie nur zweitklassig. Sie spielten auf dem Gelände des späteren Ruhrstadions, nur wenige Meter entfernt vom Sportplatz der Germanen. Germania und TuS wollten schon 1933 fusionieren, weil sie sportlich eher mittelgut waren und direkte Nachbarn, was auf Dauer Unsinn war. Damals konnte man sich jedoch nicht einigen, nun kam als Dritter im seltsamen Bunde der Turnverein zu Bochum von 1848 mit seiner konservativ-nationalistischen Klientel dazu.

Warum sich die Parteien darauf einließen, fortan gemeinsam zu gehen, dieser Frage waren die drei Historiker Marcus Böick, Marcel Schmeer und Christopher Kirchberg vom Lehrstuhl für Zeitgeschichte am Historischen Institut der Ruhr-Universität nachgegangen. Eine endgültige Antwort konnten sie nicht geben, weil es kaum noch Dokumente aus der Zeit gibt, aber die möglichen Antworten waren allesamt nicht besonders ruhmreich.

Der VfL Bochum hatte sein Gründungsdatum 1938 lange weitgehend ignoriert, weil er die damalige Fusion als im Wesentlichen durch die Nazis erzwungen verstand. Bochums damaliger Oberbürgermeister Otto Piclum, so hieß es, hätte die Vereinsvorstände auf Geheiß aus Berlin oder weil er selbst es unbedingt wollte, dazu genötigt, sich zu einem Großverein zusammenzuschließen. Ähnliches hatte es andernorts auch gegeben, in Osnabrück etwa, bei der Gründung des dortigen VfL. Vermutlich spielten aber viel pragmatischere Gründe eine Rolle, denn die proletarische Germania war damals so gut wie pleite. Dem neuen Großverein versprach die Stadt, ein Stadion auszubauen – das von TuS Bochum. Als Mitgift gab es für den neu gegründeten VfL erstmals einen hauptamtlichen Trainer, der aus der Stadtkasse bezahlt wurde. Er hieß Georg Hochgesang und war als Spieler sowohl mit dem 1. FC Nürnberg als auch mit Fortuna Düsseldorf schon deutscher Meister gewesen.

Kurzum: als Gründungsmythos für einen Fußballverein ist das maximaler Mist. Die Geschichte ist so kompliziert, dass sie sich kein Mensch merken kann. Kein Teil von ihr ist irgendwie besonders sexy, sieht man mal davon ab, dass die später streng nationalistischen Turner, die das Jahr 1848 in den Verein einbrachten, zur Zeit der Gründung vermutlich glühende Demokraten im deutschen Vormärz waren.

Wie viel einfacher, klarer und kraftvoller ist da etwa die Gründungsgeschichte von Schalke 04, wo sich junge Arbeiter in einer Straßenmannschaft zusammenrotteten. Denen die Verbände zunächst die Aufnahme in den bürgerlichen Fußball verwehrten, die sich dann aber durchsetzten und eine der größten Erfolgsgeschichten des deutschen Fußballs auf den Weg brachten. Dass der Klub anfangs Westfalia Schalke hieß und nicht in Blau-Weiß spielte, sondern in Rot-Gelb ist ein ebenso zu vernachlässigendes Detail wie jenes, dass die Gründer keine »Knappen« aus den umliegenden Zechen waren, sondern in soliden Firmen wie des Küchengeräteherstellers Küppersbusch arbeiteten. Unterm Strich bleiben coole Proleten, die sich gegen alle Widerstände durchsetzten.

Auch bei Borussia Dortmund ging es knackig los, als Geschichte einer Rebellion. Junge Stahlarbeiter und Bergleute kickten zunächst als Jugendgruppe der katholischen Dreifaltigkeitsgemeinde auf der Flurstraße im Dortmunder Norden, was aber Kaplan Hubert Dewald gegen den Strich ging. Also beschlossen sie fünf Tage vor Weihnachten 1909, ihren eigenen Klub zu gründen. Als sich dazu 40 Mitglieder im Restaurant »Zum Wildschütz« trafen, rauschte Dewald herbei, um die Gründung des Vereins zu verhindern. Ihm wurde handgreiflich der Zutritt verwehrt, über 20 der Rebellen verließ daraufhin der Mut, aber 18 trotzige Gründungsmitglieder des Ballspielvereins Borussia ließen sich nicht erschrecken.

Das war wild und sexy, der Vereinsname wurde zudem von der Borussia-Brauerei in der nahe gelegenen Steigerstraße übernommen. Da stört es aus heutiger Sicht auch nicht, dass die ersten Vereinsfarben kompliziert waren: zu blau-weiß gestreiften Trikots mit einer roten Schärpe trugen die Spieler schwarze Hosen.

Im Frühjahr 2013 hatte die turbulente Vereinsgründung erstaunliche Spätfolgen. Drei BVB-Fans, der Journalist Jan-Henrik Gruszecki, der Filmemacher Marc Quambusch und der Vereinshistoriker Gregor Schnittker, starteten ein Crowdfunding-Projekt, das zum erfolgreichsten in Deutschland werden sollte. Innerhalb von zehn Wochen sammelten sie über eine Viertelmillion Euro ein, um ein Filmprojekt über die Gründung des BVB und vor allem über dessen entscheidende Figur, Franz Jacobi, zu finanzieren. Wer 9,09 Euro spendete, bekam eine Nennung im Abspann zugesagt. Für 19,09 Euro gab es dazu noch die DVD und bei 39,09 Euro obendrein noch ein T-Shirt. Für 19 909 Euro versprachen die Macher ein Replikat der Ehrenurkunde von Franz Jacobi sowie eine exklusive Filmvorführung.

Jacobi war der eigentliche Vereinsgründer und zwischen 1910 und 1923 Präsident des Klubs. Später wurde er Ehrenpräsident und blieb bis Mitte der Sechzigerjahre ein wichtiger Berater des Vereins. Bei den Recherchen hatten die drei Initiatoren des Projekts Nachfahren von Jacobi gefunden, die in Salzgitter leben, und erfuhren von ihnen, dass die Familie Jacobi in den Neunzigerjahren versucht hatte, Kontakt zum Verein aufzunehmen,

Borussia war zur damaligen Zeit nicht sonderlich interessiert. 2010 war das Grab von Franz Jacobi und seiner Frau Lydia entfernt, aber nicht neu vergeben worden, die Familie wünschte sich, die beiden nach Dortmund umzubetten. Der Klub erfüllte den Wunsch, und so fand am 28. Juli 2013 zunächst ein Erinnerungsgottesdienst in jener Dreifaltigkeitskirche statt, von der sich die Gründer einst so entschlossen losgerissen hatten. Dann gab es auf dem Südwestfriedhof die Beisetzung, zu der die Vereinsspitze und über 200 Borussen kamen.

Ich hatte vorher noch nie von Franz Jacobi gehört und vermute, dass es selbst vielen Fans von Borussia Dortmund nicht anders ging. Was also war passiert, dass die Spitze eines Vereins, der sich noch anderthalb Jahrzehnte zuvor nicht für seinen Gründer interessiert hatte, nun völlig selbstverständlich in der ersten Reihe bei einem Gedenkgottesdienst für ihn saß und dessen Umbettung finanzierte? Und weshalb unterstützten Hunderte von Anhängern des Klubs ein Filmprojekt über Jacobi, von dem sie wohl auch gerade zum ersten Mal gehört hatten?

Einerseits mag das mit der bereits beschriebenen Sehnsucht nach Geschichte zu tun haben, die aus dem riesigen Tempo der Veränderung unserer Welt resultiert, die sich auch im Fußball durch eine Fülle historischer Publikationen und einer großen Begeisterung für Museen ausdrückt. Zugleich gibt es aber einen Wettbewerb darum, welcher Klub die interessanteste Historie erzählen kann.

Ausgegangen ist diese Geschichtsbegeisterung in den allermeisten Fällen nicht von den Vereinen selbst, sondern von Journalisten oder Autoren, die als Fans des Vereins wissen wollten, was es mit ihrem Klub auf sich hat. Mit einer kritischen Geschichtsforschung im wissenschaftlichen Sinne hatte das in den wenigsten Fällen etwas zu tun. Es ging eher darum, Material für eine große Erzählung zu finden, mit der man auch heute noch etwas anfangen kann. Wie die Geschichte der rebellischen Vereinsgründer um Franz Jacobi eben, die vielen BVB-Fans so gut gefiel.

In diesem Zusammenhang ist auch der Wandel des Begriffs »Traditionsverein« interessant, den es ursprünglich im Fußball gar nicht gab. Er wurde vor allem im Zusammenhang des Soldatischen benutzt, denn Traditionsvereine sollten die Kameradschaft einer Kaserne oder eines Bataillons oder Geschwaders pflegen. »Das Fußball-Lexikon« aus dem Jahr 1991 bezeichnet noch stocknüchtern jene Klubs als Traditionsvereine, »die zu den Mitbegründern des Fußballs in einem Land gehören«. Wahrscheinlich hätte man damit aber auch damals schon jene Klubs gemeint, die mehr oder weniger durchgehend erstklassig und in ihren Städten und Region bedeutsam waren und auch mal Titel gewonnen hatten, etwa Nürnberg, Schalke, den HSV oder den FC Bayern. Aber besonders viele Gedanken hätte sich vor gut 20 Jahren niemand um die Begriffsdefinition gemacht, danach jedoch wurde »Traditionsverein« zu einem Kampfbegriff.

Wie man ihn genau definiert, darüber herrscht bis heute größte Unklarheit. Ist der 1. FC Köln kein Traditionsverein, weil er erst 1948 aus der Fusion von zwei mäßig erfolgreichen Vorgängerklubs entstand? Ist es Bayer 04 Leverkusen, weil es den Verein als Werkssportverein des Chemiewerkes schon seit 1904 gibt? Ist die TSG Hoffenheim ein Traditionsverein, weil es sie schon seit 1899 gibt? Oder ist sie es weniger, weil Fußball dort erst seit den 1920er-Jahren gespielt wird und erst seit anderthalb Jahrzehnten über lokale Bedeutung hinausgeht? Was ist mit den Vereinen, die in der DDR entstanden und bei ihrer Gründung zumeist einen bewussten Bruch mit der vorangegangenen Fußballgeschichte vollzogen? Und kann man irgendwann mal kein Traditionsverein sein, wenn man zu lange in den Tiefen des Amateurfußballs verschwunden ist, wie der SV Sodingen oder auch Borussia Neunkirchen?

Letztlich geht es den meisten Fans und Funktionären, die diesen Begriff benutzten, nicht um eine präzise Begriffsdefinition, sondern um die Abwehr von Vereinen, die sie stören, vor allem: Bayer Leverkusen, der VfL Wolfsburg, Hoffenheim und RB Leipzig. Vereine also, deren Erfolg sich nicht aus Tradition, der jahrzehntelangen Anhänglichkeit des Publikums oder der Gewitztheit von Vereinsführung, Managern und Trainern entwickelte, sondern zunächst einmal durch massive Investitionen von außen: von der Bayer AG, der Volkswagen AG, des SAP-Milliardärs Dietmar Hopp und schließlich der Red Bull GmbH, Fuschl am See, Österreich.

Im Grundkonflikt des modernen Fußballs zwischen Geschäft und Sentimentalität sind Geschichte und Geschichten daher wie Peilstäbe. Dass Jürgen Klopp gegen Malaga diese verrückte Geschichte erlebt hatte, war auch dadurch besonders aufgeladen, dass der Klub nur vier Jahre zuvor fast pleite gewesen war und sich sowieso schon wie im Wunder in den Sphären der Champions League wiederfand. Wie viel schwächer hätte die gleiche Geschichte in Wolfsburg gestrahlt, wenn sie in einem zugigen Stadion in Sichtweite der VW-Autostadt stattgefunden hätte, wo sich einer der größten Konzerne der Welt eine erfolgreiche Mannschaft gekauft hat.

Geschichte und Geschichten sind in den letzten Jahren

wertvoll geworden, und das ist durchaus wörtlich zu verstehen. Nicht nur sportliche Erfolge, auch eine reiche und eine interessante Historie ziehen Fans an. Deshalb müssen sie gepflegt werden, und das werden sie auch.

# Wir Prosumenten

*Traumdeutung mit Marketingbibel*

»Und in ein paar Jahren werden wir erzählen, wie der Peter Neururer uns gerettet hat«, sagte Dirk Michalowski, den alle nur »Moppel« nennen, und er schaute dabei so andächtig wie einer, der ein Wunder erlebt hatte. Aber das hatte er auch, hatten wir doch alle, und deswegen ging niemand nach Hause, wie schon beim letzten Mal niemand nach Hause gegangen war. Das Spiel gegen den 1. FC Köln war vorbei, die Zuschauer bejubelten den Heimsieg, und dann blieben sie einfach. Selbst eine Viertelstunde nach Abpfiff war niemand gegangen, obwohl die Saison nicht vorbei war. Sie gingen nicht nach Hause, weil sie den Ort des Wunders nicht verlassen wollten. Ich hatte so etwas noch nie erlebt, was für eine Geschichte!

»Moppel« auch nicht, obwohl er bestimmt so lange zum VfL Bochum geht wie ich. Der ehemalige Klempner ist schon seit Jahren Fanbeauftragter des Klubs und von Spielzeit zu Spielzeit immer moppeliger geworden, denn natürlich ist er für viele Leute der erste Ansprechpartner, wenn es wieder scheiße läuft, zu viele Blinde auf dem Platz rumrennen und der Verein wieder nichts auf die Reihe bekommt. In der Saison 2012/2013 war es so schlimm wie noch nie gewesen. Es war die schlechteste Saison des VfL Bochum, an die sich irgendein Mensch mittleren Alters erinnern konnte. Ich hatte 1974 mein erstes Spiel an der

Castroper Straße gesehen und danach einen Haufen miserabler Spiele sowie sechs Abstiege aus der Bundesliga erlebt. Ich war nicht verwöhnt, der VfL Bochum hatte uns nie einen Rosengarten versprochen, aber im Frühjahr 2013 war es nicht mehr auszuhalten. Mit einem tödlichen Mix aus mangelndem Talent, schlechten Nerven und schierem Pech taumelte die Mannschaft auf die dritte Liga zu. Nach einer grauenhaften 0:3-Niederlage gegen Erzgebirge Aue blieben nur noch sechs Spiele, als sich der Vorstand des Klubs entschied, noch einmal den Trainer zu wechseln. Die Wahl fiel auf Peter Neururer, und das war vor allem ein Akt der Beschwörung besserer Zeiten, eine Wiederbelebung des Geschichtsbuchs. Mit Neururer auf der Bank hatte es der Klub neun Jahre zuvor zum zweiten und letzten Mal in den UEFA-Cup geschafft (war aber ein Jahr später abgestiegen). Für Neururer selbst war es danach in Hannover und Duisburg auch nicht mehr gut gelaufen, seit dem Herbst 2009 hatte ihn kein Klub mehr verpflichtet. Im Juni 2012 schließlich hatte er beim Golfspielen einen Herzinfarkt erlitten. Sosehr er auch das Gegenteil beteuerte und sich über das dubiose Fußballdiskussions-Format »Mobilat-Fantalk« auf *Sport1* in Erinnerung zu halten versuchte, eigentlich war er ein Mann von gestern in der Umlaufbahn des Planeten Fußball, ohne die Hoffnung darauf, noch mal auf ihm landen zu können.

Was seine Rückkehr besonders machte, war, dass die Situation in Bochum wie eine Art Wiederkehr von 1997 wirkte, als der Fußball das Gegengewicht zur letzten Kohlenkrise gebildet hatte und die »Ruhrpott-Schlachtrufe« durch die Stadien hallten. Im Frühjahr 2013 ging es aber nicht mehr ums gesamte Revier, sondern um Bochum allein und die Schließung des Opel-Werks, die die Stadt in eine tiefe Krise gestürzt hatte. Dass der VfL auf die dritte Liga zusteuerte, schien da nur zu passen.

Nachdem Neururer bei seinem ersten Spiel in Cottbus mit 1:0 gewonnen hatte, wurde eine Woche später beim Heimspiel gegen den FC St. Pauli ein Transparent in der Ostkurve hochgehalten:

*DIE OPELANER HATTEN KEINE CHANCE*
*IHR SCHON*
*KÄMPFEN FÜR BOCHUM*

Bochum gewann mit 3:0, dann auch noch in Sandhausen und eben gegen Köln. Damit hatte Neururer den Klub nicht nur gerettet, er hatte dabei auch auf unglaubliche Weise das Publikum mobilisiert. Monatelang waren immer mehr Zuschauer daheimgeblieben, plötzlich waren die Spiele ausverkauft. Das hatte nicht nur mit der Zuspitzung im Kampf um den Klassenerhalt zu tun, Neururer hatte ein Gefühl geweckt. »Das Publikum ist aus der Erkenntnis gekommen: Wenn wir jetzt nicht zusammenhalten, gibt es den VfL Bochum nicht mehr«, sagte er, als wir oben in seinem Trainerzimmer saßen, von dem man bis in Neururers Heimatstadt Gelsenkirchen hinüberschauen und auch Schalkes Arena sehen kann. Er half dem VfL Bochum nicht nur, weil er erfolgreich war, sondern die Sehnsüchte des Publikums bediente. »Wenn wir das hier am Köcheln halten, entsteht beim VfL Bochum ein Gemeinschaftsgefühl, das dieser Verein seit Gründung noch nicht erlebt hat. Das ist nun mal Ruhrgebiet. In der Not kommen die Leute aus ihren Ecken und rücken zusammen. Das ist wie im wahren Leben: Je schlimmer es wird, desto mehr zeigen sich deine wahren Freunde.«

Es hatte aber einer Person bedurft, die dieses Gemeinschaftsgefühl weckte. Theo Grütter, der Leiter des Ruhrmuseums, meinte, dass Neururer eine Art kollektives Grundgefühl wachgerufen hätte: »Im Pütt war es immer so: Wenn wir da unten zu verrecken drohen, kommt irgendwann der Steiger und haut uns raus. Das gehört zur Mentalität hier. Und Neururer verkörpert diesen Steiger.«

Hier kam also viel zusammen. Die Rettung vor dem Abstieg durch Peter Neururer war eine gute Geschichte im Sinne Jürgen Klopps. Eine Story, die man nicht vergisst und noch Jahre später erzählen wird. Und sie verband Fußball überdies mit den Geschehnissen in der realen Welt, mit der Historie, mit tief sitzenden Emotionen. So etwas kann man nicht planen. Eigentlich.

Sieben Jahre zuvor hatte sich Christian Gruber, der damalige Pressesprecher des VfL Bochum, mit einer seltsam klingenden Bitte bei mir gemeldet: Der Klub würde mich gerne interviewen. Die Verkehrung der üblichen Rollen hatte einen ungewöhnlichen Hintergrund, denn als erster deutscher Fußballklub und als dritter in Europa nach dem Celtic FC in Glasgow und Bröndby Kopenhagen wollte sich der VfL Bochum ein sogenanntes Leitbild geben. Mit einem Leitbild legt eine Organisation, ein Unternehmen oder eben auch ein Fußballverein schriftlich sein Selbstverständnis und seine Grundprinzipien fest.

Also war der Marketingexperte Michael Welling damit beauftragt worden, die Angestellten des Klubs, den Vorstand und Aufsichtsrat, einige Spieler, Trainer und Betreuer, Fans, Sponsoren und eben auch Journalisten zu befragen. Auf Basis dieser Recherche sollte er für den damaligen Bundesligisten seine Identität, seine Werte und Ziele definieren.

Ich hatte die Befragung schon fast vergessen, als im Sommer 2007 das Ergebnis veröffentlicht wurde. »Es wurde formuliert, was man im Herzen gefühlt hat«, sagte der damalige Sportvorstand Stefan Kuntz bei der Vorstellung des Leitbildes. Generell sollten es Antworten auf drei Fragen liefern:

»1. Wer sind wir eigentlich bzw. was sind unsere Aufgaben und was ist unser Selbstverständnis?
2. Wohin wollen wir, was wollen wir erreichen, was ist unsere Vision?
3. Wie sind wir, was sind unsere Werte bzw. von welchen Werten lassen wir uns bei der Zielerreichung leiten?«

Die Fragen fand ich richtig, die Antworten nicht immer präzise. Als Ziel wurde ausgegeben, dauerhaft erstklassig zu spielen, also in der Bundesliga. Die Werte des VfL Bochum wurden in einigen kurzen Slogans zusammengefasst: »Wir bekennen uns zu unserer regionalen Identität und Tradition! Wir sind professionell! Wir sind nah! Wir sind unbeugsam! Wir sind mitreißend! Wir bekennen uns zu unserer sozialen Verantwortung!«

Es ist aus heutiger Sicht leicht, darüber zu spotten, denn der Klub erwies sich in den folgenden Jahren als so wenig unbeugsam wie in seiner ganzen Geschichte zuvor nicht. Von 2007 bis 2014 schloss der VfL Bochum in jeder Saison schlechter ab als in der zuvor, ohne dass ein Ende abzusehen war. Wie wenig mitreißend das wirkte, vermag man sich vorzustellen. Das Familiäre drückte sich im Sturz des Patrons Werner Altegoer aus, der den Klub viele Jahre lang erfolgreich, aber auch autokratisch geführt hatte. Vieles, was in den anschließenden Umbrüchen passierte, wirkte wenig professionell. Oder wie Neururer mir sagte: »Schön wäre, wenn es das Leitbild gäbe, aber nicht niedergeschrieben, sondern gelebt.«

Michael Welling, der das Leitbild erarbeitet hatte, hatte in Bochum Wirtschaftswissenschaften studiert und dort promoviert. Das Thema seiner Doktorarbeit: »Ökonomik der Marke. Ein Beitrag zum Theorienpluralismus in der Markenforschung.« Später wechselte er zum Vermarkter Sportfive und führte ab 2010 Rot-Weiss Essen als bezahlter Präsident zunächst durch die Insolvenz und managte dann den Umzug ins neue Stadion.

Auch für Rot-Weiss Essen hätte er gerne ein Leitbild, allerdings fehlen ihm dazu die Zeit und angesichts der wirtschaftlichen Umstände in der vierten Liga auch die Ressourcen. »Ich glaube, dass man so etwas nach innen braucht, weil Fußball sehr durch Fluktuation geprägt ist. Bei sportlichem Erfolg wird Personal ausgetauscht, jeder Mensch bringt seine eigenen Ideen und Überzeugungen mit. Und ein Verein braucht Kontinuität, um das zu entwickeln, was ihn ausmacht, und um das zu verdeutlichen.«

Man kann vielerorts sehen, dass in nur fünf Jahren fast alle handelnden Personen ausgetauscht sind. Nicht nur Spieler und Trainer, sondern auf der Ebene darüber Manager, Sportdirektoren oder selbst Vorstände und Aufsichtsräte. Deshalb fühlen sich Fans wohler, wenn Führungsaufgaben von Leuten übernommen werden, die den Klub schon kennen. Einer wie Neururer etwa. Es geht um ein Gefühl für den Klub und darum, dessen Seele verstanden zu haben.

Das ist weniger metaphorisch gemeint, als man annehmen könnte. Schaut man sich die Entstehung eines Leitbildes an, hat das durchaus etwas Psychoanalytisches. Die zentrale Frage ist die nach der Identität: Wer sind wir eigentlich? Wenn man will, ist es auch eine Traumdeutung – wovon träumen wir, wenn wir von unseren Klubs träumen?

Es war kein Zufall, dass der erste deutsche Klub, der sich ein Leitbild gab, aus dem Ruhrgebiet kam. Denn es gibt ein Problem, dessen Existenz die meisten Fußballfans energisch leugnen würden: Fußballvereine unterscheiden sich nicht so deutlich voneinander, wie wir meinen. Für Vermarkter ist das ein ganz praktisches Problem, denn mit welchen Argumenten sollen sie einen Werbekunden davon überzeugen, dass es sinnvoll ist, auf dem Trikot zu werben oder ein Sponsorenpaket zu kaufen. Um die Unterschiede zwischen den Klubs herauszuarbeiten, erklärte mir Welling, seien drei Begriffe entscheidend: Tradition, Region und sportlicher Erfolg. »Damit arbeiten alle, und genau da liegt das Problem. Der sportliche Erfolg hat, mit der Ausnahme Bayern München, keine Positionierungsdimension, die irgendwer dauerhaft besetzen könnte. Die Tradition muss man bedienen, weil die Leute es wollen. Das Dritte ist Region, weil die Region oder die Stadt einen Verein prägt.«

Jeder Fan wird die Behauptung empört zurückweisen, dass sich sein Verein von einem anderen kaum unterscheidet. Er wird aus dem Stand Argumente herunterrattern, weshalb sich Rot-Weiss Essen und Schalke 04, Borussia Dortmund, Rot-Weiß Oberhausen und der VfL Bochum zutiefst unähnlich sind. Oder Fortuna Düsseldorf und der 1. FC Köln. Vom FC St. Pauli und dem Hamburger SV, von München 1860 und FC Bayern München ganz zu schweigen.

Tradition und regionale Identität seien, so meinte Welling, für die Markenführung von Fußballvereinen »Hygienefaktoren«. Also Faktoren, die einen nicht zufrieden machen, aber unzufrieden, wenn sie fehlen. »Die muss man irgendwie bedienen, sonst hat man ein Problem.« Nur, wie macht man das, wenn die Klubs so eng aufeinandersitzen wie im Ruhrgebiet?

Am schönsten ist es, wenn man das, wofür ein Klub steht, auf den Begriff bringen kann. In Bochum heißt der offizielle Slogan »Mein Revier ist hier« und bei Rot-Weiss Essen etwas komplizierter »Schützenswertes Kulturgut seit 1907«, weil die in den letzten Jahren so Gebeutelten von der Hafenstraße des Schutzes bedurften und nicht jeder in Essen gleich auf die Idee gekommen wäre, dass der Klub aus dem dunklen Norden der Stadt ein Kulturgut sein könnte. Viele Vereine in Deutschland haben inzwischen solche Claims, und einige davon zeigen, wie man es nicht machen sollte. »Meine Liebe. Meine Stadt. Mein Verein« heißt es beim 1. FC Köln, so wie es überall heißen könnte, oder »Leben. Liebe. Leidenschaft« beim MSV Duisburg, was problemlos an Dutzende andere Klubs weitergereicht werden könnte. Andere sind da schon spezieller, wie »Working class football since 1907« beim SV Waldhof Mannheim, der wirklich aus einem Arbeiterviertel kommt. Oder das routiniert kratzbürstige »Non established since 1910« beim FC St. Pauli.

Bei Schalke 04 heißt der Slogan: »Wir leben dich.« Auch in Gelsenkirchen waren sie den langen Weg zur Erstellung eines Leitbildes gegangen, mit Befragung von Fans, Mitgliedern, ehemaligen und aktuellen Spielern, Präsidium, Ehrenrat, Aufsichtsrat des Klubs. Die Essenz daraus war, wie mir Alexander Jobst erklärte, der im Vorstand von Schalke fürs Marketing zuständig ist, der Begriff Leidenschaft: »Der ist auch aufs Leiden gerichtet, denn wir leiden hier viel. Wenn es darauf ankam, haben wir oft verloren, wir waren die ›Meister der Herzen‹. Das kam in den Befragungen immer wieder, dieses ›ach verdammt, schon wieder vergeigt‹.«

Klar, das ist auch der Quell des ewigen Pessimismus in Königsblau. Verblüfft war ich aber davon, dass es eine Person gab, auf die sich als eine Art von Ideal-Schalker alle hatten einigen können. Jobst ließ mich raten, und mir fiel zuerst Marc Wilmots ein, der Anführer der »Eurofighter« von 1997. Jobst schüttelte den Kopf, und ich versuchte es mit Ernst Kuzorra, was auch nicht stimmte. Auf Ebbe Sand wäre ich wahrscheinlich auch nach längerem Nachdenken nicht gekommen, selbst wenn der dänische Nationalstürmer insgesamt sieben Jahre in Schalke spielte, viele Tore schoss und 2001 sogar Torschützenkönig der Bundesliga war. Sand ist zudem, auch daran besteht kein Zweifel, ausnehmend sympathisch.

Jobst war erst 2011 zu Schalke gekommen, nachdem er vorher als erster Nicht-Spanier im Management von Real Madrid gearbeitet hatte und davor bei der FIFA sowie bei Siemens. Er hatte Sand selbst nicht erlebt. »Wir haben uns im Projektteam gefragt: Sehnt man sich nach so einer Figur mit positiver Ausstrahlung, die für Schalke steht und auch malochen kann?«

Er ließ die Antwort offen, aber vielleicht ist sie gar nicht so schwer zu geben. Ebbe Sand war ein großer Spieler, der sich nie über den Verein stellte. Das ist auch der Grund, weshalb die Verpflichtung des Spaniers Raúl von Real Madrid nicht das Desaster wurde, das viele erwarteten, sondern eine vielmehr romantische Beziehung. Raúl lernte in seinen beiden Jahren bei Schalke kein Deutsch, war durchaus eigen und nicht wirklich volksnah, aber er vermittelte auf dem Platz immer den Eindruck, dass er bereit war, alles für Schalke zu tun, und signalisierte nie, dass Schalke ihm etwas schulden würde. Er passte zu der Selbstbehauptung des Klubs: Raúl lebte Schalke. Ebbe Sand sowieso.

Jobst erklärte mir, der Claim »Wir leben dich« sei nicht als Werbespruch, sondern als »Überschrift und als ein Versprechen« zu verstehen. Das Leitbild des Vereins fasse dessen Werte zusammen. Dass Mitglieder und Fans das durchaus wörtlich nahmen, hatte Jobst selbst bei der Jahreshauptversammlung des Klubs im Juni 2013 massiv zu spüren bekommen, nachdem er, wie schon erwähnt, mit dem Ticketportal Viagogo einen Vertrag abgeschlossen hatte, der anschließend aufgelöst werden musste. »Viele Anhänger haben mir das um die Ohren gehauen, weil wir uns da nicht leitbildkonform verhalten haben. Daran sehe ich, dass das Leitbild angekommen ist und verstanden wurde. Aber wir müssen aufpassen, dass dies nicht unsere Gesetzgebung wird«, sagte Jobst.

Der Konflikt zeigte, dass Fußball ein Geschäft ist, das unter gewissen moralischen Maßgaben betrieben werden muss. So war es kein Wunder, dass mich, als ich bei Borussia Dortmund in der vierten Etage ankam, wo die Marketingabteilung des Klubs zu Hause ist, Markus Rejek im Besprechungsraum *Borsigplatz* bereits mit der *Bibel* erwartete.

Alle Besprechungsräume in der Geschäftsstelle des BVB haben Namen, die an besondere Orte in der Vereinsgeschichte erinnern, an den Wänden hängen dazu die passenden Bilder. Im Treppenhaus waren ein paar der berühmtesten Sprüche der letzten Jahre an die Wände gemalt worden. »We have a grandios season gespielt« etwa, was ein selig trunkener Torhüter Roman Weidenfeller nach errungener Meisterschaft 2011 in eine ausländische Fernsehkamera gesprochen hatte. Oder Jürgen Klopps Liebeserklärung: »Wir alle sind ein bisschen in diesen Klub verknallt. – Ein bisschen viel.«

Die *Bibel*, auf die ich so neugierig war, weil sie selten vorgezeigt wird, lag bereits auf dem Tisch. Sie hat die Größe eines Schulhefts, ist in Leder gebunden und hat zwei Lesebändchen, eines in Schwarz, das andere in Gelb. Sie umfasst nicht viele Seiten, es dürften kaum mehr als 30 sein. Die Auflage der Bibel ist noch kleiner. Die Mitglieder des Präsidiums von Borussia Dortmund haben eine, die drei Geschäftsführer und die Angestellten der Marketingabteilung, die täglich damit arbeiten.

Markus Rejek stammt aus Mülheim an der Ruhr und kam zu Ufa-Sports, als die Vermarktungsfirma bei Borussia Dortmund ein Team aufbaute. Einige Monate nach unserem Gespräch verließ er den Klub und arbeitet inzwischen für 1860 München. Als der BVB unter der Führung von Hans-Joachim Watzke die Insolvenz abgewendet hatte, beauftragte die Geschäftsführung 2007 das Marketing, eine Identitätsanalyse des Klubs zu machen. Dafür wurde ein kleines Team aufgebaut, das Rejek leitete. Bei Borussia Dortmund kümmern sich inzwischen drei Leute um Markenführung, was selbst im internationalen Vergleich viel ist.

Anders als in Bochum oder Schalke entschied sich der BVB gegen ein Leitbild. »Wir wollten etwas, womit man andauernd arbeiten kann«, erklärte Rejek. Borussia Dortmund schrieb den Auftrag zur Identitätsanalyse aus, die Agentur XEO aus Düsseldorf setzte sich durch, sie sorgt auch für die Markenführung bei Evonik, seit 2006 Trikotsponsor des Vereins. Die Agentur befragte anschließend zwei Dutzend Leute im Verein, die dort teilweise schon sehr lange arbeiteten, Sportmanager Michael Zorc oder Aki Watzke, den damaligen Pressesprecher Josef Schneck, der den Klub durch alle Krisen begleitet hatte. Mit ihnen wurden sogenannte Tiefeninterviews gemacht. Fans wurden keine befragt.

Eine zweite Gruppe untersuchte, wie der Klub über sich kommunizierte und wie über ihn kommuniziert wurde. »Wir wussten gar nicht, wer wir sind, und waren deshalb Spielball der Medien oder der Sponsoren.« Es bestand nicht einmal Klarheit über die Vereinsfarben. Der damalige Ausrüster Nike gestaltete die Trikots je nach Laune und Mode mal in Neongelb, Hellgelb oder Mattgelb. Wenn eine Anzeige entworfen wurde, setzte sich ein Kreativer hin und erfand etwas Neues. Am Ende gab es einen optisch total uneinheitlichen Auftritt. Und nicht nur das. »Die Sponsoren haben mit uns gespielt. Sie haben den BVB so gemacht, wie sie ihn wollten.«

Also wollte der Klub, wie Rejek etwas pathetisch sagte, »das innere Feuer« erreichen, den Kern der Marke. Um mir zu erklären, was das sein soll, startete er die Präsentation auf dem Computer, die ein Beamer an die Wand projizierte.

Gleich am Anfang stand die Charakterfrage: »Wie fühlt sich der BVB an?«

Die Antwort hieß: »Der BVB ist lustvoll, nicht nüchtern. Kraftvoll, nicht grazil. Strahlend, nicht blass. Herzlich, nicht arrogant. Gradlinig, nicht diplomatisch. Hungrig, nicht genügsam. Stolz, nicht elitär. Sensibel, nicht abgehärtet.« Rejek erklärte mir, dass sich an diesen Attributen jeder Mitarbeiter orientieren könne, sei es am telefonischen

Empfang, an der Kasse im Fanshop oder auf der Trainer-bank.

Weiter ging es in der Präsentation mit den Kernkompetenzen des Klubs, erneut vorgetragen von Stadionsprecher Norbert Dickel. Dort hieß es: »Der BVB ist von einer besonderen Intensität gekennzeichnet. Alles ist maximal aufgeladen. Eine innere Spannung und komprimierte Kraft wohnt den Dingen inne. Besonders viel, besonders tief, besonders stark. Im Herzen einer Stadt und einer Region, in der sich viele Menschen und Kulturen ballen und verschmelzen. Geprägt von dramatischen Veränderungen und Umbrüchen. Hier entsteht eine hohe Energie, die sich maximal entlädt und so die Herzen der Menschen durchdringt. Für einen Moment, für lange Zeit. Alles beim BVB entfacht diese Wirkung, es gibt keine neutrale Nullwirkung. Der BVB lässt einen nicht kalt, sondern erzeugt auf der Skala von Gefühlen und Empfindungen maximale Ausschläge.«

Aber würde das nicht auch für den 1. FC Kaiserslautern gelten, den 1. FC Nürnberg und den Hamburger SV, und könnte man nicht genau das sogar über Schalke 04 sagen? Rejek wollte das nicht in Abrede stellen: »Schalke und Dortmund sind wie Holland und Deutschland, wer immer wer von beiden ist.« Um der BVB-Intensität optisch Ausdruck zu geben, hat der Klub seinen grafischen Auftritt vereinheitlicht. Durch alle Publikationen, über Plakate, Anzeigen und Eintrittskarten läuft ein schwarzer Querbalken, der gefühlt das Format sprengen soll.

Die neben der Intensität zweite Kernkompetenz war »Echtheit«, und wieder war Dickels Stimme aus dem Lautsprecher zu hören: »Der BVB ist ein echter Fußballverein mit 100-jähriger Tradition. Gegründet und verwurzelt in Dortmund, geprägt von der westfälischen Identität und der Kultur der Region. Stolz bekennt sich der BVB zu seiner Herkunft und Geschichte und bleibt sich und seinem Wesen treu, aufrichtig und beständig. Dafür besitzt der BVB die Kraft, auch wieder zu sich selbst zu finden, wenn man vom Weg abgekommen ist. Dadurch gehört der BVB auf der Werteskala auch wieder zu den Guten. Wahrhaft verkörpert er etwas, das viele Menschen als tugendhaft und wertvoll empfinden.«

Das war eine beachtliche Selbstbeschreibung! Abgesehen vom ziemlich schiefen Bild, auf einer Werteskala zu den Guten zu gehören, empfand ich das als Ausdruck einer bemerkenswerten Hybris. Einen Fußballklub gleich auf der moralisch richtigen Seite anzusiedeln und das auch noch halbreligiös zu grundieren, darauf muss man erst mal kommen. Denn hier wurde auf das klassische Motiv des Sünders, der umgekehrt war, angespielt: Der BVB war auf Abwegen gewesen, als er Bayern München nachgespielt hatte. Die Erfolge der Neunzigerjahre waren das Ergebnis einer aggressiven Investitionspolitik gewesen, als der BVB mit viel Geld seinen Kader verstärkte und Spieler wie Matthias Sammer, Jürgen Kohler oder Jens Lehmann aus Italien zurückholte oder später an die Börse ging und den Rekordtransfer von Márcio Amoroso stemmte. Dazu passend ließ Ottmar Hitzfeld einen abgebrühten Dominanzfußball spielen, und die Dortmunder Fans sangen bei Spielen gegen finanzschwächere Gegner: »Wenn wir wollen, kaufen wir euch auf.« Es war ein »Mia san mia« in Schwarz-Gelb. Vielleicht wäre es noch heute so, wäre der BVB nicht fast in der Pleite gelandet.

Aber Saulus hatte die Kraft zur Umkehr gehabt und war als Paulus wieder auf den rechten Weg eingeschwenkt.

Nun verkörpert er sogar das, was tugendhaft und wertvoll ist. Das fand ich zu dick aufgetragen. Aber es zeigte auch, was für ein wichtiges Feld die Vereinsgeschichte und ihre Interpretation ist und warum der Klub sich auf einmal für seinen Gründer Franz Jacobi interessierte.

Der Claim, der alles Dortmunder Tun heute zusammenfasst, heißt »Echte Liebe«. Rejek sagte, im Stadion habe man inzwischen wieder »das romantische Gefühl von Fußball-anarchischem Denken«. Auf dem Platz sorgt »Pöhler« Klopp dafür, aber selbst auf den teuren Plätzen wird es gepflegt. Borussia Dortmund ist z.B: der einzige Fußballverein in der Bundesliga, bei dem es während des laufenden Spiels in den VIP-Bereichen keinen Ausschank gibt. Als diese in den Neunzigerjahren eingerichtet wurden, sollte dort die Idee des Stammtischs umgesetzt werden. »Schon damals hat man gesagt: das zentrale Element bei uns ist der Fußball, sind die 90 Minuten. Wir möchten die Besucher der VIP-Tribüne genauso draußen haben wie die auf der Fan-Tribüne, also gibt es während des Spiels keine Bewirtung, und wir bitten alle, rauszugehen.«

Die dritte Kernkompetenz der Klubs ist »Bindungskraft«. Wieder erklang Dickels Stimme: »Der BVB besitzt die Kraft, massenhaft Menschen anzuziehen und sie gleichzeitig fest und tief an sich zu binden. Er ist ihre Heimat und Familie. Der BVB ist ein Magnet. Er begeistert eine enorme Masse an Menschen, lokal, regional, national. Er begeistert die verschiedensten Typen von Menschen über Alter, Geschlecht und sozialen Status hinweg. Eine Masse, die immer mehr Masse anzieht. Eine Masse, die der BVB ganz fest und dauerhaft an sich binden kann, denn es sind tiefe und innige Beziehungen, die die Menschen mit dem Verein eingehen. Ein Leben lang.«

Letztlich beschrieb das nichts anderes als den Umstand, dass Menschen sich an Fußballklubs binden. Im Grunde konnte man so etwas zu jedem Fußballverein der ersten drei Ligen sagen, auch wenn nicht überall die besondere Fußballphysik in Schwarz-Gelb wirkt, nach der eine Masse immer mehr Masse anzieht. Aber das ist bei allen erfolgreichen Klubs so.

Ich war nicht sonderlich beeindruckt von den Markengeheimnissen der Borussia: regionale Herkunft, etwas moralische Hybris und dass der BVB viele treue Fans hat, ich hatte etwas mehr Überraschungen erwartet. Die letzte Kernkompetenz hingegen ließ mich aufmerken: »Der BVB hat den tief verinnerlichten Willen, Großes zu erreichen und Bedeutung zu erlangen. Es ist das richtige Streben nach Erfolg, Wertschätzung und Liebe. Aber nicht der falsche Ehrgeiz, der in Übermut, Größenwahn und Entfremdung endet. Für den BVB ist es der Antrieb, alles aus sich herauszuholen und noch mehr. Es ist prägend für das Selbstverständnis, Größe und Bedeutung zu besitzen.«

Zur Erklärung dieser Behauptung lieferte Rejek eine verblüffende Ergänzung. »Man sagt immer, der BVB sei ein typischer Ruhrgebietsverein. Aber dagegen wehren wir uns, weil Dortmund keine typische Ruhrgebietsstadt ist.« Aus diesem Grund würden sie bei Borussia anders als bei Schalke mit der Mannschaft auch nicht unter Tage fahren. Dortmund habe schließlich eine andere Historie und sei nicht nur Ruhrgebietsstadt, sondern sei auch eine westfälische Metropole und alte Hansestadt. »Unsere These lautet, dass Dortmund eine andere Genstruktur hat als andere Ruhrgebietsstädte: das Streben nach Größe, im Strukturwandel nicht zu jammern, mit einem Technologiezentrum und mit einem Medienzentrum anzufangen. Warum steht in Dortmund das größte Stadion in Deutschland? Warum hat der BVB im Ruhrgebiet die meisten Titel gesammelt? Natürlich sind wir auch Pott, aber wir sind nicht nur Pott. Wir wollen uns nicht so über den Pott und das Kumpelmäßige identifizieren. Dortmund war mal Stahl und Kohle, sind wir aber nicht mehr, und das wird auch nicht mehr kommen. Warum sollen wir das noch hochhalten?«

Jeder Klub im Ruhrgebiet würde behaupten, dass er im Rahmen seiner Möglichkeiten Größe und maximalen Erfolg anstrebt. Aber in Wirklichkeit stimmt das nicht. Schalke bleibt trotz aller Modernisierung der letzten Jahre, eines eigenen Stadions und vieler Erfolge im alten Denken haften. Der Verein sehnt sich immer noch nach großen Männern in der Tradition alter Schlotbarone wie heute Clemens Tönnies. Und er ist verliebt in sein Scheitern. Der VfL Bochum oder der MSV Duisburg hingegen ist sofort zufrieden, wenn es irgendwie läuft, und hat nie die Kraft zu Raffinesse und Eigensinn entwickelt. Von daher war es schon bemerkenswert, wie sehr sich Borussia Dortmund vom Ruhrgebiet abkoppelte, zumindest von dessen stagnierender Seite.

Die Beschäftigung mit Marketingbibeln und Leitbildern sowie die Gespräche mit ihren Machern hatten einen seltsamen Effekt auf mich. Auch hier ging es wieder um den Konflikt zwischen Geschäft und Sentiment, und ich war mir nicht sicher, ob ich den Umgang damit gruselig oder letztlich schlüssig finden sollte.

Es hatte mich getröstet, dass mir Rejek im Laufe unseres Gesprächs erklärt hatte, dass Borussia Dortmund trotz aller Bemühungen sein Image weniger steuern könne, als man sich das vielleicht vorstellen würde: »Wir nennen das Markenführung unter Kontrollverlust.« Der Fan sei für den Klub deshalb auch kein Kunde und kein Konsument, er sei »Prosument«, sagte Rejek. Ich kannte den Begriff nicht, er bedeutet, dass Fans ihren Klub einerseits konsumieren, ihn auf der anderen Seite aber auch produzieren.

»Generell will die Markenindustrie erreichen, was Fußballvereine seit jeher ausmacht«, sagte Rejek. »Bei einem Fußballverein ist man zunächst Fan und dann Kunde. Die Marken hingegen versuchen, Kunden zu Fans zu machen, wie etwa Apple. Wie die Fans auftreten, produzieren sie die Marke mit.« Das ist so beim Pop, wo auch die Fans die Bedeutung der Musik miterzeugen und nicht irgendwelche Marketingstrategen. Auch dort gibt es einen Kontrollverlust, denn wer weiß schon genau, wie Fans eine Band verstehen und wie sie deren Aussagen oder Style benutzen und mit Bedeutung aufladen. Man kann versuchen, das zu steuern, aber oft genug misslingt das auf höchst interessante Weise.

Es ist einfacher sich Apple als coole Marke auszudenken, weil Smartphones auf dem Weg zum Titel nicht die Nerven verlieren oder in die zweite Liga absteigen können, weil Notebooks nachts nicht saufen gehen und sich keine Kreuzbänder reißen und weil Tabletcomputer keine rechtsradikalen Fans haben oder auch nur ein überkritisches Publikum.

Außerdem haben Fußballvereine eine Kundschaft, die sie durchaus beim Wort nehmen, wie Alexander Jobst bei seinem Viagogo-Deal hatte erfahren müssen. Vielleicht waren die Männer auf den Marketingetagen gar nicht die großen Manipulatoren, sondern eher Erfüllungsgehilfen bei der Verwirklichung von Fußballträumen.

# Derbytage

*Ein Fiebertraum wird wahr*

Als der FC Schalke 04 am 27. April 2007 zum Bundesligaspiel nach Bochum kam, kam er wie immer nicht allein. Kein anderer Klub hat über die Jahre so viele Fans ins Ruhrstadion mitgebracht wie Schalke, selbst Borussia Dortmund zu besten Zeiten nicht. Doch diesmal kamen die Gäste nicht nur wieder in großer Zahl, sondern mit der Haltung, das Stadion übernehmen zu wollen. Tausende trugen weiße T-Shirts, auf denen »Nordkurve in Deiner Stadt« zu lesen war. Auch die Spieler trugen sie beim Warmmachen und selbst die Vorstandsmitglieder auf der Ehrentribüne. Königsblau berauschte sich an sich selbst, denn Schalke war am viertletzten Spieltag der Tabellenführer der Bundesliga, und mit einem Sieg in Bochum wollte man der ersten deutschen Meisterschaft seit 1958 ein gutes Stück näher kommen.

Der VfL Bochum stand an jenem Freitagabend nicht mehr direkt im Abstiegskampf, aber angesichts der Stadionübernahme wurde bei jedem Spieler und jedem Fan des Klubs ein tief sitzender Instinkt geweckt: Das konnten wir uns nicht gefallen lassen! Ich saß auf der Pressetribüne, sah dort Männer wie Schalkes Geschäftsführer Peter Peters oder Vizepräsident Josef Schnusenberg in ihren weißen T-Shirts sitzen und wurde wütend. Nein, das ging zu weit! Und so stachelten die Gäste den kleinen Nachbarn und seine Anhänger zur besten Saisonleistung und einem mit Zähnen und Klauen verteidigten 2:1-Sieg an.

Zwei Wochen später, am vorletzten Spieltag, rettete Borussia Dortmund eine ihrerseits mittelmäßige Saison durch einen 2:0-Sieg über Schalke, das dadurch die Tabellenführung und letztlich den Titel verlor. Die Atmosphäre bei diesem Spiel war vergiftet wie selten bei einem Revierderby. Dortmund und seine Fans wollten den Gegner demütigen, und das gelang. Zehntausende sangen anschließend eine umgetextete Version des Schalker Gesangs »Ein Leben lang, blau und weiß ein Leben lang«. Höhnisch hieß es nun: »Ein Leben lang, keine Schale in der Hand«.

Man sollte denken, dass so eben die Geschichten sind, wenn es um die Lokalderbys an der Ruhr geht, vor allem zwischen Schalke und Dortmund, schließlich treffen diese beiden Mannschaften schon seit fast 90 Jahren aufeinander. Zeit genug also für eine Menge aufregender Momente und für reichlich Zündstoff. Das Problem ist nur: wirklich als Derby empfunden wird dieses Spiel gerade einmal seit vier Jahrzehnten, und als Revierderby bezeichnet man es erst seit Ende der Siebzigerjahre.

Belegt haben das die drei Bochumer Sporthistoriker Sandra Heck, Paul Nierhaus und Andreas Luh 2012 in einem Beitrag für *The International Journal of the History of Sport*, in dem sie die Derbyberichterstattung der *Westdeutschen Allgemeinen Zeitung* zwischen 1947 und 2007 untersuchten. Sie schauten vor allem danach, wie umfangreich sie war und welche Begrifflichkeiten benutzt wurden.

1957 etwa, als es im Spiel beider Mannschaften um die Oberligameisterschaft ging, war noch vom »Schlagerspiel im Westen« oder vom »Sieg über den westfälischen Rivalen« die Rede. Die regionale Referenz war damals generell eher Westfalen und nicht das Ruhrgebiet, dessen Identität wie schon beschrieben noch nicht entwickelt war. Von daher hatte das Spiel auch nicht mehr als eine sportliche Bedeutung, wie das fast in allen der endlos vielen Nachbarschaftsderbys im Ruhrgebiet jener Zeit der Fall war. Bestenfalls gab es Reibereien, wenn bürgerliche Klubs wie Schwarz-Weiß Essen oder der Duisburger Spielverein gegen eher proletarische Klubs wie Sportfreunde Katernberg oder Hamborn 07 spielten. Sicherlich ging es auch bei Stadtduellen wie zwischen dem SV Sodingen und Westfalia Herne schon mal ruppiger zu, trotzdem tranken die Spieler vorher zusammen Kaffee und standen hinterher gemeinsam am Tresen. Noch weiter zurück, in den Jahren der Schalker Dominanz, sorgte es nicht einmal für Aufsehen, dass Ernst Kuzorra 1935 als Interimstrainer bei Borussia Dortmund aushalf.

Die drei Sporthistoriker aus Bochum fanden den Begriff »Revierderby« in der WAZ zum ersten Mal 1977 belegt. Aber selbst nach einem Sieg über Schalke zwei Jahre später erklärte Borussias Vereinspräsident Reinhard Rauball noch, dass sein Klub den Schalkern in der folgenden Woche mit einem Sieg gegen Arminia Bielefeld im Abstiegskampf helfen wolle. Im April 1987 hingegen war von Nachbarschaftshilfe keine Rede mehr. Rauballs Nachfolger Gerd Niebaum sagte damals vor dem Derby: »Gegen Schalke muss man gewinnen, egal wie, weil es die Zuschauer von uns erwarten.«

1997 wurden der Begriff »Revierderby« oder Synonyme wie »Ruhrpottgipfel« in der Berichterstattung der WAZ bereits 32-mal benutzt, 2007 dann schon 117-mal, obwohl der Umfang der Berichterstattung nicht größer geworden war. Außerdem landete die Vor- und Nachberichterstattung nun auch auf der Titelseite der Zeitung. Die Historiker kommen daher insgesamt zu dem Schluss: »Die Behauptung, dass es ein ›historisches‹ großes Revierderby gibt, dessen Spuren bis in die Frühzeit des Ruhrgebietsfußballs zurückverfolgt werden kann, ist ein künstlicher, von den Medien geschaffener Mythos.«

Nur, wie ist das passiert? Hatten die Sportredakteure der WAZ unter der Leitung von Hans-Josef Justen einen geheimen Beschluss zur Erfindung des Revierderbys gefasst?

Sicherlich nicht, die veränderte Berichterstattung über das Revierderby zwischen Dortmund und Schalke war Ausdruck einer veränderten Wahrnehmung des Spiels. Dazu beigetragen hatten jene Fußballfans, die ab Anfang der Siebzigerjahre durch Fahnen, Schals und Kutten als solche erstmals deutlich zu erkennen waren. Auf den Rängen trugen sie ihre Revierkämpfe aus. Unsere Stadt gegen deren Stadt. Wir gegen die. Was eben eher möglich war, wenn es gegen Klubs aus der Nachbarschaft ging. Zudem konnte sich auch die eher nüchterne WAZ einem generellen Wandel zu einem emotionaleren, personalisierten Journalismus nicht verschließen, der zu Beginn der Neunzigerjahre aus der Fußballaufbereitung im kommerziellen Fernsehen kam. Sandra Heck, Paul Nierhaus und Andreas Luh schrieben in ihrer Untersuchung, dass sich im Fußball damals zunehmend historisches Erbe und Unterhaltungswert miteinander verbunden hätten. »Von daher ist es keine Überraschung, dass das Derby von einer informationshungrigen und abenteuerlustigen Gesellschaft sowie damit korrespondierenden Sportmedien als Mittel der Unterhaltung aufgegriffen wurde.«

Das klingt beleidigt, als wäre da ein Nichts zu einem Ereignis gemacht worden. »Hochgejazzt«, hieß es in solchen Fällen früher. Nur, wenn man eine Geschichte wie die vom Revierderby nur oft genug erzählt, bekommt sie für alle Beteiligten eine Wahrheit, die nicht wegzudiskutieren ist. Gerade die Derbys im Jahr 2007, als Schalke erst in Bochum und dann endgültig in Dortmund die Meisterschaft verspielte, mussten vorher oder hinterher nicht irgendwie mythisiert oder überhöht werden, sie waren inzwischen ganz real bedeutsam. Ein Fiebertraum war wahr geworden.

Auch in diesem Fall sind die Fans Prosumenten gewesen, wenn man den Begriff benutzen will. So ist der Fußball – nicht nur im Ruhrgebiet – zum großen Geschichts- und Identitätsproduzenten geworden. Auf historische Richtigkeit kommt es nicht an, wie die Beispiele der rückerfundenen Derbytradition oder die behauptete historische Kontinuität von Malochen auf dem Platz zeigen.

Manchmal packen wir aber auch etwas rein, was dort nicht hingehört.

# Eine Liebe, die niemals endet

*Fußballreligion nördlich des Sozialäquators*

Als ich in Gelsenkirchen auf dem Friedhof Beckhausen-Sutum am Eingang zum Schalker Gemeinschaftsgrabfeld angekommen war, musste ich erst einmal lachen. Vermutlich gehört sich das nicht, doch über dem Ort der Toten wehten Fahnen mit dem Slogan des Klubs: »Wir leben dich.« Auch die Anlage mit der angedeuteten Stadionform sieht eher kurios aus: ein stilisierter Fußballplatz mit zwei Toren und dem Vereinsemblem aus Blumen in der Mitte, so angelegt, als würde man von den Urnengräbern auf den Rängen für immer Schalke zuschauen können.

Schalke ist nicht der einzige Fußballverein in Deutschland, bei dem man sich beisetzen lassen kann, in England war ich einmal sogar bei einer Beerdigung im alten Stadion des FC Arsenal, die Urne wurde im Hintertor-Aus eingelassen. Der FC Barcelona will die Dinge sogar in ganz großem Stil angehen. Wenn er sein Stadion Nou Camp umbaut, soll Platz für 30 000 Urnen sein. Doch dass in Deutschland Schalke als erster Fußballverein einen Friedhof anlegte, verwundert nicht, denn er wird als quasireligiöse Institution wahrgenommen.

Zur Jahrtausendwende hatte mir Peter Peters, der bereits damals Geschäftsführer des Klubs war, von Briefen erzählt, die beim Klub ankamen. »Manchmal wird es einfach zu viel«, hatte er damals gesagt, sich die Hände vors Gesicht geschlagen und dann nervös die Brille hochgeschoben. Er hatte Post von Frauen bekommen, die vergewaltigt worden waren. Angesichts von Kindesmissbrauch in der Familie war der Klub um Hilfe angefleht worden. Auf Peters Schreibtisch landeten Fotos junger Familien, die gemeinsam in Blau und Weiß in die Kamera lachten. In den beiliegenden Anschreiben musste er dann lesen, dass der Vater tödlich verunglückt war. Konnte Schalke nicht helfen? Bei Arbeitslosigkeit, Krankheit und anderen Schicksalsschlägen wendeten sich Anhänger in ihrer Not an Schalke. Sie suchten seelischen Halt – bei einem Fußballverein.

Auch aus diesem Grund wurde beim Bau der Arena von vornherein eine Kapelle eingeplant, wo die Spieler vom Platz in die Kabinen gehen und hinterher von Journalisten befragt werden. Für die seelsorgerische Betreuung von Schalke-Fans war ab 2001 zunächst Pfarrer Hans-Joachim Dohm zuständig gewesen und von 2007 bis Ende 2013 Norbert Filthaus, ein evangelischer Pfarrer in Gelsenkirchen-Erle, dem Stadtteil, in dem Schalke heute zu Hause ist. Wir trafen uns in seinem Büro im Pfarrhaus, es hätte aber auch der Treffpunkt eines Fanklubs sein können. Überall im Raum hingen Schals, Wimpel, Erinnerungsfotos in Königsblau, Filthaus machte keinen Hehl daraus, dass er Schalke-Fan ist.

Weil sich pro Woche 40 bis 50 Menschen in Notlagen an den Verein wenden, war »Schalke hilft« gegründet worden, »sozusagen die Diakonie oder Caritas von Schalke«, wie Filthaus sagte. Ein Gremium entscheidet darüber, wer unterstützt wird. Aber fand er es nicht bizarr, dass sich Menschen in Not an einen Fußballverein wenden? »Tja, ich käme nicht auf die Idee. Aber Schalke ist für die Menschen Heimat. Man ist nicht nur Schalker im Stadion, sondern immer, und so kam es auch zu dem etwas kuriosen Schalker Friedhof. Man könnte sagen, dass das Schalker-Sein mit dem Tod endet, aber die Leute sehen es nicht so. Und ich finde, das ist ein würdiger, wirklich gelungener Ort.«

Filthaus ist ein humorvoller Mensch, der großes Vergnügen daran hatte, als Schalker Vereinspfarrer in den Grenzbereichen des Absurden unterwegs zu sein. Er vollzog Trauungen und Taufen in der Kapelle, führte Gruppen aus Kindergärten und Schulen oder Konfirmandengruppen durchs Stadion. Ganz unumstritten war sein Engagement in der evangelischen Kirche jedoch nicht. »Es gibt Kollegen, die bis heute nicht dort waren, weil es ihnen zu unernst ist, weil sie den Kommerz und das Götzentum anprangern. Aber sie sind eher die Minderheit.« Filthaus stellt dieser Kritik entgegen, dass die Kirche da sein soll, wo die Menschen sind. Wenn Schalke die Chance gebe, im Stadion ein kirchliches Angebot zu machen, müsse man sie auch nutzen. »Das ist in der Marketingsprache eine Win-win-Situation. Es ist für den Verein sehr schön, er macht seinen Fans das Angebot. Die Kirche hat die auf einem Silbertablett präsentierte Chance, Leuten derart nahe zu sein, wie es sonst kaum möglich ist.«

Immer wieder hatte er auf diese Weise höchst bewegende Geschichten erlebt. So hielt er für die Eltern eines 30-Jährigen aus Köln eine Andacht in der Kapelle, denn das Letzte, was sie gemeinsam mit ihrem bei einem Unfall gestorbenen Sohn erlebt hatten, war ein Spiel von Schalke gewesen. Es gab den Mann, dessen Letzter Wille es war, dass nach seinem Tod ein Gedenkgottesdienst im Stadion stattfinden sollte. Ein Paar aus Frankfurt/Oder, das nicht einmal in der Kirche war, kam drei Mal zur Vorbesprechung für die Hochzeit, zu seinen Gottesdiensten und um ihn kennenzulernen, über 600 Kilometer angefahren. Beide waren schon in der DDR Schalke-Fans gewesen. »Für viele Menschen ist das hier Mekka oder Rom«, sagte Filthaus.

So sehr Filthaus seinen Spaß daran hat, dass die Leute ihn »als authentischen Schalker mit dem Hang zum Bekloppten erleben«, wundert es ihn doch, wie bedeutend der Fußballklub im Alltag seiner Gemeinde geworden ist. »Ich gehe hier als Pfarrer einmal am Tag durch die Gemeinde und frage die Leute, wie es ihnen geht. Als Antwort bekomme ich ganz oft ›Hoffentlich holen wir Samstag drei Punkte‹. Alles korrespondiert immer mit der Lage von Schalke. Überall, vom Kindergarten bis zum Seniorenklub. Auf Gemeindefesten kann ich es dann manchmal selbst nicht mehr hören. Da reden 95 Prozent nur über Schalke.«

Als Schalke 2001 die berühmte Vier-Minuten-Meisterschaft erlebte, also den Titel tragisch verpasste, musste Filthaus am nächsten Tag seelsorgerisch regelrecht schuften. »Ich hatte am Sonntag einen Gottesdienst und musste erst mal ein paar Worte zur Lage sagen, so deprimiert waren die Menschen. Das hat ihnen einen echten Knacks gegeben, sie waren traumatisiert. In jedem Ranking sind wir in Gelsenkirchen Letzter: Lebenserwartung, Bildung und alles. Daher kommt der Wunsch, zumindest im Fußball oben zu sein.«

Mein Blick fiel auf ein Buch, das ich zunächst für ein Fanutensil gehalten hatte. Ich fragte Filthaus: »Was ist ›Mit Gott unterwegs‹?«

»Das ist eine Schalke-Bibel.«

Es sah wirklich aus wie die Heilige Schrift, allerdings versehen mit dem Schalke-Emblem. »Das ist nicht Ihr Ernst.«

»Doch! Ich war vor einiger Zeit in einem Religionsmuseum, die haben dort einen schwarz-gelben Schal als Beleg für Kult. Dem Museum habe ich dann eine Bibel und einen Schalke-Schal übergeben, damit es ausgeglichen ist.«

Ausgleich für Schalke im Religionsmuseum, darauf muss man erst mal kommen.

Kein Zweifel: Fußball ist eine säkulare Religion. Eine Religion ohne Gott, die sich Formen des Klerikalen ausleiht. Das kann man wunderbar parallel führen, das Spiel als Gottesdienst, Kirchengesänge auf den Rängen und Kutten als Talare und die Beschwörungen höherer Mächte. John Peel, der legendäre englische DJ und Fan des FC Liverpool, hatte mir mal gesagt: »Von mir aus kann man Fußball gerne als Religion sehen, jedenfalls hat er weniger Schaden als die meisten Religionen angerichtet.«

Ein guter Spruch, der aber noch aus einer Zeit stammt, als die verbissene Passion vieler Fußballfans auf nicht minder vehemente Ablehnung stieß. Damals war es auch eine trotzige Punkrockgeste – und John Peel kannte sich mit Punkrock aus –, durch die man auf so etwas Sinnlosem beharrte, wie sein Leben dem Spielplan eines Fußballvereins anzupassen. Es war eine Feier der Bekloppptheit.

Doch wie Punkrock über die Jahre seine Bedeutung mehrfach veränderte, hat die Feier der Fußball-Bekloppptheit eine neue Bedeutung bekommen. Viele Menschen glauben den Eindruck vermitteln zu müssen, dass ihr Lebensglück von Fußballergebnissen abhängt, weil ihnen ihre Umwelt vermittelt, dass das irgendwie zu einem gelungenen Leben dazugehört. Schlimmer noch, der Besuch bei Pfarrer Filthaus bestätigte meinen Eindruck, dass immer mehr Menschen bereit sind, sich vor allem und vielleicht sogar ausschließlich als Schalker zu sehen.

Eine der typischen Schnellanalysen besagt: »Die Leute

haben außer Fußball nichts.« In Gelsenkirchen kann einem das wirklich so vorkommen. Was ist dort noch groß, noch vital und strahlt über die Grenzen der Stadt? »Tausend Feuer in der Nacht, haben uns das große Glück gebracht«, heißt es im Schalker Vereinslied »Blau und Weiß, wie lieb ich Dich«. Nur, die Feuer sind längst erloschen, und was leuchtet da noch? Schalke!

Warum das also nicht anerkennen und gleich die ganze Stadt umbenennen? Schließlich kennen vermutlich mehr Menschen in Deutschland und vor allem im Rest der Welt Schalke 04, aber kaum jemand kennt Gelsenkirchen. Frank Baranowski, der Oberbürgermeister von Gelsenkirchen, reagierte höflich belustigt, als ich ihm die Umbenennung vorschlug, fand den Vorschlag aber nur mäßig komisch. Er sagte dann freundlich, dass Schalke 04 zwar wichtig für Gelsenkirchen sei, aber Gelsenkirchen mehr als ein Fußballverein. Und dass die neue Zoo-Erlebniswelt im Jahresdurchschnitt genauso viele Zuschauer wie Schalke hätte.

In ihrer Situationsanalyse des Ruhrgebiets hatten Rolf Heinze und seine Kollegen die These aufgestellt, dass ein »Sozialäquator« das Ruhrgebiet durchschneidet, die A 40, der Ruhrschnellweg.

»Das Zeitalter von Kohle und Stahl war in der Zone von Duisburg bis Dortmund früher vorbei, der Strukturwandel hat dort eher eingesetzt, und daher konnten diese Städte auch viel früher alternative Wirtschaftszweige ansiedeln«, sagte Baranowski. Er verwies darauf, dass die ersten Universitäten in Bochum, Essen, Duisburg und Dortmund gegründet worden seien und es bis heute in der Emscherzone, nördlich der A 40, nur Fachhochschulen gäbe. »In Dortmund war die Hochschule mit dem gesamten Bereich der Informationstechnologie ein wichtiger Motor des Strukturwandels. Das fehlt hier. In der Emscherzone macht die letzte Zeche erst 2018 zu. Wir haben hier, wenn Sie so wollen, noch immer Strukturwandel 1.0, wo die anderen schon lange bei 2.0 sind«, sagte Baranowski.

Man hört dem Oberbürgermeister von Gelsenkirchen gerne zu, weil er kein wichtigtuerischer Stadtpatron ist, sondern ein nüchterner Mann, der einfach die Probleme seiner Stadt lösen will. Allerdings sind sie gewaltig. Zu den besten Zeiten hatte Gelsenkirchen 380 000 Einwohner, jetzt sind es 255 000. Die Stadt schrumpft, wie auch meine Heimatstadt Herne und die anderen Städte der Emscherzone. Oberhausen ist die nach Kaiserslautern zweitärmste Stadt Deutschlands, und ein Reporter der New York Times fühlte sich bei einem Besuch dort an Detroit erinnert, in den USA das Musterbeispiel für postindustrielle Depression. Doch von einem Gefühl kollektiver Ratlosigkeit im Ruhrgebiet wollte Baranowski nichts wissen, wobei er vor allem Mühseligkeit versprechen konnte: »In Gelsenkirchen fanden es Mitte der Sechzigerjahre alle schlimm, dass Opel nach Bochum gegangen und nicht zu uns gekommen ist. Jetzt stellen wir fest, dass nichts sicher ist. Opel schließt. Nokia ist weg. Da fragen sich die Leute natürlich, was jetzt kommen soll. Auch ich sehe kein Unternehmen, das sich hier mit Tausenden von Beschäftigten als Heilsbringer ansiedelt. Das ist wie beim Sisyphus, wir müssen immer wieder den Berg hoch. Dass die Menschen, die hier leben, dabei auch ein bisschen kirre werden, kann ich gut nachvollziehen.«

Zumal es auch bei diesen Menschen »altindustrielles Denken« gibt, wie Heinze es nennt, also auch die Sehnsucht nach dem Heilsbringer. Baranowski wusste auch, warum: »Bei den großen Unternehmen wurde früher ohne

Frage hart gearbeitet, aber man hat sich auch um die Menschen gekümmert und ihnen viel abgenommen. Es war eine Art Rundum-sorglos-Paket. Man bekam seine Wohnung, man hatte den Knappschaftsältesten, wenn es Probleme gab, die Knappschaftskrankenversicherung. Das alles ist weg, inklusive der Kümmererfunktion, die diese großen Unternehmen hatten. Viele Leute hängen im luftleeren Raum und erwarten, dass sich die Städte um sie kümmern. Die können das aber gar nicht.«

Gibt es eine Schwäche, Sachen selbst anzupacken, wollte ich wissen. »In anderen Landesteilen ist Eigeninitiative deutlich ausgeprägter. Das liegt auch an der Sozialstruktur. Andere Städte haben viel mehr Stiftungen und Initiativen, die Dinge auch mal finanzieren können. Es gibt auch hier bürgerschaftliches Engagement, aber das ist deutlich weniger als woanders.«

Baranowski wollte keinen trübseligen Eindruck vermitteln und lobte die phänomenalen Möglichkeiten des Ruhrgebiets, stellte aber auch fest: »Ein gesundes Selbstbewusstsein, bei allem, bei Fußball, Wissenschaft, Kultur zu sagen: Das muss uns erst mal einer nachmachen, das fehlt uns einfach ein bisschen.«

Hilft also nur noch beten? Und das zu Schalke 04?

Es ist traurig, wenn ein Mensch als einziges starkes Element seiner Identität einen Fußballverein hat, wenn vom Menschen nur noch der Schalker bleibt. »Ich würde mich nicht scheuen zu sagen, ich liebe Schalke«, hatte Vereinspfarrer Filthaus gesagt. Ich wusste, was er meinte, denn ich würde auch sagen, dass ich den VfL Bochum liebe. Aber »Bochumer« zu sein, ist hoffentlich nur ein kleiner Ausschnitt dessen, was mich als Mensch ausmacht. Ich möchte auch nicht auf einem noch einzurichtenden VfL-Friedhof beerdigt werden, auch wenn ich aus Punkrocktrotz heraus gelegentlich das Gegenteil behaupte.

Ich mag es inzwischen sogar, wenn ich Menschen treffe, die sich schlichtweg nicht für Fußball interessieren, weil das heute eine ähnliche Minderheitenposition ist, wie früher leidenschaftlicher Fußballfan zu sein. Früher gefiel es mir, verrückte Fans zu feiern, die als besessene Groundhopper die Stadien der Welt abreisten, weil sich darin oft ein störrischer Eigensinn äußerte. Heute hingegen steht Fan-Exzentrik bei mir unter dem Grundverdacht, dass da jemand leider sonst nichts hat im Leben und diese Leere im Fanshop füllt.

»Schalke ist Religion« ist so ein Satz, der heute schon ganz selbstverständlich in Fernsehberichten gesagt wird. Das sollte aufhören. Mir läuft es da kalt den Rücken herunter, dieser Witz ist einfach nicht mehr lustig.

# Lackschuh ohne Power

*Traditionsvereine im Niedergang*

Noch ein Museum, wenn auch ein sehr bescheidenes, und das nur vorübergehend im Frühjahr 2013. Rund 250 Euro hat alles gekostet, eine rührende Notwehrmaßnahme, weil man sich gelegentlich daran erinnern muss, dass die Zeiten mal besser waren. Die Räume der ehemaligen Lokalredaktion der WAZ in Wattenscheid sind eine Mischung aus Fankneipe, Museum und Schrein, mit Trikots an der Wand, in denen die SG Wattenscheid 09 mal in der Bundesliga gespielt hat, mit Plakaten, die große Spiele ankündigen, mit Zeitungsausschnitten und Fotos unvergessener Schlachten. In den Vitrinen liegen Erinnerungsbücher, Stadionhefte, Fanartikel, Mitgliederbücher und Nippes. Große Namen wie Samy Sané, Uwe Tschiskale, Hannes Bongartz oder Carlos Babington. Und eine Urkunde des Westfälischen Fußballverbandes für den Titelgewinn in der Westfalenliga Gruppe 2 in der Saison 2011/12, anhand derer ich überlegen muss, ob das die fünfte oder sechste Liga ist.

Vier Jahre hat Wattenscheid 09 in der Bundesliga gespielt, und in der Ewigen Tabelle der zweiten Liga steht der Klub immer noch auf Platz zehn. Oben an der Wand hängt ein Trikot mit der Aufschrift »Freiheitsschänke Anni« und erinnert daran, dass der Klub eine latent separatistische Agenda hatte. 1972 war Wattenscheid im Rahmen der letzten großen Gebietsreform im Ruhrgebiet Bochum zugeschlagen worden. Vielen Wattenscheidern passte das nicht, auch Klaus Steilmann nicht, er führte als reichster und mächtigster Mann der Stadt einen Widerstand an, der vor allem Trotz war. So meldete Steilmann seine Autos und die seiner Firma in Essen an, um kein Bochumer Nummernschild benutzen zu müssen.

Steilmann war der Mann, der Wattenscheid 09 groß machte (außerdem die Leichtathleten von Wattenscheid 01 und die Rhythmischen Sportgymnastinnen). Er sorgte dafür, dass der zuvor unbedeutende Klub zwischen den Siebziger- und Neunzigerjahren eine ähnliche Rolle spielte wie heute die TSG Hoffenheim. Er war als Selfmade-Mann in der Textilindustrie vom Einzelhandelskaufmann bei C&A zum Besitzer eines Milliardenunternehmens aufgestiegen. Steilmann spielte bis ins hohe Alter gerne selbst Fußball und liebte es, sich mit Fußballspielern zu umgeben. Anfangs arbeiteten viele von ihnen auch in seinem Unternehmen, wenn sie für Wattenscheid 09 spielten. In den Neunzigerjahren wurden sie Vollprofis, und der Klub stieg in die Bundesliga auf. »Ohne Klaus Steilmann hätte es keinen Bundesligafußball in Wattenscheid gegeben, ohne Frage«, sagt Michael Seiß. Der Mittvierziger mit dem lichten Haupthaar hatte das temporäre Museum mit ein paar Freunden zusammen eingerichtet.

Als Steilmann älter wurde, geriet sein Unternehmen wirtschaftlich unter Druck, vielleicht auch, weil er sich der Globalisierung zu lange verweigert hatte. So jedenfalls geht die Geschichte vom guten Patron, der lieber in Deutschland von seinen Leuten fertigen lassen wollte als von Kindern in Bangladesch, Indien oder China. Doch ob das stimmt oder nicht, als sein Unternehmen ins Trudeln geriet, stürzte auch sein Verein ab.

1994 stieg der Klub aus der Bundesliga ab, wurde 1996 sogar für ein Jahr drittklassig, doch das war nur ein Vorgeschmack: 1999 Abstieg in die dritte, 2004 in die vierte, 2007 in die fünfte und 2010 schließlich sogar in die sechste Liga. Bis 2009 unterstützte Steilmann zumindest noch die Jugendabteilung, die mal Spieler wie Yildiray Bastürk oder die Altintop-Zwillinge hervorgebracht hatte. Als die erste Mannschaft schon fünftklassig war, spielten die Jugendmannschaften noch in der höchsten Spielklasse. Dann zog Steilmann auch dort seine Gelder ab, und der Nachwuchs fiel ebenfalls ins Nichts.

»Es ist uns ziemlich beschissen gegangen«, sagte Seiß. »Der Verein hat total darunter gelitten, dass die Gelder wegbrachen und es keinen vernünftigen Plan B gab. Es ist schwer zu vermitteln, woran man sich als Fan da noch festhält.« Doch was immer das war, Seiß gelang es. Hatte er zu Bundesligazeiten selbst mal ein Spiel gegen Bayern sausen lassen, weil er lieber als Groundhopper bei irgendeinem Spiel im Ausland unterwegs war, war er ab 1999 als Stadionsprecher immer da: »Ich konnte nicht mehr sagen, dass ich jetzt nach Turkmenistan fahre, denn ich wusste: Heute spielen wir gegen Duisburg II.«

2008 wurde Seiß auch noch Pressesprecher, ab 2010 wurde er als Stadionsprecher aber nicht mehr gebraucht. Wattenscheid 09 spielte in der sechsten Liga, und das nicht einmal mehr im angestammten Lohrheidestadion, sondern auf einem Kunstrasenplatz an der Berliner Straße. Der Klub war quasi auf die Größe seines eigenen Nebenplatzes geschrumpft, und im Schnitt sahen nur noch 200 Zuschauer zu. Seiß wurde dadurch nur noch trotziger: »Je schlechter es meinem Verein geht, umso mehr Herzblut entwickele ich. Dann wirst du gebraucht.« Mit André

Pawlak kam schließlich ein neuer Trainer von der U14 des FC Schalke 04 und brachte Spieler mit, »die eigentlich viel zu gut waren und Wattenscheid als Sprungbrett sahen«. In jener Saison sah Michael Seiß zum ersten Mal alle Pflichtspiele von Wattenscheid 09. In den beiden folgenden Jahren stieg der Klub zweimal auf, ohne dass man wirklich von einer Renaissance sprechen konnte. Die Zuschauerzahlen gehorchten weiterhin unkalkulierbaren Eigengesetzen, weil mitunter mehr Zuschauer die Mannschaft zu Auswärtsspielen begleiteten als zum Heimspiel kamen.

Aber immerhin, es ist noch Leben in der SG Wattenscheid 09. Sportlich ging es aufwärts, und sie hatten schöne Abende im temporären Museum. Spieler von einst kamen und erinnerten sich gemeinsam mit den Fans von früher an gute Zeiten.

Doch gibt es einen Moment, nach dem keine Umkehr mehr möglich ist? Ist es eines Tages einfach vorbei, und ein Verein wird nie mehr zu alter Größe zurückkehren? Die Frage stellt sich im Ruhrgebiet nicht nur in Wattenscheid, sondern vielerorts, auch im Essener Süden, beim ETB Schwarz-Weiß.

Jens Lehmann hat hier zwischen 1978 und 1987, vom achten bis zum siebzehnten Lebensjahr gespielt. Als er zum ersten Mal das Trikot des Klubs überzog, hatte Schwarz-Weiß Essen gerade die Lizenz für die zweite Liga zurückgegeben. Angeblich, weil der damalige Präsident und Mäzen wegen einer Ehescheidung nicht mehr genug Geld aufbringen konnte. 1994 war Schwarz-Weiß Essen dann erstmals viertklassig, und als 2008 die Ligen wieder einmal neu sortiert wurden, fand er sich plötzlich in der fünftklassigen Oberliga wieder. Seinen letzten Aufstieg konnte Schwarz-Weiß Essen vor mehr als einem halben

Jahrhundert feiern, 1961 von der Zweiten Liga West in die Oberliga West. Zu spät, um sich noch für die Bundesliga zu qualifizieren.

Bei der Grundsteinlegung des Deutschen Fußball-Museums in Dortmund hatte ich Oliver Bierhoff getroffen, den Manager der Nationalmannschaft. Ich erzählte ihm von meinen Recherchen im Ruhrgebiet, und verblüffend ernst sagte er: »Vergessen Sie Schwarz-Weiß Essen nicht – Lackschuhklub!« Wie lange hatte ich diesen Ausdruck für bürgerliche Vereine schon nicht mehr gehört, deren Honoratioren angeblich Lackschuhe trugen. Im Ruhrgebiet waren sie eine ähnliche Ausnahme wie Oliver Bierhoff selbst. Sein Vater Rolf hatte zwar ebenfalls Fußball und in den Fünfzigerjahren sogar zweimal für die deutsche Jugendnationalmannschaft gespielt, dann aber beruflich Karriere gemacht. Er wurde Vorstandsmitglied beim Energiekonzern RWE, der seinen Sitz in Essen hatte. Oliver Bierhoff war mit so einer sozialen Herkunft im Ruhrgebietsfußball von vornherein Außenseiter. Seine vermeintlich wohlbehütete Kindheit und sein materieller Wohlstand wurden ihm immer wieder vorgehalten. »Das ist mir angehangen worden, von wegen, ›der hat keinen Biss, weil er es einfach nicht braucht‹«, hatte Bierhoff mal gesagt. Wie Lehmann hatte auch er von 1978 an bei Schwarz-Weiß Essen gespielt, bis er 1985 vor der letzten Saison als A-Jugendlicher zu Bayer Uerdingen wechselte.

Das Stadion Uhlenkrug ist immer noch schön mit seiner inzwischen mehr als 80 Jahre alten Tribüne. Auch die weit gezogenen Hänge hinter den Stehplätzen deuten die Größe von einst noch an, als 1951 einmal 45 000 Zuschauer ein Länderspiel der deutschen Nationalmannschaft sehen wollten. Doch als ich kam, schauten bei wunderschönem

Frühsommerwetter nur knapp 300 Zuschauer zu. Einige von ihnen begleiteten den SV Hö-Nie, wie auf ihren Kappen stand, sie waren Anhänger des Vereins mit dem lustigsten Namen der Oberliga Niederrhein: SV Hönnepel-Niedermörmter. Er hat auch einen tollen Slogan: »Und der Acker bebt am Niederrhein.«

Am Uhlenkrug jedoch bebt kaum noch etwas. Ein paar jüngere Zuschauer trugen T-Shirts, auf denen »Lackschuh-Power« stand. Das war ein netter Versuch, den einstigen Vorwurf in etwas Positives umzuwandeln, aber er strahlte wenig wirkliche Power aus.

Viele Vereine des Ruhrgebietsfußballs sind mittlerweile fast vollständig vergessen. Vermutlich wissen selbst in Duisburg nur noch wenige Fußballfans, dass in Duisburg-Hochfeld an der Bahntrasse die Grunewald-Kampfbahn des Duisburger SV 1900 liegt, auf dessen heute weitgehend überwachsenen Rängen früher Tausende zu den Spielen der Oberliga West pilgerten. Oder die Sportfreunde Katernberg, einer dieser legendären Zechenklubs der Fünfzigerjahre, auch er ist heute bedeutungslos und 2013 erstmals in die Kreisliga B abgestiegen.

Eines meiner ersten Auswärtsspiele hatte ich am Uhlenkrug in Essen gesehen, als Westfalia Herne dort in der Regionalliga West spielte. So lange ist es noch gar nicht her, ich habe noch Erinnerungen daran, wie es aussah, als hier Fußball vor Tausenden gespielt wurde und nicht vor Hunderten. Weitaus stärker ist dieser Überblendungseffekt, wenn ich zum Stadion am Schloss Strünkede gehe, wo ich Hunderte Male gewesen bin. Ich kann dann die Bilder meiner Erinnerung an ein gut besuchtes Stadion, an wehende Fahnen in Blau und Weiß und den jungen Reinhold Beckmann als Reporter des WDR auf der kleinen Kamerabühne auf Höhe der Mittellinie über die Szenerie von heute legen. Ich kann dieses Stadion für mich zum Leben erwecken, mit Bildern der Zweitligaspiele gegen Borussia Dortmund, der Pokalspiele gegen den 1. FC Köln und 1. FC Kaiserslautern oder an die Sturzbäche, die vom Himmel fielen, als Westfalia mit 7:2 über den VfL Wolfsburg siegte (ein Ergebnis, das aus dem Holozän des Fußballs zu stammen scheint). Bei den ganz Alten lebt vielleicht sogar noch die Erinnerung an die Spiele um die deutsche Meisterschaft und das berühmte Fallrückziehertor, das Uwe Seeler hier geschossen hat.

Am Schloss Strünkede sind immer noch einige da, mit denen ich früher zusammenstand, obwohl es immer weniger werden. Zu einem Oberligaspiel im Spätherbst 2013 kamen 76 Zuschauer, rund 30 von ihnen waren aus Rheine mitgereist. Teilweise erkennen wir uns nicht mehr, weil so viele Jahre vergangen sind, seit wir auf der Gegengeraden, Höhe Mittellinie gestanden und »Zick, Zack, Mattuschack« gerufen haben, um den Torhüter zu feiern, der später bei Schalke so viele gute Torhüter ausbilden sollte, als besten Manuel Neuer. Vielleicht wollen wir uns auch nicht mehr erkennen, weil uns das daran erinnert, wie tief der Abstieg ist.

Die guten Zeiten, man kann von ihnen erzählen. Aber die Geschichte verliert ihre Kraft, wenn sie nicht durch Gegenwart aufgefrischt wird. Bei Schalke 04 können sie nicht nur deshalb immer wieder die Geschichte der Knappen und der Meistermannschaften von einst beschwören, weil die Erfolge größer sind als die bei Westfalia Herne, Schwarz-Weiß Essen oder der Spielvereinigung Erkenschwick. Vergangenheit ist auch lebendiger, wenn sie nicht einfach vergangen, sondern mit der Gegenwart verbunden ist.

Auf der Website etb1900.de ist ein bemerkenswertes virtuelles Museum von Schwarz-Weiß Essen errichtet worden. Hier kann man sich viele seltene Fotos, ausgiebige Statistiken und eine Menge Geschichten aus der Vereinshistorie anschauen und durchlesen. Vorbildliche Legendenpflege ist das, und schnell wird dabei klar, wie groß dieser Klub einmal war, der bereits 1914 einen Nationalspieler hatte, Albert Bollmann. Schwarz-Weiß war über Jahrzehnte die Nummer eins in Essen, auch weil er eben ein Lackschuhklub war, den das Bürgertum aus dem Süden der Stadt unterstützte. Er hat in seinen ersten Jahrzehnten eine tragische Geschichte zweiter Plätze und verpasster Titel. Aber wer weiß das noch? Und welche Bedeutung hat das alles heute?

Im 90. Jahr ihres Bestehens erlebten die Sportfreunde Hamborn 07 eine seltsame mediale Reanimation. Zur Saison 1996/97 stieg die ARD in die Berichterstattung der Spiele des damaligen Sechstligisten ein, samstagabends zur fast allerbesten Sendezeit. Der »Löwen-Report« der »Bündnis-für-Fußball«-Produktion war Teil der Polit-/Satire-Sendung »privatfernsehen«, die der ehemalige ZAK-Moderator Friedrich Küppersbusch erfunden hatte. Das man sich hier auf einen tief gefallenen Duisburger Klub stürzte, war eine Antwort darauf, dass es zu jener Zeit samstags keinen Profi-Vereinsfußball in der ARD zu sehen gab, weil die Senderechte komplett bei SAT.1 lagen.

Dass Hamborn 07 der erste deutsche Klub war, von dem einst ein Sieg live im Fernsehen gezeigt worden war, war eine hübsche Nebenbegründung, weshalb man auf die Oberliga-Größe der Fünfzigerjahre gekommen war: Am 26. Dezember 1952 hatten die Hamborner in der zweiten DFB-Pokalrunde mit 4:3 beim FC St. Pauli gewonnen. Gut

4000 Schwarz-Weiß-Geräte waren damals eingeschaltet, das entsprach einer Einschaltquote von 80 Prozent, denn es gab nur 4500 Fernsehgeräte in Deutschland.

Woche für Woche berichtete »privatfernsehen« über die Spiele und privaten Erlebnisse der Fußballer aus dem Duisburger Norden. Die lakonischen Beiträge von Tom Theunissen, einem Filmemacher aus Oberhausen und Fan von RWO, verherrlichten auf lässige Weise den Amateurfußball und die international besetzte Mannschaft, wo Deutsche und Italiener, Türken und Kurden, Spanier und Koreaner zusammen kickten. Star der Beiträge war bald der so charmante wie schlagfertige Stürmer Massimo Lo Mele, ein Anstreicher aus Oberhausen. Dem Klub tat der Schritt auf die groß Bühne gut, er verkaufte seine Werbebanden, weil sie auch im Fernsehen zu sehen waren, und am Ende stieg er auf.

Moderator Friedrich Küppersbusch bekannte sich dazu, »immer so 'n Spaß« zu haben, »wenn ein halbes Stadion wie Helge Schneider spricht«, aber auch das zeigte, dass in Hamborn keine Wiedergeburt der Löwen stattfand, sondern ein folkloristisches Schaumbad mit historischen Essenzen genommen wurde. Im Logo des »Löwen-Reports« riss auch nicht der König der Tiere das Maul auf, sondern eine Miezekatze.

Im Juni 2013 bekam ich einen Brief von einem Wolfgang Bayer aus Berlin, den ich nicht kannte. Er hatte ihn sogar persönlich in der Redaktion von 11 FREUNDE abgegeben, die Sache war ihm offenbar wichtig. Bayer wollte die Dinge zurechtrücken und hatte sich deshalb an die Schreibmaschine gesetzt und einen Artikel geschrieben, der überschrieben war: »50 Jahre Bundesliga oder: Die im Dunkeln sieht man nicht. Das Beispiel Hamborn 07 und

Schwarz-Weiß Essen.« Es ging um Vereine, die aus Sicht von Bayer die Bundesliga indirekt mitgeprägt hatten, weil viele ihrer besten Spieler später zu Bundesligisten gewechselt waren.

Der Autor hatte 15 Jahre lang selbst für Hamborn 07 gespielt, auch in der Regionalliga West. Seine Auflistung war imposant, denn er hatte über 20 ehemalige Spieler seines Klubs in der Bundesliga ausgemacht, die es auf zusammen über 2000 Bundesligaspiel brachten. Dazu gehörte Horst Heese, der für Eintracht Frankfurt und den Hamburger SV stürmte und später Bundesligatrainer wurde. Oder Dieter Herzog, der für Fortuna Düsseldorf und Bayer Leverkusen spielte sowie 1974 im Kader des deutschen Weltmeisters stand. Namen wie Karl-Heinz Wirth, Heinz Pliska oder Hennes Sabath, die alle auf eine dreistellige Zahl von Bundesligaspielen kamen, sagten mir hingegen kaum noch etwas. Anders als Werner Scholz, einer der besten Torhüter, die jemals beim VfL Bochum gespielt hatten.

Auch für Schwarz-Weiß Essen listete Bayer berühmte Namen auf: Hennes Küppers, der mit 1860 München die deutsche Meisterschaft gewann, Horst Trimhold, der für Eintracht Frankfurt und Borussia Dortmund spielte, sowie ein ganzer Schwung von Spielern, die in den Sechziger- und Siebzigerjahren zum VfL Bochum wechselten: Torjäger Hans Walitza, Bochums Rekordspieler Michael »Ata« Lameck, Klaus Franke und Torhüter Reinhard Majgl. Auch Leverkusens Verteidiger Thomas Hörster kam von hier, wie auch die schon erwähnten Jens Lehmann, Oliver Bierhoff und auch Uwe Reinders.

Angesichts dieser Namen plädierte Bayer für die Aufnahme beider Klubs in eine »Ehrendivision verhinderter, ideeller Bundesligisten«. Das war in seinem Ernst rührend, denn vermutlich erlebte Wolfgang Bayer in Hamborn einen ähnlichen Überblendungseffekt wie ich in Herne. Vor seinem Auge verwandeln sich dann vielleicht tapfere Amateure zu den Könnern, die er einst erlebt hatte.

Aber seien wir ehrlich, heute sind Hamborn 07 und Schwarz-Weiß Essen nicht einmal mehr Lieferanten für den Profifußball. Der Letzte, der es aus einem der beiden Klubs in die Bundesliga schaffte (und das über viel Umwege), war der Essener Sascha Mölders beim FC Augsburg. Längst sind diese Vereine nicht einmal mehr Teil der Blutkreisläufe des Profifußballs, auch Westfalia Herne nicht oder die Spielvereinigung Erkenschwick. Die Referenzpunkte ihrer Welt heißen Hönnepel-Niedermörmter oder Sprockhövel.

Im Dezember 2012 raffte sich Westfalia Herne noch einmal zu einem PR-Coup auf, der »Apokalypse Blau«. Das Spiel gegen Wattenscheid 09 sei die »letzte große Heimspielschlacht in Herne vor dem Weltuntergang«. Der Verein spielte damit auf den historischen Maya-Kalender an, der für den 21. Dezember das Ende der Welt behauptete. Es kamen über 3000 Zuschauer, eine für die fünfte Liga fantastische Zahl. Westfalia wollte durch die Aktion darauf hinweisen, dass es überall im Amateurfußball an Sponsoren und auch am Zuspruch der Zuschauer fehlt. »Unsere Botschaft ist: Hier bei den Amateuren wird noch der richtige, ehrliche Fußball gespielt«, hieß es.

Aber was ist diese Ehrlichkeit wert, wenn sich niemand dafür interessiert. Denn vielleicht ist das auch gar nicht der Grund, ins Stadion zu gehen. Wir wünschen uns zwar aufrichtige Jungs auf dem Platz, aber wir wollen sie auch bewundern können. Bei Westfalia Herne, bei Schwarz-Weiß Essen oder Hamborn 07 werden wir aber so wenig wieder großen Fußball sehen wie bei den Sportfreunden Katernberg, dem SV Sodingen und der TSV Marl-Hüls. Außer es würde plötzlich ein Sponsor auftauchen, um einen dieser Klubs aus einer Dietmar-Hopp-haften Laune heraus mit viel Geld aus der Vergangenheit zu befreien.

# Entlang der Frontlinie

## *Das Ende der Heimreise*

Ich hatte auf meiner Reise nach Hause vieles gesehen, erlebt und darüber erzählt bekommen, wie ich meine Heimat besser durch Fußball verstehen konnte. Das war nicht immer erfreulich gewesen, denn die Dinge stehen im Ruhrgebiet generell nicht gut, was den Fußball betrifft, muss man dazu in Oberhausen und Essen, Duisburg und Bochum, Herne und Wattenscheid nur auf die Tabelle schauen. Denn auch bei den Fußballklubs ist der Strukturwandel, das große Thema des Ruhrgebiets, noch längst nicht abgeschlossen.

Das Ruhrgebiet hat sich nach dem Ende von fast allem, was es einmal war, noch immer nicht wirklich neu erfunden. Mir ist klar, dass sich eine solche Feststellung leichter aufschreibt, als für eine ganze Region ein neues Zeitalter aus dem Ärmel zu schütteln, zumal unter den Bedingungen von Arbeitslosigkeit, Bevölkerungsschwund und vielen weiteren sozialen Problemen. Beim Fußball hingegen sieht das anders aus. Zwar ist es ebenfalls eine große Aufgabe, einen Verein neu auszurichten, aber sie ist nicht annähernd so schwer.

Doch leider erlebte ich im Ruhrgebiet oft eine seltsame Rückwärtsgewandtheit und Vergangenheitsfixierung, die vielleicht einer Suche nach Halt in einem besseren Gestern entsprach, aber selten entschlossen nach vorne ging. Dazu kam die unausgesprochene Hoffnung, dass einer kommt und uns da rausholt – einer wie Peter Neururer.

Das ist etwas wenig, zumal alle Fußballvereine von einer Passion ihrer Anhänger zehren können, die weiterhin bemerkenswert ist. Im Grunde könnten sie auf dieser Basis sogar zu Vorbildern werden, denn die Region braucht clevere, innovative Underdogs, die den Großen ein Schnippchen schlagen. Rot-Weiß Oberhausen hat das nicht schlecht gemacht, vielleicht bald auch Rot-Weiss Essen, aber richtig hat diesen Part bislang nur der gerade erfolgreichste Klub besetzen können. Borussia Dortmund war in den letzten Jahren sogar auf internationaler Ebene stilbildend für einen Fußball, der die traditionellen Werte des Reviers, die sich in der beharrlichen Beschwörung des Malochens am deutlichsten zeigen, mit dem neuesten Stand des Spiels zusammenbrachte. Leider reklamierte der Klub das Ruhrgebiet aber schon nicht mehr wirklich als Quelle seines Konzepts. Es wirkt mitunter sogar so, als wolle man mit den Losern im Revier nichts zu tun haben.

Meine Heimkehr war einem emotionalen Moment entsprungen, der Beerdigung meines Vaters. Meine Wege durch das Ruhrgebiet folgten keinem vorab fest gefassten Plan, die Wahl meiner Gesprächspartner ergab sich oft intuitiv und aus Fragen, die dann wieder neue Fragen ergaben und weitere Begegnungen.

Während ich unterwegs war, wurde mir aber bald klar, dass ich mich ständig zwischen zwei unsichtbaren Polen bewegte. Der eine ist der Fußball als Geschäft, dominiert von den Kräften des Ökonomischen, auf der anderen Seite stehen die Gegenkräfte aus Sentiment, Heimatgefühlen, Vereinstreue bis hin zum Quasireligiösen. Die Fans im Ruhrgebiet sind eher kommerzkritisch, aber immer wieder fällt auch das Argument, dass man doch den ganzen sentimentalen Quatsch vergessen soll. Das ist das Votum für Fußball als ein Stück Unterhaltungsindustrie, das bitte schön für Erfolge sorgen soll, die man dann bejubeln kann.

Viel häufiger ist jedoch die deutliche Ablehnung des modernen, des kommerzialisierten, des gentrifizierten Fußballs. Sie beklagt den Ausverkauf der Traditionen, der Entfremdung zwischen Fußballspielern und Fans und die Instrumentalisierung der Emotionen. Einher geht die Beschwerde mit einer Glorifizierung der Vergangenheit, in der die Kräfte des Geldes angeblich noch keine Rolle spielten, Fußballspieler echte Typen waren und es auf den Rängen zwar raubeiniger, aber letztlich herzlicher zuging.

Doch so unversöhnlich sich beide Lager auch gegenüberstehen, sind sie doch aneinander gekettet. Der große Erfolg des Fußballs rührt auch daher, dass er trotz der Millionen, die inzwischen bewegt werden, nicht nur ein Geschäft ist. Das Unternehmensziel eines Fußballklubs ist auch heute nicht die Profitmaximierung, sondern weiterhin möglichst großer sportlicher Erfolg. Geld mögen viele Leute bei den Klubs und drum herum verdienen, ob Spieler, Trainer, Manager oder auch Spielerberater, aber als Unternehmen sind alle Anstrengungen eines Vereins darauf ausgerichtet, möglichst viel Geld einzunehmen, um damit eine möglichst gute Mannschaft ins Spiel schicken zu können.

Viel Geld kann aber nur dann verteilt werden, wenn genug Platz für Gefühle bleibt. In Duisburg hatte ich das am deutlichsten erlebt, als die Fans in dem Moment zum MSV zurückkehrten, als sie gebraucht wurden und ihr Verein nicht mehr wie die Zweigstelle eines Unternehmens des vorherigen Vereinspräsidenten wirkte. Gerade die Marketingprofis der Ruhrgebietsvereine haben früh erkannt, dass sie ihr Geschäft nicht alleine unter Kontrolle haben konnten und auch nicht durften. Denn Fußball wird von den Fans mitbestimmt.

Allerdings passiert das nicht so, wie manche es sich vorstellen, die sich als die echten und wahren Fans verstehen. Denn Fußball wird auch durch das groß, was diese ablehnen: endlose Spiele im Fernsehen oder allgegenwärtige, daueraufgeregte Diskussionen über Nichtigkeiten. Er wird dadurch bedeutend, dass die Bedeutung immer wieder öffentlich beschworen wird.

Zwischen den Polen Kommerz und Sentiment, Geld und Gefühl verläuft im Fußball eine komplizierte Frontlinie. Dort ist ständig umkämpft, wie viel Geschäft der Fußball sein darf und wie viel Platz fürs Gefühl ist. Am deutlichsten war das im Gespräch mit Julian Draxler zu spüren gewesen, weil er an beiden Fronten unterwegs war. Als Fan des Klubs, für den er spielt, ist ihm zugleich völlig klar, dass er aus professionellen Überlegungen irgendwann gehen wird. Kompliziert und schwer auszutarieren ist das für ihn. Entlang dieses Frontverlaufs können Fußballfans harte Gegner des offiziellen Fußballs sein, wie sich in Schalke bei der Diskussion um die Ticketbörse Viagogo gezeigt hatte. Denn da wehrten sich eben nicht Kunden, die sich über schlechte Konditionen beschwerten, sondern Prosumenten oder wenn man es anders sagen will, Mitgestalter des Spiels.

Den großen Klubs im Ruhrgebiet ist hierzulande als Ersten klar geworden, dass sie mehr sind als Produktionsstätten für Fußballerfolge. Dass es auch darum geht, unter welchen Bedingungen diese Erfolge zustande kamen und wie die Geschichten zur Historie des Vereins passen. Es gibt daher auch in den Chefetagen ein großes Verständnis für

Sentimentalitäten, den Kampf ums Imaginäre, um Werte, um richtige Wege, um Intensität, Echtheit, Bindungskraft und Ambition. Im Grunde müssen die Vereine, und das gilt, wie vieles hier, nicht nur im Ruhrgebiet, all das zu einer großen Erzählung verbinden. Dazu gehören die Storys, die eine Mannschaft Wochenende für Wochenende auf dem Rasen erzählt. Einige Kapitel wiederum schreiben Fans, und andere gehören der Geschichtspflege.

Als ich alle Gespräche, die ich führen wollte, geführt hatte und alles gesehen, was ich sehen wollte, machte ich mich auf den Weg zurück. Ich war guter Dinge, obwohl ich zwischendurch auch traurig und manchmal wütend gewesen war. Aber gerade die Leidenschaft, mit der im Ruhrgebiet um den Fußball gerungen wurde, machte mich optimistisch. Für die Kraft der Region, aber auch für die Kraft des Fußballs. Als meine Heimreise vorüber war, hatte ich nicht das Gefühl wegzufahren. Ich war wieder zu Hause angekommen.

Sentimentalitäten, den Kampf ums Imaginäre, um Werte, um richtige Wege, um Intensität, Echtheit, Bindungskraft und Ambition. Im Grunde müssen die Vereine, und das gilt, wie vieles hier, nicht nur im Ruhrgebiet, all das zu einer großen Erzählung verbinden. Dazu gehören die Storys, die eine Mannschaft Wochenende für Wochenende auf dem Rasen erzählt. Einige Kapitel wiederum schreiben Fans, und andere gehören der Geschichtspflege.

Als ich alle Gespräche, die ich führen wollte, geführt hatte und alles gesehen, was ich sehen wollte, machte ich mich auf den Weg zurück. Ich war guter Dinge, obwohl ich zwischendurch auch traurig und manchmal wütend gewesen war. Aber gerade die Leidenschaft, mit der im Ruhrgebiet um den Fußball gerungen wurde, machte mich optimistisch. Für die Kraft der Region, aber auch für die Kraft des Fußballs. Als meine Heimreise vorüber war, hatte ich nicht das Gefühl wegzufahren. Ich war wieder zu Hause angekommen.

# Danksagung

Herzlich bedanken möchte ich mich bei allen, die mir ihre Zeit geschenkt haben, um sich von mir befragen zu lassen, und dabei ausnahmslos überaus auskunftsfreudig und offen gewesen sind. Ich hoffe, dass sie sich nicht nur im Wortsinne richtig wiedergegeben fühlen: Frank Baranowski, Heiko Buschmann, Ludger Claßen, Norbert Filthaus, Frank Goosen, Leon Goretzka, Theo Grütter, Prof. Rolf Heinze, Uli Homann, Joachim Hopp, Alexander Jobst, Hans-Josef Justen, Schorsch Kamerun, Willi Koslowski, Jürgen Klopp, Rolf Lindner, Peter Neururer, Peter Peters, Ralf Piorr, Markus Rejek, Michael Seiß, Hajo Sommers, Hans Tilkowski, Christine Walther, Dr. Michael Welling. Mit Sascha Lewandowski und Michael Zorc habe ich ebenfalls gesprochen, sie aber nicht wörtlich zitiert. Ihre Beiträge waren dennoch für dieses Buch wichtig.

Sascha Fligge, Martin Haltermann, Katrin Herbstreit, Josef Schneck, Christian Schönhals und Thomas Spiegel haben mir bei der Anbahnung und Begleitung der Interviews geholfen.

Dass ich in Duisburg eine gute Zeit hatte, dazu haben Claudio Luciani, Heike Peters und Markus Peters entscheidend beigetragen.

Auf ganz unterschiedliche Art und Weise verdanke ich eine Fülle von Anregungen, Hinweisen und Hilfestellungen: Wolfgang Bayer, Dr. Claus Biermann, Sabine Heinrich, Petra Höfer, Dr. Tom Holert, Monika Jonischkat, Freddie Röckenhaus, Christoph Schurian und Henry Wahlig.

Saskia Popp hat die titanische Arbeit auf sich genommen, endlose Stunden von Interviews zu transkribieren.

Wieder einmal war die Zusammenarbeit mit dem Verlag Kiepenheuer & Witsch so professionell wie herzlich, besonders mit Helge Malchow und Ulla Brümmer.

Ohne Kurt Thielen, der mir Unterschlupf gewährt hat, wäre das Projekt nicht möglich gewesen. Und ohne Birgit Schmitz sowieso nicht.

# Weitere Titel von Christoph Biermann bei Kiepenheuer & Witsch

Wenn du am Spieltag beerdigt wirst, kann ich leider nicht kommen. Die Welt der Fußballfans. Taschenbuch. Verfügbar auch als ⬛Book

Mit Ulrich Fuchs. Der Ball ist rund, damit das Spiel die Richtung ändern kann. Wie moderner Fußball funktioniert. Taschenbuch. Verfügbar auch als ⬛Book

Fast alles über Fußball. Taschenbuch. Verfügbar auch als ⬛Book

Die Fußball-Matrix. Auf der Suche nach dem perfekten Spiel. Taschenbuch. Verfügbar auch als ⬛Book

Wie ich einmal vergaß, Schalke zu hassen. Wahre Fußballgeschichten. Taschenbuch. Verfügbar auch als ⬛Book

Mit Philipp Köster. Fast alles über 50 Jahre Bundesliga. Ein »11 Freunde«-Buch. Taschenbuch. Verfügbar auch als ⬛Book